最美律师
成长记

HUANG
JIA
YAN

黄家焱 ◎ 著

中国财富出版社有限公司

图书在版编目（CIP）数据

最美律师成长记/黄家焱著.—北京：中国财富出版社有限公司，2023.11

ISBN 978-7-5047-8032-4

Ⅰ.①最… Ⅱ.①黄… Ⅲ.①律师—工作—中国 Ⅳ.①D926.5

中国国家版本馆CIP数据核字（2023）第248559号

策划编辑	李　伟	责任编辑	郭逸亭	版权编辑	李　洋
责任印制	梁　凡	责任校对	庞冰心	责任发行	黄旭亮

出版发行	中国财富出版社有限公司		
社　　址	北京市丰台区南四环西路188号5区20楼	邮政编码	100070
电　　话	010-52227588转2098（发行部）	010-52227588转321（总编室）	
	010-52227566（24小时读者服务）	010-52227588转305（质检部）	
网　　址	http://www.cfpress.com.cn	排　版	宝蕾元
经　　销	新华书店	印　刷	宝蕾元仁浩（天津）印刷有限公司
书　　号	ISBN 978-7-5047-8032-4 / D · 0212		
开　　本	710mm×1000mm 1/16	版　次	2024年6月第1版
印　　张	21	印　次	2024年6月第1次印刷
字　　数	310千字	定　价	69.00元

版权所有·侵权必究·印装差错·负责调换

作者简介

黄家焱，男，福建省上杭县人，福建金磊律师事务所管委会主任，二级律师。生于1964年，法学本科毕业，在职硕士。加拿大CBA刑事司法改革及辩护技能项目培训班结业，司法部司法行政学院全国第一期高级律师培训班结业。民建会员。1990年参加工作，1995年执业律师。获得民建中央"民建全国优秀会员"称号、全国五一劳动奖章；被评为"中国正义人物"、全国优秀律师、全国维护职工权益杰出律师、"中国好人"；获2011年"感动中国"人物提名；2018年2月被司法部授予"新时代最美律师"称号。执业律师以来，办过各类案件上千起，其中"刘某太投毒案"写进《人权》杂志，推动了"疑罪从无"的司法进程；"陈某玉故意杀人案"荣获2023年第二届中国律师公益（社会责任）典型案例；在各类期刊发表论文、办案手记、案例成果70多篇。

联系地址：福建省龙岩市新罗区龙岩大道688号京华中心写字楼903单元

邮政编码：364000

手机号码：13806986192

办公电话：0597-2200168

邮　　箱：hjyls9988@163.com

序

在山清水秀的福建省龙岩市，我结识了黄家焱律师——"新时代最美律师"。

这一名号果然名不虚传。

随着采访的深入，我看到了一名活跃在基层法律服务前沿的佼佼者，一名法治精神的弘扬者，一名追求理想的奋斗者。

面对温文尔雅的黄家焱律师，我心中感慨：好一个铁肩担道义的无畏律师！好一个小地方的大律师！

时隔几年，我又读到了黄家焱律师的自传——《最美律师成长记》，倍感欣喜、亲切，这本书也使我对黄律师有了全方位、更深层的了解。

自传中，作者以流畅、朴素、生动的文笔，抒发了一名优秀律师的情怀——其中饱含着对理想信念的执着追求，饱含着对社会高度的责任感和使命感，饱含着无私无畏的奉献精神。

自传通过大量典型案例的回放与提炼，再现了律师在平凡的工作中，以坚定的信念、精湛的业务能力，为维护社会的公平正义，维护法律的尊严，拼搏奋斗、砥砺前行的故事。

"一分耕耘，一分收获。"黄家焱律师的努力，得到了社会各界的赞誉，他2017年获得中华全国总工会全国五一劳动奖章，先后获得"全国优秀律师""最美身边普法人""新时代最美律师"等称号，正所谓"赠人玫瑰，手留余香"。

掩卷沉思，我感悟到这部自传不仅仅是在讲述一名优秀律师的成长历程和执业生涯，而是具有更深远的意义——字里行间，折射出中国社会日新月异的发展、中国法治建设的进步、中国律师事业的勃勃生机，也折射出法律人的光荣与梦想。正如胡乔木在《律师颂》中所讴歌的："你戴着荆棘的王冠而来，你握着正义的宝剑而来。"

展望未来，我们坚信"海阔凭鱼跃，天高任鸟飞"，在推动全面依法治国的伟业中，律师将大有作为！

陈秋兰
（中国律师杂志社原总编、副社长，中国期刊协会理事）
2024年4月9日于北京

前　言

　　我出生在20世纪60年代，在小山村吃着五谷杂粮悄悄地就长大了。成长阶段，我学会了坚强和自立。我有着所有孩童都有的天真调皮，还有着些许"怪"和"坏"。我喜欢捣蛋，又因为捣蛋时头脑太活络，成了大人们头疼的对象。小孩们都爱屁颠屁颠地跟随我，我也没辙。

　　小学时代，我坐在教室时，常心不在焉。盖因长身体时，口腹之欲较重，总想着课余能做点什么来赚钱买吃的。我家乡有句老话：长身体的孩子，似长脖子的鸭子，特能吃，吃得多且总感觉吃不饱。但我想主要原因其实是平日里吃得太素了，油星儿都难得看到。

　　少年懵懂无知，青年迷茫如斯！遵父命，高中毕业后与"姑换嫂"来的女孩完婚，婚姻大事犹如过家家一般。一婚是时代及环境的产物，所幸后来双双解脱。后与梅玉相识，便产生了"执子之手，与子偕老"的冲动。天遂我愿，我与妻子梅玉携手走过人生风雨，至今相亲相爱。

大学毕业后，我是不想当律师的，"学而优则仕"是许多客家祠堂里牌匾上写的，但我性子耿直，又清高自傲，实在无法游刃有余地周旋其间，最终还是选择成为一名律师。而且我大学学的是法学专业，做我本行，乃学以致用也！

在执业之路上，我也屡屡绝望：被嘲笑、拆台、恐吓、投诉……但我没有退却，依然执着前行。我宁愿被人嘲笑九十九次，也绝不愿意放弃一次无罪辩护的机会，如我作无罪辩护的村医刘某太投毒案、陈某玉故意杀人案……每一个案件都反映出我作为一名律师的执着，我坚信"救一个人就是救一隅世界"。20多年来，我解救了许多的蒙冤被告，使其无罪返家，实现了自己"捍卫法治，执着正义"的执业初衷。最终历经千锤百炼，涅槃重生，用汗水和血泪铸成"新时代最美律师"的勋章。因此，我想我也可以把20多年的律师执业历程记录下来，作为一个时段的总结。

而今年近花甲，一路走来，我也有许多不堪言说的艰辛。但是，每当在法庭尽我之力，维护公平正义时；每当看到当事人喜极而泣，露出感激的目光时；每当得到肯定和嘉奖时……我所有的疲惫都一扫而光。本着"执法为民，为法治而辩"的刑辩准则，为法治社会服务，不曲解法律，我做到了。

2018年1月22日，由司法部等举办的"守望初心——新时代最美法律服务人"评选揭晓，我荣膺"新时代最美律师"称号。"铁齿铜牙，道不尽人间暖凉；琴心剑胆，走的是正道沧桑！你让柔弱的臂膀，披上法的武装；你让蒙尘的眼睛，看见了希望的光亮！你有一个心愿：岁月不伤，正义无恙！"这是主持人宣读的颁奖词。是的，海燕受过雷劈雹击才能更勇毅地翱翔，人历经风雨才能更无畏地长大！我的"新时代最美律师"荣誉也是经千锤百炼铸成的！一生做一事，一以贯之守正义，一以贯之洗冤尘。

2021年8月15日，我收到"大世界基尼斯之最"的保持者柯银河董事长寄来的《中国柯银河——走遍全球和世界遗产第一人》丛书，一套七册。我曾为他的房地产开发公司担任了25年法律顾问。柯董人退行，心不退业，以另一种形式热爱工作和生活。他此举激励了我，是该趁着有精力，付诸行动了。

经过近一年紧锣密鼓的叙写，我的《最美律师成长记》于2022年春节前完成30万字的初稿，当时的题目是《黄家焱律师成长记》，后又整理成20多万字的纪实长篇，再配些图片，即大功告成。

我并不是专业的作家，所写的文字也许不够精彩，但我从一个农民的儿子成长为"新时代最美律师"，这一路上我付出了很多，摔过跤、流过泪，也有过彷徨。刑辩路上，各种艰辛，难以诉说。

刑事律师，所办大多为命案。人生在世，唯有生命最大。律师与法医同等重要，法医验尸，勘查现场，寻找证据，为公安人员定案提供重要依据，帮助公安人员找到犯罪嫌疑人；律师办案，抽丝剥茧，依法而辩，向法官提供证据，让法官判案有据可依，让当事人享有为己申诉的权利。

律师，是为了维护当事人的合法权益、为了维护法治社会的公平正义、为了体现法治社会的温暖而产生的职业。作为刑事律师，不仅工作上艰辛，也常陷入情感的牢笼中。我常常思考生与死之间的界限，也常常被困于某个案件，案件的主人公让人心生怜悯，我却回天乏术……个中滋味，难以言明。

此书讲述了我部分人生经历。身体上的发育成长，受家人、亲友之恩；

工作上的学习成长，蒙老师、领导、同事之情。每个人的成长之路各有不同，我的成长对您来说，若有可学和可借鉴的地方，那是我的荣幸；若没有，也请您笑着理解一个法律人执笔写下的人生。

在这个鸟鸣声清脆的上午，闻着窗外飘进来的花香，我手握书稿，神清气爽。他日，若您正在阅读此书，愿您人生所遇皆温柔；若您放下了此书，愿您心存书香、生活阳光。

我在撰写此书的过程中，得到中国律师杂志社原总编、副社长陈秋兰，龙岩市司法局原局长陈粤闽，民建福建省委宣传处处长陈宏心，民革中央宣传部党史处副处长可玥，福建电影制片厂导演赵勇，原古田文化站站长黄绍求等领导的鼎力支持；得到刘某太、陈某玉等委托人的信任及理解；得到龙岩市作家协会会员葛小青等在收集、整理和校对上的帮助，在此，我一并表示诚挚的感谢！

黄家焱
2024 年 5 月 8 日

目　录

01　喜添一男　/ 1
02　蹒跚学步，小手学煮　/ 5
03　读书真好玩　/ 10
04　小学收获的 6 个 "最"　/ 14
05　我经历的 "姑换嫂"　/ 19
06　母亲的眼泪和呐喊　/ 23
07　捡牛粪挣工分　/ 26
08　亦工亦读，挑砖赚钱　/ 29
09　投稿成功，高考失利　/ 32
10　"村干部" 之梦　/ 36
11　跟随游方郎中耍把式卖药　/ 40
12　当上乡村医生　/ 46
13　一纸合同，我当上了 80 年代的 "万元户"　/ 49
14　我的大学梦　/ 52
15　秋风萧瑟，洪波涌起　/ 58
16　一日看尽长安花　/ 63
17　读大学　/ 68
18　我与校花初相识　/ 72
19　幽怀谁共语，远目送归鸿　/ 75
20　"如果你愿意，我也会嫁给你的！"　/ 80
21　谨遵师言　/ 84
22　工作伊始，爱情迷茫　/ 89

23 如梅似玉，你是我的新娘 / 94
24 父亲一路走好 / 101
25 儿子降临 / 107
26 人生到处知何似，应似飞鸿踏雪泥 / 111
27 酌贪泉而觉爽，处涸辙以犹欢 / 115
28 初生牛犊不怕虎 / 119
29 初办刑案，他死里逃生 / 126
30 《中国律师》为我指引方向 / 129
31 我的偶像——王海云律师 / 131
32 再入编制内，自我飘飘然 / 135
33 全家落户龙岩，展开双翼蹁跹 / 140
34 谦让，是为了更大的进步 / 144
35 精神生活与衣食住行并驾齐驱 / 148
36 律师事务所脱钩改制 / 151
37 首次刑事法律援助 / 154
38 20年政协委员，参政议政为民代言 / 158
39 坚持就有希望，首案改缓刑 / 161
40 为刘某太作无罪辩护，获通令嘉奖第一人 / 166
41 自荐福建省"十佳律师" / 178
42 面对死囚的求救，我是法律代言人 / 185
43 明知他无救，仍然为他辩护 / 192
44 我的辩护让"雇凶"无罪，让"真凶"喊冤 / 196
45 入室投毒案辩护成功，真凶究竟是何人 / 201
46 认真勘查现场，让无辜者无罪回家 / 205
47 童养媳杀人，我没能挽救她的命 / 210
48 拒绝为"淫魔皇帝"作无罪辩护 / 215
49 我"感动"了福建 / 220
50 与死缓只差一纸"谅解书" / 223

51　获评律师界第一个省劳动模范　/ 227

52　事业受阻仍执着于公益　/ 232

53　"感动中国"之前情后叙　/ 236

54　只有敢辩，才有生的希望　/ 241

55　助纣为虐？　/ 246

56　获首届福建省律师优秀辩护词奖　/ 250

57　遂母愿，建设自己的家乡　/ 254

58　鲐背老母，自律又迷糊　/ 262

59　8年四度参选全国杰出律师　/ 267

60　为女副县长辩护　/ 271

61　我为七旬老太辩护　/ 276

62　三人成虎，深潭沉冤　/ 283

63　摘得"最美律师"桂冠　/ 287

尾声　/ 292

01

喜添一男

我的母亲叫陈义金，福建省上杭县南阳镇茶溪村人，生于1931年农历二月初四，是个地地道道的农村妇女。听母亲说，我是1964年10月9日下午一点左右出生的。随着一阵阵"嗯啊——嗯啊——"的哭声，我来到了这个世界。我的父亲抱起我一看，是个男婴，高兴得合不拢嘴，这样一来，家中就有了两个男丁，不必担心所谓的"单传"了（我上有三个姐姐一个哥哥）。父亲大声呼唤在厨房忙碌的大姐（大我12岁）："招金，快把汤圆端上来给你阿妈吃！"在我家乡，有个不成文的习俗，女人生完孩子要吃"落地汤圆"，表示母子平安、一家团圆的喜庆之意。

给我取名字时，父亲让算命先生排过八字，先生说我命里缺火，名字里需要带有"火"字，再按照宗族排辈（我与哥哥同是"家"字辈），于是先生便给我起了"家焱"这个名字，意思是：三火成焰，足可燎原！父亲听了非常满意！

父亲相信，一个人的名字取得好，是会带来好运的。这么一来，"家焱"

就可以一辈子吃穿不愁，或许还能干出一番轰轰烈烈的大事来。先生又给我取了个乳名：太阳生，即太阳生的儿子，让我拜太阳为"父亲"。

同时，算命先生还跟父亲说，我的八字与父亲的相克，为了避免日后的不幸，最好的办法就是不要让孩子喊"父亲"，改为喊"阿哥"。后来，打我学舌起，就喊父亲为"阿哥"，我当起了字面上的父亲的"弟弟"。

在寒冷的冬季，母亲也不闲着，她用破旧床单做成带帽的裹布，把我裹成一团，只露出脸蛋和两只手，然后拿条宽布背带往我背后一绕、腋下一提，再把我甩上母亲的背，母亲把背带往胸前一缠、一绑，我便舒舒服服地贴在背上了。就这样，我跟着母亲沐阳吹风经雨。母亲背着我进园浇菜、下田耕作、上山砍柴……饿了我会哇哇大哭，母亲常会避开人群，寻一处僻静的角落，把我解下来喂奶。待我吃好了奶，母亲则继续劳动。母亲闲下来时，看着怀里的我，会开心地哼起她自创的山歌：

"山冈开满了鲜花，
朵朵花儿笑哈哈。
给涯阿焱送清香，
阿焱乖乖快长大！
以后自己去料理，
日头落山就回家。
再大就要入学堂，
认认真真学文化。"

母亲把对日子的憧憬，编进山歌里，仿佛已经看到长大的我背着书包走在上学的路上。

我长大后，给母亲的山歌取名《学文化》。母亲一听，心花怒放，连连说："好！学文化好！"

婴儿期的我，吃奶水吃得过瘾时，会哼哼唧唧；吃得不过瘾时，便会小哭一阵抗议，若母亲背起我，哭声立止。母亲说，她生养这么多孩子，就数我最会折腾，一不顺心就闹"意见"！高高瘦瘦又营养不良的母亲常常无可奈何。那年头，能饱餐一顿就很不错了，哪有条件吃得营养均衡？哪有办法改善奶水不多的情况？

那时，母亲带着我在生产队挣工分。有时候，生产队队长发觉母亲还没回岗位，会大声催促："快点！快点！不要误了工时！误工时就要扣工分了！"母亲急急地应着："来哩，就来哩！"她匆匆背起我，重新投入劳作。

村里十来岁的孩子都会在生产队挣工分，大人一天可挣10个工分，小孩则挣3~5个工分。若是哪个做得不够好，会被减掉几个工分。

我的襁褓期是在母亲背上度过的。母亲说，在她背上，我吮吸过她后背

我出生的老宅（摄于2022年）

透过衣衫的汗水，也吮吸过雨水和自己的泪水。母亲挥锄铲草时，有时会碰到石头，发出"哐—当—"的脆响，每到这时我都会异常兴奋，双手乱舞，双脚乱踢。母亲轻轻哼唱山歌时，歌声平缓悠扬，成了催眠的摇篮曲，每当这时我会不哭不闹，乖乖地入睡。母亲的背就是一个舒适且有温度的摇篮，我在这个露天又移动的摇篮里，渐渐长大了。

母亲对我感情特别深，鲐背之年的母亲，只要一看到我回家，就唱起那首《学文化》山歌，她对自己生了这么个好学上进的儿子非常满意，整日都乐呵呵的，还总跟我叨叨过去的事，我恭谨地听着。母亲在苦难的日子里不失乐观，那些欢欣愉悦的点滴，像是母亲撒在时光里的调味剂，把贫苦的日子过得有滋有味。

一生勤劳的父亲和母亲，吃苦受累，遭了不少的罪。那些生活中的苦楚，成了我日后奋进的动力。

02

蹒跚学步，小手学煮

我断奶后，母亲就不再背着我出工，改由大姐带我了。大姐奔波于家、菜园、门前小溪，三点一线。还没学会走路的我，大多数时候伏在大姐背上。每日，只要锅碗瓢盆的"哐哐"声响起，我就手舞足蹈，因为这意味着有食物充饥了。大姐挑水浇菜，我也闻着菜园蔬果的香气。大姐去溪边洗衣服，溪水"哗啦啦"地淌过，湿漉漉的棒槌被大姐有规律地挥动，我的小脚也不时调皮地踢着溪水，溅起亮闪闪的水花，洒到大姐挽起的裤脚上。旁边洗衣服的婶子们看见了，会咧开嘴喊："太阳哥哥（'哥哥'是村里人对小男孩的称谓），把你阿姊的裤脚弄湿了，回家可以煮一锅鱼汤来。"虽是戏言，却有阻止我和提醒大姐的意思。大姐空出手在我腿上拍拍："太阳生，乖啊，别踢，别踢！"可是，大姐一弯腰，我就能踢到水，怎能不玩呢？因此，每当大姐洗好一担衣服，两条裤腿也就湿湿的了。不过，大姐习以为常，她用手拧一下裤脚，不多久便干了。

通常，只要大姐一背起我，挑起装衣服的桶，我便"咿咿呀呀"地发出

"水、水"的声音，意思是可以去用脚玩水了。我想，我此生的第一个"玩具"是母亲后背的衣服，第二个"玩具"便是我家门前的溪水了，水可以用手抓，还可以用脚踢。

我长大了些，大姐不再背我去溪里洗衣服，她成了家里的主要劳动力。轮到二姐和三姐在家看着我和哥哥。蹒跚学步的我，跌跌撞撞，对什么东西都好奇，东摸摸、西碰碰。摔坏了自家的汤匙、碗，也摔坏过别人家的东西，每到这时，姐姐们会被父亲责骂："叫你们看好弟弟，有没有尽心呢？！"哥哥大我3岁，也是懵懂的年纪，姐姐们既要帮父母做家务，还要照顾哥哥和我。那时候，我和哥哥可是父母的宝贝，他们干活回来总要抱一抱我俩，怎么黏着都不觉得累。

而姐姐们，在被我和哥哥折腾得够呛时，也会顶嘴。"弟弟跑得很快，我都跟不上。叫他不要动那些东西，他偏乱动！"大姐心有不满，顶起了嘴。父亲一听女儿顶嘴，便越发生气："你这个死蛮子，看不住弟弟，还敢顶嘴？"说着，一个凌厉的眼神扫过去，抬起一手，作势要打，姐姐立时噤若寒蝉。姐姐们畏惧父亲的强势管教，通常不敢违逆，只得心有怨气地说我是"捣蛋鬼"或"小蛮牛"。总之，我因调皮捣蛋被起的外号有很多。

住在二十多户上百口人的大围屋里，3岁多的我，对什么事物都很好奇，都想尝试。比如，拿邻居家的铝锅到门口，把沙子当米倒入锅中，再加点水，放在太阳下晒，谓之"煮稀饭"；"饭"熟了，拔些路边的草，放在锅里，用小木棍搅拌好，再端进邻居家里。傍晚，邻居阿伯干活回来，拿锅煲粥，一揭锅盖，火冒三丈。然后，阿伯找到母亲说："全屋孩子就数太阳生最好动，肯定是他干的好事，即使没当面抓到他，赖他，也不会错！"我本来站在母亲身边的，见阿伯过来了忙躲得远远的，生怕他会拧我耳朵教训我。母亲看了又好气又好笑，并说："太阳生，那是阿伯煮饭的锅，怎能装沙子和草呢！你过来，要打手手！"我一听要挨打，便装腔作势哭起来，后来再也不敢了。

母亲上香的炉子，我也偷偷地玩过几次，因为我一伸手就够得着。燃烧过的香支和蜡烛，都被我全数取下当了玩具，玩腻了就来个"天女散花"，扔得满地都是。我还会把炉子里的灰烬倒在地上，用脚踩着玩，当看到灰烬"噗噗噗"地飞起时，我兴奋极了，弄得一身灰，却还傻呵呵地笑着。那用来供奉的杯子也成了我的玩具。我会把几个杯子里的水倒进一个杯子里，嘴里念着"煮饭喽，煮饭喽！"对门的一位哥哥看见了，大喊："太阳生又在用神杯子量水煮饭了！"我一惊，茶水洒了，杯子也掉落在地，滚到了角落，我有些心慌，赶紧逃离。

母亲回来后大惊："哎呀呀，我的天地神明啊，罪过，罪过啊！这些都是不懂事的细鬼子摆弄的，我马上重新放好。天地神明啊，要保佑我全家……"母亲知道是我弄的，理好神龛上的东西后，气冲冲地找到我，责备道："太阳生啊，你怎么把神龛弄成这样了，这可怎么办呦！得罪神明可是不得了的事！万一神明怪罪下来……以后不能再玩了！"母亲几巴掌打在我屁股上，同时，声色俱厉地警告我，神龛上的所有东西都是不能玩的，玩了怕会招来厄运！她还生气地数落姐姐们："早上就交代你们要看好弟弟，你们都把我的话当耳边风了？！"我那时不明白母亲为什么在神龛上放茶杯和酒杯，而且茶杯在前，酒杯在后。后来，我琢磨着，按照客家人招待客人的习惯，客来了，是要先敬茶，再坐下吃酒席，是为待客之道也。如此说来，客家人对于神明，也是以人之道相待的；而且神明也喜欢人间物什，如蜡烛、鞭炮、水果、酒水等，只有使用的钱不一样，神明用的那叫"神仙钱"，钱上印的是玉皇大帝。大姐在出嫁多年后，回娘家来说起儿时的事，曾嗔怪地说："我们姐妹几个，为了这淘气的弟弟，可没少挨骂，有时被骂了，吃饭也不香！唉，都是生不逢时啊！"我听了，觉得愧疚。吃饭时，倒杯酒、夹块肉给姐姐们，笑着赔罪。当然，时过境迁，大姐说那些话，也并非真的责备。可在我听来，她像是在感叹自己时运不济。她没有念过书，生活也很艰辛，而比大姐小 15 岁的小妹，却能够去读书。时代发展了，父母亲的思想和教育方式也有了些转变,加上妹妹是家中最小的孩子,是全家的保护对象,受的委屈自然就少些。

在神龛上捣乱后,我也收敛了,许是觉得不好玩了,许是听话了。后来,每逢农历初一和十五,母亲在拜神的时候,我也吵着要拜。父亲会开心地说:"我家太阳生懂事了,快去拜神,让神保佑我家太阳生快快长大。"母亲也乐于教我拜神,她口中念念有词,一番说辞完毕,便帮我插好香支,再去添茶添酒、燃放炮仗。懵懂无知的我,似乎也隐约知道了,神明在母亲心中是神圣不容冒犯、不容亵渎的存在。而我,也有意识地不去冒犯神明。神明的存在,让母亲对上苍怀有敬畏和感恩之心,认为敬畏和感恩上天,就会得到神明的庇佑。这是当时村里人的一个淳朴信仰。

那时的孩子,玩具匮乏,能玩的也就是家里家外能顺手拿来的几样东西。若是像现今的孩子一样拥有那么多的玩具,谁会去拿锅碗瓢盆等物什玩呢!

那年月,农民几乎是靠天吃饭,付出多,但收入微薄。我家收入情况也很糟糕,但即使只剩三两米下锅,父母也会让孩子们吃上稀粥。不过,因为平时父母还种红薯、木薯、芋子等杂粮,我们一家七口人也不至于常常断炊挨饿。

红薯是顶好的杂粮,可蒸着吃,也可和大米一起煮粥吃。木薯在下霜时节被挖起,碾碎后,淘洗去渣,将水液放在缸里积淀。第二天,倒水后取出整块沉淀下来的白花花的淀粉,放入簸箕里晾晒。晒干后捣碎,就成了粉末状的木薯粉,和芋子一起,可做出味道独特的薯芋粄。3岁前的我,无法吃下整块的薯芋粄,通常是家人们用筷子切割成小块喂我吃。而我会抢过筷子,跃跃欲试,有时从姐姐手上抢筷子,把碗也碰掉了。

妹妹是在我4岁那年出生的,因为上有三个姐姐、两个哥哥,她排行第六,所以,父母亲叫她"六金"。为了养家,父母更操劳了。尽管如此,他们还是一如既往地呵护着子女,特别是把我和哥哥当成家里的"撑面子"人物。我儿时活泼可爱、古灵精怪,而且嘴巴很讨喜,为父母在村人面前赢得了不少面子。

到了上小学的年纪，我进入学校读书。遗憾的是，三个姐姐都没能入校读书，而是成了生产队里挣工分的小能手。没人不让她们读书，也没人让她们读书，那时的大环境是：女孩们的价值就是在生产队里才能体现，能不能挣工分是衡量一个女孩能不能干、日后能否嫁个好人家的重要条件。自然而然地，村里的女孩们便都不去上学了，为当时的生产建设奉献了她们的美好青春。

03

读书真好玩

我的父亲名叫黄宜标,他和母亲都没上过学堂。1971年8月末的一天,父亲带着我去学校报名。路上人来人往,许多陌生的面孔在我眼前晃来晃去,不少小朋友与我一样,双脚朝前走,双眼滴溜溜。

到了学校,犹如刘姥姥进了大观园。学校有乒乓球台和大操场,还有一排排教室。操场上长满了杂草。我总觉得那些草长得那么高,可以在里面捉迷藏。我忽然对学校喜欢了起来。报名时,老师问过我的出生年月日后,让我举起右手,从头顶弯下来摸左耳,还一本正经地说:"你的手能摸到左耳朵的话,就可以读一年级。"我早就想跟哥哥一起读书了,于是,我把右手使劲往左探,用力去摸耳朵,终于摸着了。老师一看,说:"好,你可以读一年级了。"有老师带我们去熟悉教室,教室都是白墙壁,宽敞明亮,课桌椅摆得整整齐齐,我挑了个位置坐下来,把双手放在桌面上,正襟危坐,俨然像个在读小学生。父亲提醒我:"家焱,要后天才正式开学,我们先回家吧。"可能父亲觉得我是名小学生了,遂不再叫我的乳名"太阳生"。我忽觉有点不适应。

人新,景明,心雀跃。学校的一切对于我来说,是那么新奇,那么富有吸引力,以后这里会有许多人,人多,玩起来就更有意思啦!那时的我根本没想到日后要做作业,还要背课文和考试!回到家后,我对哥哥说:"哥哥,读书真好,还有那么多人玩。"

哥哥马上要读四年级了。他问我:"读书要考试的,你怕不怕?"我不懂"考试"为何事,懵懂地说:"烤事?烤事就烤事。烤地瓜一般地'烤',谁不会?"我答非所问,以为"考试"就是"烤东西吃的事"。我从没看过哥哥在家做作业,也没见过他的试卷。那时读书,所有的学习过程都在学校完成,我只知道哥哥去读书了,只知道有没有奖状和本子等奖品带回家,因为这些信息他会跟家人分享。

父亲哈哈大笑起来,他抽着水烟筒,朝天花板呼出一口烟,再看向我,说:"家焱,只要好好读书,考试就会比烤地瓜更容易。"大字不识一个的父亲,显然还是知道"考试"大致含义的,但他也说不明白那到底是怎么样的一回事。

我不懂装懂地点点头。吃午饭的时候,母亲异常兴奋。她特地做了一大锅加了葱的米粿丸子给家人吃,其实是为我所做,家人一齐分享。母亲一个劲儿地说:"太阳生是学生了,吃了加葱的米粿丸子,人就会变得越来越聪明。你读书,全家都可以沾你的光。"母亲难掩心头喜悦,眼睛亮闪闪,好像我一去学校,就能给她领奖回来似的。

父亲朗声道:"你们妈妈今天比你们还高兴啊!吃,大家都吃饱,往后,去读书的,好好读书变聪明;去干活的,好好干活变勤劳。各做各的事,我和你们妈妈也要争取天天出工,多挣工分……"父亲这一说,也暗示姐姐们要好好干活。我看了二姐一眼,说:"你也要挣工分了。"二姐瞟了我一眼,让我闭嘴。我缩了缩脖子,做了个鬼脸,不敢再吱声了。

现在想来,二姐或许是觉得自己没机会读书而有点怨气吧。而那时,谁注意到了她的感受呢?我突然想到摸耳朵一事,不明就里,于是问父亲:

"阿哥，老师为什么要让我摸耳朵呢？"父亲一听，也诧异："是哦，我也不知道啊！"

还是哥哥聪明，他说："我上一年级时，老师也让摸耳朵，可能老师觉得能摸到耳朵的手，才有力气写字和劳动吧！"

我懵懵懂懂地"哦"了一声。

哥哥个子不高，力气也不大，读小学时都坐第一排。

开学第一天，老师组织学生在操场拔草，几个人分一小片。我拔着拔着，觉得这样速度太慢了，便跑到读四年级的哥哥那儿，要借他的锄头用，哥哥说："你是一年级的小屁孩，还不能用锄头。"我不服气地说："为什么不能用？我比你都高！"因为我在家时就用锄头铲过草，所以便伸手跟哥哥抢锄头用。这时过来一个老师，问明情况后，说："你是一年级的新生，学校规定二年级及以下的学生不能用锄头，等你读到三年级了，就可以用锄头了。"我听了，心里便希望快点读三年级。

有几个女生，力气特别小，好多草她们都拔不动，草没拔掉，人还摔个四仰八叉，惹得几个男生拿手在脸上羞她们。看她们可怜兮兮的，有一个男生过去帮她们拔，可那些草还是耀武扬威地长着。我走过去，大声地说："你们走开，看我的！"我双手握在草的茎根部位，先试着左右摇动，试探一下草根扎得有多深。然后，蹲好马步，咬紧牙关，铆足劲，用力一拔……嘿嘿，我拔出了草，但也摔了个四脚朝天。大家乐颠颠地笑了，我自己也笑了。我拔草拔得很有自豪感。那一个上午，我不停地拔，拔得比谁都多。

回到班级，我还总想着，要是有锄头，这些草我一个人很快就能铲完，铲完了草，我们早就应该可以去玩了吧？

放学前，老师在教室里表扬了我，说我做事积极，是个爱劳动的好孩子，让大家鼓掌。大家边鼓掌，边向我投来羡慕的眼光。我看向那几个女生，发觉有个女生很好看，圆圆的脸蛋，水灵灵的眼睛，齐刷刷的一排刘海下，露出了弯弯的眉毛，耳后俏皮地梳了两股发辫……她也在羡慕地看着我，我心里顿时莫名开心起来！

上完一天学，我觉得读书好玩极了！那时的我对"读书"一词的认识浅显，贪玩的我一时难以接受枯燥的课堂教育。后来，慢慢地，我才领悟到"读书"的真正要义。

04

小学收获的6个"最"

我不喜欢学拼音,那些弯弯绕绕的写法,让我觉得这像蚯蚓一样屈屈伸伸的东西很深奥,卷舌拿腔的拼读让我觉得很可笑。数学还好,计算题一学就会。语文是拼音、汉字作答,数学是阿拉伯数字兼汉字作答。没有选择题,作业就无法"蒙",那时的学习全靠自觉,没有教辅资料,没有课外作业,更没有补习班什么的。

上课时的我和下课后的我,简直判若两人,课间爱玩闹的我,上课时总是昏昏欲睡。有一次,正在打瞌睡的我,被语文老师叫起来读拼音"g"和"k",我看着板书,眼睛似乎有点花,我想表示自己有认真听,随即信心满满地读作"k—!g—!",引得全班哄堂大笑。老师说:"顺序读错了,发音是对的,下次要注意了。"我记错顺序,被同学取笑,自认倒霉!不过,听老师这么一说,我算不算也回答对了一半?我悄悄告诉自己:下次倒过来读就可以啦!

结果,下一次语文课,我脑袋在蜻蜓点水般地磕着,老师又叫我起来读拼音"k"和"g"。小小的我也懂得"前事不忘，后事之师"，我自信又响亮地读道："g—！k—！"没想到，还是错了……老师带着些许不满的口气说："有些同学就是那样，上课懵懵懂——晕乎乎地打瞌睡！下课像条龙——呼啦啦地会遁天！这样怎么能学到知识呢？所以啊，你们课间也不能玩得太疯了，要留点精神来上课。"

我也知理亏，心想，下课安分点，上课才能好好读拼音。可是常常一下课，我又玩得忘乎所以！

音乐和体育，还有劳动和美术，每周各上两节课。

每逢音乐课，我都是拉开嗓门爽歪歪地唱，有时会跑调。老师教唱歌，都不教曲谱，上来就直接唱歌词。那时唱的歌多为红歌，有《东方红》《三大纪律八项注意》等。《东方红》我常听母亲唱，自然耳熟能详。但是，音乐老师说，我唱得太高亢了。她这么说，我也不知道我唱得是好呢，还是不好，我觉得继续这样唱便是了。在我听来，老师唱得太婉转，我可不喜欢那样唱，要唱就要大声唱才过瘾嘛！

体育课是我最喜欢的课之一。跑步、跳远、乒乓球、爬杆，项目不多，但每一样我都玩得很溜。课间，我也在跟人比赛跑步、跳远和爬杆。乒乓球要上体育课时才会让我们打，平时没得打。

关于比赛，我们那时候不懂得"三局两胜，五局三胜"的规则，只是两局两局比，常常为了输赢争得面红耳赤，有时还动手打一架。我跟一位同学就为爬杆比赛一事打过一架。我记得明明是我赢了，他非说他赢了。"我赢了你两盘，你才赢了我一盘！"他总是振振有词地重复这句话，我心里气不过，明明是我赢他两盘，他才赢我一盘。哼，死不讲理！他还用双手推我，我生气了，顺势双拳用力朝前一挡，不巧正碰到他的鼻子。他淌了鼻血，"哇哇"哭了起来。周围同学一致认为，是我先用拳头击打他鼻子的。

很快，有同学向老师告状，老师问了来龙去脉后，谁输谁赢他也说不出个所以然来。但老师说我动手打人不对，这种行为很恶劣，罚我在教室后面站一节课。老师没听我解释是他先动的手，我心里嘀咕着：老师在帮他！

不过，下课后，我俩又和好如初了，继续进行着各种比赛。

真是"好事不出门，坏事传千里"！那天晚饭后，父亲狠狠地骂了我，他说："这么小就那么厉害了？！敢打小朋友了？你是怎么打他的？"父亲双眼如利刃，我一见情况不妙，急忙躲在母亲身后，母亲非但没有庇护我，还抓住我一双小手，用小竹板不轻不重地各敲了三下。

父亲提高嗓门说："输赢那么重要吗？要是那么重要，我和你妈妈不就天天都在打架啦？相安无事才重要。"父亲说着他的理，我心里虽不赞同，还觉得委屈，但也不敢还嘴。事后，我是再不敢伸出拳头了。

哥哥看不过去，说："弟弟跟我说，是那个小孩先推他的。"父亲说："他不对，你弟弟就对啦？"

父亲素来有"忠厚老实"的美誉，我想那时的他，绝对会因为我把人打出鼻血而懊悔没教育好我。

每次体育考试，我都能取得班上前五名的好成绩。体育老师说："别看黄家焱同学个子小，运动起来还是很带劲很拼的。可是，有些同学呢，跑不到一半的路，就停下来不跑了，这个态度可不好！"

劳动课上，我还是一如既往的积极。住得离家远的老师，放学后就去厨房做饭吃。柴火都是从村民家买来的，堆靠在厨房后的墙壁下，要多少拿多少。厨房没柴了，老师会安排几个男生抱进来。我是个"得力干将"，每次抱柴火都有我的份，这多少让其他同学有点羡慕，因为帮老师做事，偶尔会得到一块糖的奖励。

父母和姐姐们都要在生产队里挣工分，妹妹也跟着去，他们大多在田间地头吃午餐。我和哥哥的小学、初中都是带饭到学校吃。冬天老师会拿去帮忙加热，其他季节就没有这个待遇。吃饭的时候，老师有时还会赏一口新鲜的菜给我吃，而我带去的，常年都是咸菜干。我饭盆里的米饭原来都压得实实的。我的父母从来没有说过我不要带那么多饭，只是会旁敲侧击地说："人撑坏，猪撑大，狗撑了会变犁田怪！"意思是说，饭不能压，压了的饭会压着心，压了心就把心堵了，那就不会读书了……我虽然没有完全理解父母的话，但是，后来我便再也不压饭了。也许，父母的本意是让我吃饭吃得适可而止便好，别吃得太饱，反而把肚子撑坏了。

到了小学四年级，语文老师要求我们写作文了。我和许多孩子一样，热衷于写大字报。一是听命于老师。二是写得好会被当作范文，能够在班上朗诵，得到掌声。三是可以参与学校评奖，拿到校广播室播出。我写过不少得奖的文章，这让我浑身充满了创作激情。

至于美术，我觉得画那些个图，简直是折磨人。于是，老师在黑板上画，我垂下头去看小人书，下课时自然交不了画。但老师说，可以第二天再交上去。有时，我带回家让哥哥帮我画。哥哥不帮我的时候，我就画几个组合在一起的图形，第二天凑合交上去。所以，美术老师从来没把我的画贴上墙壁过。

小学时代，可谓学得云里雾里。岁月悠悠，这一切早已随着时光远去。我对自己的小学生涯总结如下：

写大字报——绞尽脑汁最用心；
学知识——精神不振最蒙圈；
体育——奋力拼搏最锻炼；
音乐——扯开嗓门最高亢；
美术——信手涂鸦最应付；
劳动——积极分子最多奖。

小学五年学习生涯，我得到了"6个最"。从一年级到五年级，班里的劳动积极分子非我莫属。哥哥对我说："阿弟，你要是考试也那么卖力就好了，那就不单单拿'劳动积极分子'的奖状，还可以拿'三好学生'的奖状，'三好学生'的奖状是比'劳动积极分子'更厉害的。"我不为所动，觉得拿"三好学生"的奖状，要一本正经地学习，那太麻烦了！而且，奖了本子，又要拿来写作业，累人。

  我上课心不在焉、昏昏欲睡，下课绝对满血复活、生龙活虎！五年时间内，我出人意料地带回了十张"劳动积极分子"奖状。看那墙壁上，我的奖状可比哥哥的还多。尽管没得过"三好学生"奖状，但父母还是很开心。特别是母亲，只要我有奖状带回来，她马上用饭粒把它粘到饭桌边的墙壁上，并喜不自禁地望上一阵，看看贴正、贴紧了没有。那神情，就像望着她最敬爱的神明。

05

我经历的"姑换嫂"

我11岁时,二姐出嫁了。我也莫名其妙有了一个"老婆"。二姐不仅是个种田能手,还生得端庄秀丽,性格脾气又好,是那种"上得厅堂下得厨房"的人见人爱的姑娘,所以,来我家求婚的人可不少。最后,父亲同意了一媒婆的游说,以"姑换嫂"的方式,定下了二姐和我的婚事。不知他是出于家穷,怕我长大后讨不到老婆,还是看中了姐夫妹妹的可爱纯良,他和对方父母说好,给我与姐夫的两个妹妹(待选一个)定了娃娃亲。

"姑换嫂"定下时,我才11岁,读小学四年级,是个稚气未脱的孩子。二姐出嫁,我去当陪嫁童子(客家风俗,带个聪明伶俐的有血缘关系的男童陪嫁,寓意日后新娘也可生个如斯男婴)。那日,见到姐夫的两个妹妹时,我蛮高兴,我们仨一起说着开心的话,一起吃喜糖、品尝美食。我跟着她们把整个房子都溜达了一遍。我心想,又多了两个玩伴,真好。她们姐妹俩叫我"太阳细舅",妹妹说:"太阳细舅,这些糖你可以带回家去吃,过两天没糖吃了再吃啊。"我伸出双手接过糖,分装进裤子的两个口袋里。

经过厨房门口时，看到窗户上搁着一盘粿条，姐姐说："太阳细舅，你尝一下这粿条，今天我们偷吃一点东西，大人是不会骂我们的。"门口拜神桌上，还留有糖果、饼干、花生，姐姐拿起几包饼干递给我，说："太阳细舅，这饼干你装口袋里吧，去读书后，还可以分一些给别人吃。听我妈妈说，这饼干很贵，平时是吃不到的。"

　　她们叫我"细舅"，是根据当地风俗来叫的，即她们以做"姑姑"的身份，称呼我这个当"舅舅"的客人为"细舅"。男女一结婚，家中亲人的辈分立马都抬高了。

　　我们三个小孩走完一屋，对于吃的，我采取的是"来者不拒"的态度。今天，我是个客人，一边吃着喜糖，一边东逛逛、西瞧瞧。我的上衣和裤子四个口袋装得鼓鼓囊囊了，走一步，晃一下，晃出了童年的幸福。虽然看着有点尴尬，但我心里可开心了。那时，我挺喜欢和感激她们姐妹俩的。

　　回家后，我慢慢知道了，她们姐妹中的一个会是我以后的"老婆"，至于怎么知道的我也忘了。从那时起，我知道我与别人不一样，因为我是一个有"老婆"的小孩子。但是，"老婆"是个什么概念？我"老婆"会是谁？我也不知道。我只觉得这件事情有点奇怪，有点意思，又有点可笑。我没有把自己有"老婆"的事说出去，因为我觉得，"讨老婆"是大人的事，与小孩子没关系，如果我讲了，那是很"羞羞"的事，会被小朋友们笑死！因此，我的小学同学都不知道。

　　读初中时，同学们不知怎么知道了这件事，他们都觉得很滑稽、很可笑。有同学来问我："家焱，听说你定了亲，你有老婆了是吗？还是二选一，你喜欢她们中的哪一个？你长大了真的要讨她们中的一个做老婆吗？"对于这些问题，我真的招架不住，我无法回答，也不知怎么来回答。我只觉得，那是在小说里才能看到的情节。同学们都没有定娃娃亲，我就是一个特殊的存在，我觉得这是一件极不正常的事，也是一件让我觉得羞愧的事。从初中开始，我就想摆脱这件事带给我的困扰。因为有的同学听后会哈哈大笑，笑声是那样尖锐刺耳，常常让我无地自容！

为什么父亲要给我定亲，让我成为同学们课余时间的笑柄？我常常被他们说得脸通红，十分难堪。我甚至有点怨恨父亲，都是他不好，都是他的错，才让我被人笑话。我开始变得不爱学习。我在小说的世界里徜徉，这样能避开那些纷扰。

一段时间过后，同学们对那件事议论渐少了，我才如释重负。

二姐婆家在街上，她公公是做豆腐的。我正值长身体的阶段，对一切美食完全没有抵抗能力，因而我经常去她婆家吃"豆腐炆猪肉"来解馋。我见了她们姐妹俩，都不与她们讲话，她们似乎也知道定亲的事，但是还不知道是哪个，她们会不好意思地躲着我。

有一次，我和人去山上掏蜂窝，被蜂蜇了，当我到了学校后，全身奇痛浮肿。我去到二姐婆家，二姐的婆婆煮了草药水让我服用。过了近一个时辰，全身痛感消失，身体的肿也慢慢消退。至今，我还记得二姐婆婆对我的好。

17岁的我，高中毕业了。因为我的年龄与姐夫大妹的年龄相仿，在双方父母的操办下，我被迫与姐夫的大妹结了婚，她比我大一岁，由我堂哥为我们虚报岁数办了结婚证书。我们生活在偏僻的乡下，对于"父母之命，媒妁之言"毫无抵抗能力，只能逆来顺受。有结婚证，又办了酒席，我们就是人们眼中的一对合法夫妻了。可是，我们没有感情，加之我才17岁，对突然闯入我家庭和生命里的女人，怎么也爱不起来。这么一来，双方的父母就不乐意了，他们不但旁敲侧击地来说我，还让亲友们来劝我，说夫妻俩要相爱，生活才会幸福……

有一天，我喝醉了，我也不记得是怎么喝醉的了。我把多年来无法言说的委屈，一股脑喝进了肚子里。我像一棵悬崖上的草，希望有一个人把我带到一个平坦、湿润之地，让我好好地生活下去。带着几许无奈、几许屈辱、几许激愤，我喝得酩酊大醉，不省人事，在床上躺了一天一夜。

我知道，她也是受害者。我们像两个熟悉的陌生人，生活在同一个屋檐下，彼此忍让。我把全部心思都放在柴米油盐酱醋茶上，我既是农民，又是乡村医生，每日里，为了营生忙碌着。我们夫妻俩看似相安无事，却是同床异梦，各自较着一股子劲儿。她可能觉得无所谓，可我的无奈和不甘却日益加深：为什么我的婚姻如此牵强？

我上了大学才知道，自己的婚姻是被安排的，是违规的。我跟她提出离婚，她骂我是"陈世美"。但是，我二姐夫、二姐以及她的公公和婆婆都没有骂我，一场莫名其妙的违法婚姻，让我犹如身陷囹圄……后来，我一再坚持，她终于在我大一寒假回家后的某一天同意离婚。此后，我们在二姐婆家见了面，除了说"你来了"，就没多讲过一句话。

06

母亲的眼泪和呐喊

  生产队里不出工时,母亲便扛起锄头,悄悄地去边远的山头开荒种杂粮。那时,每家除了分配的一点自留地外,村民不得擅自开发山地种作物。

  然而,我家人口多,单靠生产队一年两季分的粮食根本不够吃,母亲便想种些杂粮。她在垦荒地里种上了红薯和南瓜,还有木薯、芋子等。到了收获季,母亲等大家都收工回家了,再到山里去挖红薯,每次她都不敢多挖。她用一条破旧裤子缠在腰上,留一条裤腿装十几个或二十几个红薯。装满红薯的裤腿在两腿间垂吊着,会妨碍母亲走路,所以为防止被人发现,母亲大多在天黑后,才敢吊着一裤腿红薯回家。回到家后,母亲的两条大腿都被红薯撞得红肿起来。

  没多久,母亲开荒种粮的事不知怎么被生产队队长知道了,他气势汹汹地带着几个人到我家,先是臭骂了我父母一顿,说他们搞资本主义,本是要被抓去批判的,但看在乡里乡亲的份上,就不抓去批判了。但也不能没有处罚,他们看中了我家唯一的一头猪,说以猪抵罚。在众目睽睽之下,他们抓走了那头有七八十斤重的猪。那可是父母养了几个月的猪，准备留着过年吃的。

猪被杀了，队里每家每户分得一小块肉。我的父母对着那一小块肉欲哭无泪，煮也不是，扔也不是。而我却如获至宝地吵着要吃肉，大姐就把肉煮了一大锅汤。母亲说："我怎么吃得下呢？"

过了半年，母亲又铤而走险。就在她以为万事大吉的时候，灾难又一次降临，家里养的猪又被抓去杀了！这一次，母亲哭得伤心欲绝，她怎么也想不明白，她究竟碍着谁了呢？她不偷不抢的，只是在荆棘丛生的地方开辟一块地，种点作物，靠自己的劳动来填饱肚子，都不可以吗？难道要让孩子们挨饿才是对的吗？母亲大声地哭诉着，可是没人敢出来说一句话。那是关于"资本主义"的话题，人人谈之色变，避之不及。

八月末，母亲选了新址又去种红薯，她在月光下闷声进了山。她想，再不种些，等来年粮荒，一家八口都要挨饿几个月，那可是要出人命的！母亲想再一次碰碰运气。然而，母亲第三次冒险后，在腊月初六那天，家里养的小猪又被他们掳走了。母亲撕心裂肺地向他们哀求："求求你们别抓我家的猪，我不开荒了，不开荒了……"没有人理睬母亲，父亲在一旁眼睁睁地看着他们为所欲为，却束手无策，毕竟，胳膊拧不过大腿啊！那是个宁愿地荒粮荒，也不可私自种粮填饱肚子的时代。母亲受不了一次次的打击，嘴里不停地重复着："为什么不让人填饱肚子？我的猪呢？要抓回来，抓回来……"

痛失三头猪，坚忍的母亲再也无法撑下去了！母亲得了神经病这消息不胫而走。亲戚们知道了，有的送粮，有的送钱。虽然都不多，可都是雪中送炭啊。父亲把母亲送进了上杭县医院，办了住院手续。在医院里，父亲一边让母亲按时吃药，一边不停地宽慰母亲："没事的，孩子们都这么大了，他们可以帮家里挣工分，不会没粮食的。即使没粮食了，我也可以吃野菜，不会让你和孩子们饿肚子。"

经过二十多天的治疗，母亲出院了。医生对父亲说："所幸你送得及时呀，也多亏你照顾得好。"

第二年，母亲在农闲时去外乡的砖厂做工，又割草卖钱补贴家用。后来，开荒的事没人管了，只要不耽误生产队里出工。开荒种杂粮，便成了许多村民熬过饥荒的良策。我想，那应该是母亲凄楚的眼泪和声嘶力竭的呐喊换来的吧！

07

捡牛粪挣工分

一上初中，我似乎就长大了，这是我与家人的共识。学校在南阳镇上，离家不远，单程只要走半个钟头。跟读小学时一样，我在学校吃午餐，属于走读生。

我和哥哥每天早晨五点半左右起床，洗漱过后，拿个畚箕去田头地尾、山坑沟坎或溪边捡牛粪。

现在我跟我孩子说捡牛粪的故事，他大为不解地问："那些粪捡来干嘛？烧火做饭用吗？可是我们老家漫山遍野都是灌木和铁芒萁，柴火多得是，不用烧牛粪呀！"他哪里知道，我每天捡的粪坨坨，是当肥料用的呀！每家每户捡回的粪便，统一归生产队管理，配以适量的粪池水、灶膛灰或稻草灰堆沤，待发酵后，再施入禾田。那些年月，农作物用的都是农家肥，因此，长势较慢，产量也不高，但土地松软肥沃，不会板结。

这捡粪工作，是队里派下的任务，每家每户每天要捡多少，也是有定量的。一般捡到满满一畚箕，可记上一个工分。开始捡粪之时，我不知道地上的粪便还有"归属"。有一天，我和哥哥分头出发，昨天是他去溪边捡，我在山脚寻，那天便调了个地儿。我刚走到家门口的溪边，便看到两大坨淤泥般的鲜牛粪，我心花怒放地朝牛粪走去，把畚箕放在粪堆旁，左手捏着鼻子，右手举着一块木板，顶着阵阵臭味，正要把粪坨坨往畚箕推去，突然，从远处传来急切的喊声："喂喂！你在干嘛？那是我的牛粪，你不能装噢！"

喊话的是一位60多岁的阿公，他匆匆向我奔来。我迟疑了，木板停在粪堆上。

这粪是牛拉的，这牛是生产队的，这牛粪怎么就成了他的呢？我一时不明就里。那位阿公奔过来了，他气喘吁吁地说："太阳生，这是我放的牛拉的，所以，谁都不能捡，我没看到，被你捡去也就算了，现在我看到了，你就不能捡了，听到了吗？"他用手指着溪边正在吃草的一头大水牛，说："是它拉的，清楚吗？"

我嘟着嘴说："知道了。"捡牛粪还有这么多的规矩，我哪懂。

沿着溪流往下走，我一路搜寻，循蹄印，扒草丛，追苍蝇，嗅粪味……直到七点来钟，阿爸在门口喊："家焱，快回来吃早饭了，读书莫要迟到了！"早上将近两个钟头时间，我才捡到干干的两坨"漏网之粪"。灰黑色的它们在畚箕里，可怜巴巴地随着我跑跑跳跳一抛一落地回到了家。我把畚箕放在家门口，母亲问："今儿怎么捡这么少呢？"我告诉母亲阿公的事，母亲点点头："是啊，忘记交代你了，你没跟阿公斗嘴吧？"

"没有啊，我走开去捡别的了。"

母亲赞许地摸摸我的头说："懂事了，莫与人争。"

我想，如果按我之前顽皮的个性，可是会扯出"你说是你放的牛就是你放的牛吗？这粪也没写你名字"之类蛮横的话来。

我还听人说过两个大人为争牛粪吵架的事。一个早晨，有一头公牛挣脱了缰绳，从一个山窝跑到另一个山窝，与一头母牛一起吃草去了。在两头牛的周围，有三坨粪便。一人坚信有一坨粪是他放的公牛拉的，另一人则说三坨都是母牛拉的，他们坚持己见，相持不下，最后吵到了生产队队长家。队长正在饭桌边与人聊天，他抽着水烟筒，慢条斯理地呼出一个烟圈，看着冉冉升起的一团白烟，又低头想了想，说："母牛在原位，没有离开绳子的范围，粪便也就会拉在原处。而公牛脱了绳，走过了十几分钟的路，有可能在路上就拉掉了。但是，看在两头牛相好的分上，你放公牛的得一坨粪，放母牛的得两坨粪，这样，两家都不亏吧？"说完，似笑非笑地看着两个人。一席话，说得一屋子的人哈哈大笑，大家连连说队长这样判得好，判得公平，不能让放母牛的人赚了，也不能让放公牛的人亏了。

可是，后来又有人说："说不定那头母牛怀孕了，不太会吃草，拉的粪也少，或许三坨都是公牛拉的呢！"

那个年代，物资匮乏，就连牛的粪便都你争我夺，变成稀罕物。但我有一事不解，谁放的牛谁才可以捡它的粪吗？真是怪事。牛粪的归属权让少时的我困惑了好久。

08
亦工亦读，挑砖赚钱

父亲曾对我和哥哥说过："你们读书的钱，我和你妈妈会挣，其他的钱就要靠你们自己去赚了。"

可我们怎么找钱呢？母亲说："有个砖厂烧青砖，要大量收购铁芒萁，只要你们肯干，每天割两捆，到时全部挑过去卖，不就有钱买东西了？"听了此话，我兴奋无比，每天巴不得放学一回家，就拿上镰刀和挑杆，抄起两根篾条，往屋后山坡走去。

关于柴火，有句俗语：天晴要备落雨柴。即要未雨绸缪，天晴时要割草，不然遇到连续的雨天，草若是烧完了，那就惨了。

我家人口多，做饭、烧洗澡水和煮猪食都是烧铁芒萁，耗草量大。每天不是这个姐姐去割草，就是那个姐姐去割草。而且，姐姐会在早上告诉我，下午她到哪座山去割。待我到了山上，有时姐姐已帮我割好了两捆草，有时也还得自己割。

我把草挑回家，与姐姐们割的分开放。到了周末的时候，母亲把我割的草两捆两捆地绑在一起，一担挑着四捆，我和哥哥各挑起两担，去离家十多里远的砖厂卖钱。母亲把钱全数交给我们，让我们自由支配。卖完草，母亲去砖厂附近的山上割草，我和哥哥做挑工，把青砖挑到公路上装车。青砖比红砖大些，也较重。我一趟挑 20 块砖，每块砖 2 厘，一趟有 4 分，一天挑 10 趟，就有 4 角，那可是比我在生产队挣工分的钱还多。在生产队里，一个大人做一天农活，挣 10 个工分，也就相当于 3 角。挑一天的砖下来，我的双腿常常无法上下楼梯，痛得弯曲不得，走平坦的路都抬不走脚。

  我赚来的钱，除偶尔买点零食外，其余全部买小人书（连环画）。有时，看上了喜爱的书，手头又没钱时，便跟父母谎称要买本子和笔。父母十分相信我，有求必应。因此，在初中时代，我是买书最多的，同学们都爱到我家找书看。他们也很愿意听我的指挥，我说大家去溪里打水仗，他们没有反对的；我说去黄泥坡（片草不生的小山坡）玩滑土比赛，他们也同意。只是每次滑回来，每个人满头满脸都是黄泥，有时裤子都被磨破了。有家长对此颇有怨言："是太阳生唆使你去玩的？要是下次还这样玩，就不给你补裤子，让你光着屁股去上学！"后来，我也知道这种运动最"损布"，便不再发动大家玩了。

  由于我的阅读量大，写起作文那是"句句通顺，想象合理，用词讲究，篇篇范文"，所以写的作文总能让老师耳目一新，经常被当作范文在班里诵读和张贴。那时候，我最大的愿望就是：长大了当一名记者，到全国各地去采访，采访当官的，采访办企业的……然后，写很多新闻稿件，所写的新闻可以上报刊，然后署上我的名字。

  我为自己有如此远大的梦想而高兴，也为实现我的梦想而不断努力。

  我还是每学期的"劳动积极分子"，没得过"三好学生"奖状。我的成绩也就属于中上吧。初中读了两年就毕业了，亦工亦读的学习生涯，让我得到了不少锻炼，在意志力这方面，我比一般的孩子可要坚韧得多。那两年的学

习情况是:

> 学习全靠自律,
> 家长从不参与。
> 成绩是个秘密,
> 奖状只有积极。

09

投稿成功，高考失利

1979年，在一个天空湛蓝、秋风飒飒的日子，我又踏进了南阳中学（含初中、高中）的校门，摇身一变，成为一名高中生。高一时，我是走读生，到了高二，我就住校了，只有周末才回家。

从小学到初中的周末和寒暑假，我常做些农活，俗称"副业"。在我的思想意识里，读书和赚钱都不可落下。

我爱看小说到了痴迷的地步，除一日三餐的消费外，买书成了我每月最大的开销。

高中时我的阅读速度远超初中，要坚持买书就必须持续赚钱。于是，每个周末我一回到家，就会和姐姐们一起到山上、到砖厂忙活。砖厂并不是常年要请人干活，只有到出砖的时候，才要请人挑砖。除了割铁芒萁卖钱，挖土茯苓（俗称"硬板头"）的根也可以卖钱。周末，我和姐姐们拿起镰刀、锄头、蛇皮袋，漫山遍野搜寻土茯苓。挖土茯苓是个力气活，用锄头能轻松不少，通常都是姐姐们找到缠绕在灌木上的藤，用镰刀砍去后，我挥锄开挖。

有时几锄头下去，能挖出一块根板板来；有时，几锄头下去，只挖着一条根线线。姐姐说："可惜还没长呢，把土盖回去，说不定明年就有两根手指粗了。"为了赚钱，我们不停地在山脊间穿行，寻找一块又一块土茯苓，蛇皮袋里的土茯苓越来越多，直到装满了，我们才回家。土茯苓疙疙瘩瘩的，硌得后背生疼，但丝毫不减我的高兴劲儿。一趟下来，有时能赚两三元钱。

也有人收购一种可做香支的带香气的树，我们称为"香粉头"。这种树除了叶子不要，根茎都要。但是，树的量很少。尽管这样，我们还是穿山过坳地去寻找。这样下来，一天能换 2 元钱，2 元钱可买上几本小说了，也可以买好多牛筋糖，此糖耐嚼，因此被称为"牛筋糖"。

课外书看多了，学习就会分心懈怠。常常老师在讲台上苦口婆心地授课，我却双手假装捧着立起的课本，实则用来挡桌面上平放着的一本小说，看得津津有味。如果老师从讲台往座位处走来，我便把课本一放，盖在小说上面。小说大都比课本要小一些，老师发觉不了。我常为自己的机灵而得意。

高一上学期的期末，我上课看课外书被老师发现了。那次，我在看女作家杨沫的《青春之歌》，正看到林道静参加农民抢麦斗争，在我为林道静不服输、大无畏的精神感动的时候，老师径直走到我身边："嗬——！黄家焱，你在看什么书？！我观察你好几天了，别以为我不知道？没有喊你，是想看你要看到什么时候！现在半节课了，你还在看？！"慌乱之中，想要盖住小说已来不及。他伸手拿起我的书，看了看书名，"哦，《青春之歌》？这个……"他顿了一下，接着说，"下课了到老师办公室来！"

我的书啊！一下课，我就跟着老师走进办公室。老师说了许多的话，而我一心想拿回自己的书，他说什么，我都回答"好的""是的""可以"，也许老师看我态度好，便把书还给了我，同时交代我："以后上课不能再看课外书了，再看的话，你的成绩就会大退步，就考不上大学了。"我恭恭敬敬地答应着，心里却想：本来我就考不上大学的。一转身，继续看了起来。

我的数学及英语成绩就是提不上去，为此我很头疼，但语文和政治学得很轻松，背得很流利。我尤其喜欢写作文，我写的文章基本是范文。有时，我还在《闽西日报》发表一些小短篇。记得第一次投稿成功时，拿到了0.5元稿费，可把我高兴坏了！渐渐地，我成了同学们口中的才子。原来，写文章还可以赚点小钱。

从小学到高中，虽然没被评过"三好学生"，但"劳动积极分子"总是非我莫属。有一次，母亲问："是不是'学习积极分子'的奖状？"我得的什么奖，母亲是听哥哥和姐姐们说的，她似乎开始期望我能考取好成绩。

父亲对我说过："家焱，我不管你考不考得上大学，你一定要读到高中毕业！读不懂也要去读，就是去那儿坐，也要给我坐到高中毕业！"那年月，乡村里的大学生寥寥无几，一旦考上中专或大学，就成"剥掉谷壳吃国家粮"的人了，因为那时的中专生或大学生一毕业就可以被分配到某某单位工作，户口也从农村迁到工作地，实现"农转非"。可是，大学对于我来说，几乎是遥不可及的梦。

这里说个小插曲。高中毕业之前，隔壁班有名罗姓女生悄悄地闯进了我心里。我不知道那是不是"暗恋"。她与我是同一个镇上的，身材苗条，眉清目秀，笑容甜美，举止优雅；说话声音柔缓，带点女孩子的娇气。我会偷偷地观察她的言行，越看心里越喜欢，一天没看到她，我就感到失落。下课后，我会在她教室外往里看，只看她一眼，我也很开心。

她是镇上的居民，按当时的说法是"吃米"的人。而我是农村的，是"吃谷"的人。这在当时像是一道不可逾越的鸿沟，生生横亘在那。她就像一位尊贵的公主，而我则是一个老实巴交的农民。我有自知之明，觉得自己配不上她，只能把喜欢悄悄藏在心里，甚至不敢与她说话。这份喜欢，我一藏就藏了许多年，这是只属于我自己的苦涩的甜蜜。

高中毕业20多年后，有一天，她因为家事找到我家，想让我当她的辩护律师。我才知道，她嫁了一个老师，生了一个女儿，后来离婚了……不久前，听说她到福州找事做了，我们也就没再联系了。

少年时光，纯真而懵懂。再见时，斯人早已被生活磋磨得没有了往日端庄、秀丽的模样。纵然回忆美好如斯，也只是人生旅途上一抹令人悸动的亮光而已。此时心里，唯愿她余生过得平安、健康、顺遂。

1981年6月，我高考落榜了。其实，这也是我和父母预料之中的事，好像正应了父亲那句"坐到高中毕业"。我一"坐"就是两年，收获了一张高中毕业证书和一个"才子"的称号。

落榜之身，怀揣一个小梦想，我最大的心愿就是能当上乡村干部。高中毕业后的大半年时间里，我亦工亦农。农闲时节，我跟着泥水师傅去做小工。师傅有时给人盖房子，有时砌沟渠。我与另一名小工打下手，用畚箕挑着小石子，或两人一起扛大石头，送给师傅砌筑。每块石头之间，还要勾缝，我勾缝勾得又好又快，师傅很喜欢。干一天活下来，能分得1.5~2元，师傅则有3~3.5元。

不做小工的时候，我偶尔和村里几个青年一起在本地买糯谷，碾成糯米后，挑到连城县庙前乡去，卖给"锰矿八号店"的店主，他家做糯米酒。当地的煤矿和锰矿工人背井离乡，他们把对家乡亲人的思念融入一口口玉液琼浆中，酒水滑入喉中，落进胃肠，此谓"牵肠挂肚"。

我们一行五人，每人挑上七八十斤糯米，走四个钟头的山路去交易，每斤赚6角，一趟下来就能赚四五十元。但是，买糯谷时，得挨家挨户去问，问到了买下，再挑去碾，前后需花三天时间，这样算下来平均每天有十几元收入。这利润在当时来说，算是很丰厚的了。每一次交易成功，都让我无比兴奋和喜悦。不过，这样的生意不是天天都有得做，要看店家的需要。

尽管赚的小钱只能解决温饱，离致富还很遥远，但我从不浑浑噩噩地过日子，而是不辞劳苦地为了心中的美好生活奔波。我一直奋斗在路上。

10

"村干部"之梦

1980年分田到户时,我家分到了八亩多的水田。自留地不分配,在原有土地的基础上,还可以尽情地垦荒。为此,母亲曾开心地说:"要感谢现在的好政策,让我们可以勤劳致富、丰衣足食。"母亲对田地的热爱可见一斑。

我随着家人在田地里忙活,每日披星戴月,但也只是徘徊在温饱与稍有积蓄之间。说到积蓄,其实过个年,一番吃吃喝喝之后钱就花个精光了。我心里越发迷茫,心想:整天这样劳作能有什么出息呢?能换来村干部的草帽和的确良衬衫吗?

我有这样的疑问,还得从读高中时说起。有一次,在与家人一起劳作时,我看到两个村干部带着几个乡干部出现在田边,他们都穿着白色的确良衬衫,戴着米黄色的大草帽,看起来十分干净整洁,他们或用手指着远处的稻苗,愉快地说着什么,或低头托起稻叶观察……反观自己,戴着一顶竹斗笠,穿着一身灰黑色粗布衣,拿一把锄头立在地里,大汗淋漓地铲草。看着他们,我心里别提多羡慕了。后来,我还听说,村干部每次都杀鸭子招待乡干部——伙食这么好，天哪！这不就是我们村民孜孜以求的美好生活吗？什么时候我也能当上个村干部，衣着干净，举手投足间尽显斯文，还能与乡里来的干部谈笑风生。

此后，我会有意识地走入村干部的家，与他们说说村子里的事，帮他们杀鸭子，偶尔写几个报道发在《闽西日报》上。那时，幼稚的我甚至想：这辈子只要能当上村干部，就死而无憾了！

然而理想很丰满，现实很骨感。

父亲是个爱动脑筋、勤劳肯干的人。1981年春，在"积谷满仓"的条件下，他有了"以粮食为基础，靠养殖来致富"的打算。他从集市买来三头母猪，还比平时多养了二十来只鸡鸭。他说："只要我们全家同心协力，好日子就在前头。"于是，全家开始做养殖工作，除了四时农活，剩余时间都花在养殖上了。猪的一日三餐，除了需要粮食，还得配以地瓜或玉米等。母亲把地瓜藤割回来，剁碎了和粮食一起放入大铁锅中煮熟后，再加入杂粮和米糠，一起喂猪。时间长了，这粮食还好，地瓜藤就长不及了，需要到野外去找猪草。找猪草是个费时的活，姐姐们去干农活，得提前半个小时收工去寻草。全家分头行动，合力解决猪的吃食问题。农闲时家人再去打些零工，赚的工钱能够覆盖家里油盐酱醋等的日常开销。彼时，大姐和二姐已出嫁，哥哥已成家并分了家。

功夫不负有心人。经过几个月的精心饲养，几头母猪陆续下了十八头仔猪。

母猪坐月子，这可是有讲究的。月子里的母猪不能吃新鲜蔬菜，否则仔猪容易拉稀。所幸母亲懂得这常识，她把冬季里最后一次收回的地瓜藤全部剁碎晒干，加上粮食熬煮，配以杂粮喂养母猪。父亲认真察看母猪情况，那种小心翼翼的劲儿，连母亲都吃醋了。

母亲说："看他一天到晚担心的，比我生孩子时还小心！我坐了6次月子，他都没这么上心过！"我觉得好笑，母亲不该跟猪吃这个醋，猪有口不能言，即使吃坏了肚子也不能说，得靠人去发觉，人就不同了嘛。我跟母亲讲了这个道理，母亲大笑着说："用你讲？你以为我不懂这个道理吗？我只是看你阿哥这么累，心里过意不去……"我恍然大悟。

仔猪陆续断了奶，父亲把仔猪与母猪分开喂养，仔猪吃的都是精细粮食加麦麸，没有一片蔬菜。父亲笑着说："这样喂个几十天，就可以卖了。"喜悦之情溢于言表。一日三餐，他坚持自己去给仔猪喂食，不让我们插手。

又一个月过去了，十八头仔猪长到了三十斤，可以卖了。那天，父亲说："我想了想，再喂一个墟天（赶集的日子五天一轮）吧，可多卖百八十元。"父亲是一家之主，他的决定母亲从来都乐意奉行，我们做儿女的当然也没意见。

可是，谁知道到了下一个墟天，父亲喂食后准备把仔猪装进猪笼挑到集市售卖时，发现几个猪圈的仔猪全都出现了异常，有的死，有的瘫，还有几头在发出低沉的"唔—呜，唔—呜"的声音，走过来嗅了嗅猪食，又缓慢地离开，趴在地上，精神萎靡。往日你拱我推抢食的画面不见了！

父亲垂头丧气地说："仔猪都快死没了……"一句话把我们全家都吓蒙了！我们飞快地跑去猪圈看。

父亲急忙去乡里请来了一位兽医，兽医看了那些死猪，说："这是得了猪瘟，余下的猪大概也活不了了。奇怪，这两天你就没发觉它们进食异常吗？"

父亲说："这两天是吃得少些，以为之前说了要卖，这些仔猪小气，就吃得少呢。"父亲的思想有些奇怪，有时相信科学，有时又相当迷信。

我和姐姐把仔猪一头一头放进猪笼，抬到溪边深埋起来。父亲和母亲坐在厅里，谁也不说话。父亲双手抱着头，低垂着脑袋，坐了半天，到了下午，他和母亲又去深山砍竹卖钱了。

一场猪瘟下来，希望落空了！人心凉了，斗志没了。父亲不再提养殖的事。

到了1981年9月初，父亲从集市上挑回来上百只鸭苗，说是要养鸭子。看着父亲重拾信心，母亲既高兴又担心地说："从没养过这么多鸭子呢……"

"不用担心，我都去问过人家怎么养好鸭子了，我知道要怎么养。"父亲就差拍胸脯保证了。

"好吧，要怎么做你就交代我们。"母亲要全家配合父亲养好鸭子。

开始，父亲把小鸭放在猪栏里圈养，夜间便装进用破蚊帐围起的几个大鸡笼里，防止被蚊子咬。母亲会把一些嫩嫩的菜叶切得细细的，小鸭们吃得可欢了，只见它们边吃边"嘎嘎嘎"叫。它们吃完饲料，被扔进猪圈里。妹妹总爱抢过母亲盆里的菜叶，这儿撒一把，那儿丢一拨，把小鸭们引得东奔西跑、晕头转向，她却"咯咯"地笑着："小鸭真有意思，走来走去又不吃！"母亲嗔怪她："还不是被你撩弄的？"

我也觉得，养鸭子比养猪省事又有趣。鸭子长到三斤了，父亲要求我们每天早晨和傍晚要赶它们去溪里玩水。呵，这可把妹妹乐坏了，她欢快地说："赶鸭戏水，我喜欢！"

"看你那样，还不是自己想玩水？"我心里默默应了一句。我手上端着谷盆打头，妹妹在最后。我嘴里呼着："唧—咦—噫—呀呀呀！"这喊声也有讲究，要抑扬顿挫，这样鸭子才能听话。这是我小时候从邻居那儿学到的。

早晨，霞光初绽大地；黄昏，余晖金光闪闪。从家门口到溪边的路上，那一群黑鸭摇摆有序地穿行在田埂间，就是我心中最美的风景。

到了年底，父亲说："这些鸭子可以卖了，卖了钱可以给大家买衣服和鞋子，再换些年货，剩余的钱存起来。"然而，谁都没有料到，一场厄运又把我们的希望击得粉碎。

就在打算卖鸭子的前一天，圈里的鸭子突然又是死的死、瘫的瘫。兽医说："这是鸭瘟。"父亲一听此言，似乎苍老了十岁。活下来的鸭子所剩无几，父亲的心绪好长时间都没解开。

父亲说："我在思索一个问题，种几亩地赚不了钱，养殖又有这么大的风险，我们该干什么活儿好呢？"

我突然又想起，那个当村干部的梦。最起码，村干部常年与乡干部接触，懂得的东西比我们老百姓多得多！

然而，自始至终，我都没有当上村干部。

11

跟随游方郎中耍把式卖药

在经历了两场养殖上的变故后,父亲看事情变得谨慎起来,他觉得养殖业和种植业差不多,历时长、风险大。要想稳当点,只有去做生意或学门手艺。而父亲觉得做生意比学手艺的风险大一些。

1982年春节后,哥哥去学裁缝了,父亲决定让我去学医。父亲说:"想经商,走四方。想致富,开店铺……知道吗?古话都说了,想经商,走四方。不走出去,你在家能赚到钱吗?所以,家焱啊,我想让你去学医。"

"阿哥,您想让我去哪里学医?"我纳闷道。

"过两天你就知道了。"父亲神秘地说。

过了两天,父亲和我一起去赶集。到了集市上,父亲拉着我去看"耍把式"卖艺的。卖艺人是位中年男子,他肤色黝黑,目光如炬,身上穿着一件灰色无袖对襟衫和一条黑色绑腿裤,脚上穿着一双褪色的解放鞋,看起来是个风尘仆仆、走南闯北的人。他立在场地上,扫视了一下大家,接着便抱着双拳走了几圈,边走边说:"各位阿哥阿叔、阿姊阿嫂们,大家好!我姓李,名兆庆,是一个走四方的郎中。今日又来到街市上,与各位乡亲拜个好,祝大家:身体健康,如意吉祥。五谷丰登,积谷满仓。儿女贤孝,子孙满堂!大家等下看了涯个表演,有钱的奉献两个,有粮的施舍一升,冇钱冇粮也冇关系,你鼓个掌,捧个场,涯个心里一样亮堂堂。涯两眼放金光,心头系敞亮!今日又同大家把话讲,大家欢欢喜喜,买上三包五包涯个好药膏,有病的治病,有病的放屋堂,蚊子老鼠看哩都吓得溜光光……"

这卖药的一口客家普通话,说得又斯文又老土。

"阿哥,这个走方游医嘴巴太会讲了,也不知他要耍什么把戏?"这个人能说会道,我不知是佩服他,还是有点抵触。我看向父亲,他正听得入神,没理睬我。

游医拿出两把铁尺,蹲起马步,两手曲肘于胸前,铁尺朝前方,凝神运气,蓄势待发。少顷,他大喊:"迂,哈——!"他操练起来,一会儿如神龙游走,一会儿如飓风席卷……看得我是眼花缭乱,暗暗称奇。这个耍把式的还真有几分本事,看了的没有不叫好的。十来分钟过去了,他缓缓收起铁尺,双掌合抱,说道:"献丑了,谢谢大家!"周遭的人才回过神来,齐齐放声:"好,武功真的好!"他把铁尺放入旁边的袋子里,再拿出一块厚麻袋布,摊平,嘴巴又念叨开了:"感谢各位阿叔阿婆、兄弟姊妹的捧场。大家把戏也看哩,今下就多谢大家帮衬。"他话音刚落,便有人放下纸币,有一分、二分、五分的,纸币越来越多。他满脸堆笑地说:"今日多谢大家。"

有人起哄道:"郎中,不要一直收钱,等下人家买药都有钱哩,快把你的狗皮膏药拿出来卖呀。"

"兄弟呀,莫急,莫急嘛。"他不慌不忙,依次在麻袋布上放几个掉了瓷的瓷盆,再从一个布兜里拿出些丸子和药包、药膏,分放在盆子里。

他的嘴巴又像抹了油似地说唱起来:

"涯系个——

走街串巷的郎中,
涯个药方好有用。
材料系从深山采,
研粉打丸包来卖。
你问一个几多钱?
五个算来才一块。
一样只要两个角,
咁样便宜买唔买?
阿哥呦——
你—买—唔—买?"

听他说了一堆,有人就问了:"郎中,你个药可以治么个病啊?"郎中又开口了:

"包治跌打和损伤,
治了外伤治内伤。
月经不调血不通,
奶菇压下就会痛,
还有奶菇胀又肿,
奶腺阻塞得奶痈。
食了涯个好药方,
药到病除莫思量。
食了涯个好药方,
包你夜夜想情郎!
阿妹呦——
谈恋爱呀,赶月光噢!"

他这一唱完，把姑娘们都唱跑了。有男人哈哈大笑起来："郎中，你唱酸溜溜的歌，把妹子都吓跑哩！还做么个生意呦！"

谁知他矛头一转，对着男子说："妹子怕羞有好讲，你个大男人就唔敢怕哇！自家妇人会不会得奶痈，会不会痛经，你清嗯清楚？想想夫妻生活过得好嗯好，晚上抱嗯抱得来，就看你思嗯思量你的妇人喽！"说罢，他顾自咧嘴笑了。这下，那说话的男子脸红了。

不一会儿，就有人掏钱买他的药丸、药包和药膏了。有做婆婆买给儿媳妇的，婆婆说："涯家新舅（儿媳妇）每个月都会受苦哩！以前吃了这药就好一些，再买些回去给她吃。"

"婆婆唡，药丸系内服药，药粉和药膏系外用的。唔敢搞错了。"郎中交代。

"知道知道，我自己要外用的。我的脚有风湿，买些回去用。"有男人买给女人的，男人半信半疑，说："真能药到病除么？要真能的话，下个墟天到我家来吃饭，我杀阉鸡请你吃。"

郎中说："我卖了十来年的药了，还有假？你比较年轻，所以还不知道我。"

"我买三包药粉、五包药丸。"

"我也买三包……"

没多会儿工夫，那郎中竟赚了十来块钱。

父亲拉拉我的手，示意我看着。他低下头，说："家焱，阿哥想让你跟他去学医。你看，这市场上那么多的买卖，都可以讲价，只有他卖药不讲价，这本事要是学到手了，这钱就好赚了！再说，他还不用花钱租店铺呢，多划算！"

我立马说："不，我不去，我又不会耍把式。"我心想，在大街哄哄哈哈地赚钱，真有点丢人！

"你听我的，等散场了，我去求他。如果他同意，你就去！总比在家锄地好，你看他，来钱多快！"父亲主意已定。

其实，我也想改变一下家里的生活状况。读了这么多书，却无用武之地……略一思忖，我横下心，把头一点："好的，我去！"献丑就献丑，有钱赚干吗跟钱过不去呢？！

父亲买了酒肉，邀请郎中到家里吃饭。父亲说："从今天开始，家焱就是你徒弟了，这孩子读了高中，能写会说，文章还上过报纸，悟性也不差。学手艺的事，您要怎么教就怎么教，要怎么使唤就怎么使唤，把他当您的儿子教育就行，我和他阿妈不会有怨言。你教他认识一些草药，教他武功，他能学多少是多少。"父亲想让郎中师傅知道，他是很舍得也很放心把我交给师傅的，只要我能学到手艺，师傅怎样严厉都可以。

郎中师傅一边大口喝酒、大口吃肉，一边说："行行行，家焱跟着我，你尽管放心，放心！"

午饭后，父亲还抓了一只大阉鸡（养来过年的），说是给师傅的拜师礼物。我拜师学艺的事就这样敲定了。

午休后，我拿起包裹，离开了家。临行前，父亲再三交代："要专心学医，男子汉不能婆婆妈妈地想家。"

我与师傅来到了南阳镇井树坑村老鹰石下的一座庙里。师傅一家三口生活在那儿，有个比我小十岁的女儿，一家生活安然自足。

清晨，林间小鸟叽喳地跃起落下，晨曦拖着长长的晖光，悄悄造访静谧的庙堂。我每天五点起床，洒扫、挑水，然后随师傅来到庙堂前的土坪上，学练铁尺。师傅手起尺落，招式很娴熟，起落很迅捷。我跟着师傅先学简单的招式，觉得蛮有趣。没几天，师傅就夸赞我学得像模像样。

不赶集的日子，我们练到七点左右回庙里吃早饭，饭后和师傅去山里采草药、挖茎块、采果子、摘花朵……师傅行走在林间，爬树、攀岩、涉水、跨沟壑……每一样都难不倒他。

黄昏将至，当树影斜斜地躺到地面上时，我和师傅又出现在土坪上，继续练功。我觉得,那儿虽然远离家人和闹市,但生活倒也惬意,我变得豪迈又恬淡,仿若铁尺——刚柔并济。

我们走遍了县域各个乡的集市。要赶集的日子,我和师傅不晨练也不晚练,而是披星戴月地穿梭于林间。来不及赶回庙里时,就要在村子里找地方过夜了。一般情况下,村民都很乐意招待我们。

师傅一家的生活很有规律。庙里很少有人来上香,十分清静。师娘很勤快,她把我和师傅采回来的草药洗净、晾干、捣碎、研末,再按量用草纸包成小包保存起来;或者把草药熬煮至浓稠,再放到太阳下去晒,直至晒成半液体状,用手搓成丸子,晾干保存。药膏则是师傅从别的地方批来的。这样,我和师傅就有源源不断的自制药带出门了。

行走江湖,师傅自有他的过人之处。开始时,他让我看他怎么招揽生意,怎么与人沟通。渐渐地,他会借喝口水之类的理由,让我撑一下场面。我本来语言组织能力和表达能力就还行,这些事自然难不倒我。只是,在卖药前的功夫表演这一块,我一直不能独当一面,都是师傅在热场,而观众也爱看他的表演。除非他让我扮演对手一起过招,但他要克制动作,无法把动作做得游刃有余。大多数时候,我佯败匆匆跃出场外,让他继续在场内大显身手。

多了个我之后,他的生意似乎更好了。

从1982年年头到1983年年尾,跟师傅做了两年的江湖游医,我很敬佩、敬重、感谢他。前几年我到庙里去看师傅,一次性捐赠了2000元香火钱。

我始终感谢父亲当年的决定。他认为,好男儿必须要有担当,无论做农活还是学手艺,都要用心对待才是。

12

当上乡村医生

游医生活是一段颇为特殊的经历,为我日后去卫校读书打下了良好的基础。

1984年正月的一天,乍暖还寒时节,过年的喜庆还未完全褪去,我正在收拾东西,即将启程去师傅那儿。

忽听楼下有人问:"叔,家焱今年有什么打算吗?还想去耍把式卖药吗?"是堂哥的声音。堂哥身材高大魁梧,说话声音洪亮,我在楼上听得一清二楚。

"不去又能怎么着?去了多少也能学点医学知识。比如,他阿妈身子痛,他就能说出哪里痛是劳损痛,哪里痛是风湿病痛。"一阵茶杯铝盘磕碰的声音响起,父亲在泡茶。

父亲对我是满意的,师傅偶尔给我一点小钱,我都交给了他。年前给得多一些,我也交了一半给父亲,交了一半给母亲。

"我知道家焱是个爱学习又勤奋的孩子,不然,今天我还不来找他。"堂哥话里有话。我拿起一件洗得褪了色的粗布衣装进布袋里。

"那你找他有啥事呢？他在楼上收拾东西，准备去老鹰石。明天开始，各个墟场都陆续开市哩。"父亲也不藏着掖着。

"那叫他先别去，我问他个事。"堂哥大声唤我，"家焱，你下来，我问你个事。"

我赶紧下楼来。

堂哥问："现在我们村里有一个培训乡村医生的名额，要到上杭县城的卫校学习一年，你愿不愿意去？"

"培训乡村医生？这么说，如果我去学习了，回来就可以当村里的医生了？"

"哎！就是这个意思。看你在民间学习了两年，多少有点医学基础才找你的。不然，别人还会以为是因为我们有血缘关系，才把好事让给自己人。"

"我愿意去！"这么好的学习机会，我怎么能错过呢！

"那就等开学吧，到时乡里发了通知，我再告诉你。"

"好的！"我冲向楼梯，一鼓作气"咚咚咚"跑上楼，把一支笔和一个笔记本放入装衣服的袋子。

我上老鹰山告诉师傅要去培训学习的事，师傅表示非常赞同，他还祝我学有所成，归来造福一方。

临走时，师傅一家送我到庙前土坪，我看着师傅饱经沧桑的面庞，难以言喻的感觉涌上心头，虽然他曾让我做过一些难为情的事，但到了离开他时，我还是眼眶湿润，无语凝噎，还为自己曾经偷偷骂过他是流氓师傅而愧疚不已。我看着师傅，终是依依不舍地下了山。

1984年正月末，我踏入了上杭县卫生进修学校的大门，成为一名培训制下的中专生。该校位于上杭县临江镇解放路641号，于1980年5月15日在龙岩市工商局登记注册挂牌成立，主要用于培训乡村医生。

我在校学习期间，认真听课，并做好课堂笔记。培训内容包括内科、儿科、妇科等，要求学员掌握农村常见病的诊治方法和公共卫生、预防接种及妇幼保健基本常识。在学校经过半年的全科速成班培训,再加上半年的面授实习,到1984年年底,我结业了。

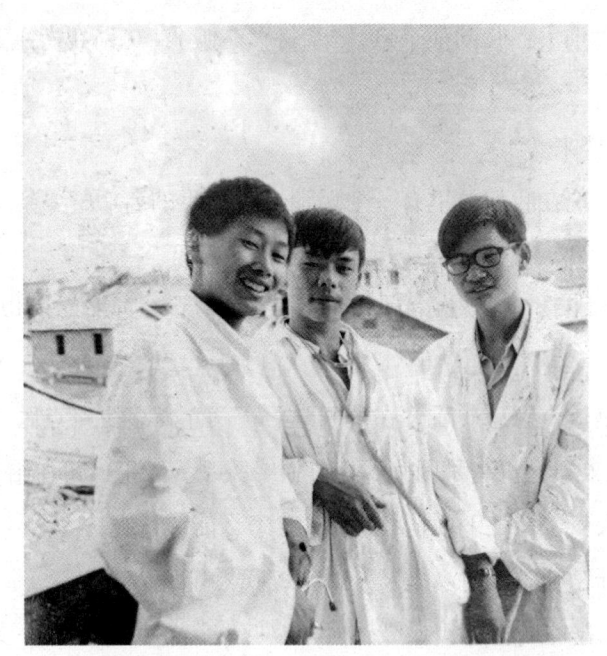

在上杭县城的卫校读书(作者为右一)

1985年1月,在村干部的帮助下,我在村里开了间医疗站,叫"南坑卫生所",当上了乡村医生。平日里,村民有个头疼脑热什么的,会到卫生所来拿药。之前也有民间游医,年纪大了便不再走街串巷卖药,而是患者慕名前去拿药。但他们卖的大多是治跌打损伤的药。还有一些人,利用祖传的草药方,给一些上门求医的女性调月经、看皮肤病。他们的一包草药只要几分或几角钱,也有不定价让人看着给的,甚至给物都可以。而我是个新来的医生,加上又很年轻,给人经验不足之感。而且卫生所的药多为西药,让村民接受西药尚需一个过程。所以,最开始时没有多少患者愿意走进卫生所。

随着医学知识的普及,村民们认识到西药疗程较短、见效较快,便慢慢地愿意找我看病了。

13 一纸合同，我当上了 80 年代的"万元户"

我订阅了《闽西日报》，后来又订阅了《农民日报》。《农民日报》前身为《中国农民报》，创刊于 1980 年 4 月 6 日，每周一期。后经中共中央宣传部批准，从 1985 年 1 月 1 日改成日报，同时更名为《农民日报》。

一日，我如平常一般看报。《农民日报》上的一则广告吸引了我的注意：本医药公司大量收购上好的干品玫瑰茄，每斤 2.5 元。收购地址是外省的一家医药公司。看完信息，我欣喜若狂，我决定：做！

玫瑰茄也被称为"洛神花"，是一种药食两用的植物。玫瑰茄有美容养颜、健胃消食等功效。我家有本药书，许多常用药不仅有图片，还有详尽的介绍，玫瑰茄的药用功效也在其中。

我骑上自行车到乡邮电所拨通了医药公司的电话，问明情况后当即表示可以跟对方签订 10000 斤的合同。对方表示收购事宜以合同为准。

在回去的路上，脑海中一直浮现一个画面，那一朵一朵的玫瑰茄似乎变成了一张一张面值不等的人民币，频频向我招手，我止不住地兴奋起来。第二天，我一路辗转奔向外省，与那家医药公司签订了合同。合同规定：一、甲方（我）所提供的产品（玫瑰茄）必须是当年所产的新鲜干品，不陈、不潮、不霉变。二、甲方必须于半个月内，无条件供货于乙方公司，否则，逾期将不予收购。三、收购价格为每斤2.5元。四、乙方预先支付甲方200元订金。

我毫不犹豫地签下了那份合同。我们双方到当地工商局（现为市场监督管理局）盖章鉴证后，我又马不停蹄地坐车回家。

那时，村里种植玫瑰茄的人很少，只能收到1000斤左右的干品，那么剩下的只能到邻乡或外县去采购了。然而，现实出乎我的意料，我在村子里只收购到了600斤玫瑰茄的干品。这让我有点焦虑了，还剩9000多斤干品，到哪去收购呢？

其实，上杭县种植玫瑰茄的农户并不多，大都是零星种植，没有形成种植产业链，许多农户还是自产自用。我想起在去外省的路上时，看到车窗外大片的玫瑰茄种植地，那地方地势平坦，若站在地里四下张望，可谓一望无际矣。我去那地方收购玫瑰茄，还可以省下一大笔运费呢。主意已定，我又一次坐上了开往外省的车。

同时，我委托他人把村里收购的600斤玫瑰茄运到外省。除去收购成本和运费，不赚不亏。

到了那个村子，我按照自己的计划，找了几个人，让他们去收购玫瑰茄，再统一卖给我。他们卖给我的价格是每斤0.6元。

只用了三天时间，剩余的9400斤玫瑰茄全部收购到位。我把玫瑰茄放置在租来的一间仓库里，请人运至医药公司。

谁知，对方拒收！

拒收理由有点蹊跷，对方领导一会儿说我的玫瑰茄是本地的，那么便宜收来，怕质量无法保证；一会儿又说公司已经完成收购任务，无须再收购了。我见无法说服他们，便到当地工商局找几位工作人员一同到公司说理。医药公司自知理亏，不得不收下 9400 斤玫瑰茄。

至此，我的第一笔跨省生意，除去各项成本，净赚了一万余元。在分田到户后的第 5 年，我成了"万元户"。

家里一下多了这么多钱，怎么花呢？我与父亲商量，决定盖一座方形大围屋。说干就干，一年多后，一座拥有七个大间（大大小小共十多个房间）的二层围屋建好了，虽然是土木结构的，却已是村里最大最新的房子了。

我成为村里的"万元户"

14

我的大学梦

我高中毕业后,一边当着乡村医生,一边种植、养殖。我还卖过衣服,从龙岩的批发市场进货回来,再到各个乡的集市去摆摊。因为不熟悉服装行情,有时进的服装质量比较好,却不怎么好卖。在乡村,人们的消费水平不高,大部分人穿的都是比较廉价的衣服,而我的定价偏高,所以,在经营了一年多后,我就关门大吉了,这笔生意亏了些钱,没卖出去的衣服都送了亲友。

农闲之余,我又琢磨起致富之道来。有一日,在报纸上看到湖北襄阳有养殖蜈蚣和蝎子的信息,我跃跃欲试、干劲十足。只要是自己认准的事,想干就干,毫不含糊。

我乘车到了襄阳,通过几天的学习,基本掌握了蜈蚣和蝎子的养殖方法。回家整好养殖池后,再度启程去襄阳,购回几千尾蜈蚣和蝎子种苗。

1983年,我和村里的青年承包了七八百亩山场,合同期30年。每年要请一些年轻人帮忙种植和管理林木,因此,认识的青年朋友就越来越多。

1987年6月,因为我在改善经营管理、实行经济承包、开辟新的商品生

我和村里的青年承包荒山（作者为后排右一）

产门路、提高经济效益和个人勤劳致富方面成绩突出，获得上杭县"新长征突击手"的荣誉称号。一些乡里的年轻干部也都愿意认识我，与我谈种植、养殖的事，也愿意与我一起谈人生。

  一个周末，在邻乡林业站上班的本村青年黄荣太来到我家，他小我两岁，是福建林业学校（现在更名为福建林业职业技术学院）的中专生。他高考屡屡失利，一直复读，第三次参加高考才考上中专。他来找我时已参加工作。我们从小学聊到初中，再到高中。他又说他工作上的事，我说我高中毕业后的经历，我们聊得很投机，我对一些事物的看法他很认同，他的许多观点我也赞同，真可谓"志同道合"。我们聊着聊着，门外下起了雨都不知道。待发觉时，才想到我俩家门口都晒着谷子，要被雨淋湿了，可马上回去收也来不及了。

  父亲干活回来，看到谷子淋湿了，非常生气，一直在埋怨我："一个大活人在家,连下雨都不知道?为什么不早点收谷子?!"我告诉他黄荣太来找我了,说着话就没察觉到变天了呢。父亲仍不依不饶地说着许多责备我的话。

我那时年轻气盛,哪里听得进他不停地唠叨?我顶了一句:"您怎么一直骂我呢?我说了谷子没收是黄荣太来家坐,我们说着话就没听到外面下雨……我又不是故意不收谷子!你看人家的谷子也淋湿了,我怎么没听到他父亲那样骂他嘞!"

父亲正在气头上,一听我顶嘴,他更生气了,忿忿地说:"你怎么能跟他比呢?他是中专毕业生,又是国家干部,是吃国家粮的人,可以不用干农活,你呢?你是农民,是吃谷子的!农民就要干活,要更珍惜粮食才是!"

父亲那句"他是国家干部,吃国家粮的人"深深触动了我,我一听就赌气地说:"国家干部又怎样?我还是万元户呢!"

父亲怒气未消:"哼!你真的是榆木疙瘩,讲不清楚了!"他顿了顿,又说:"人往高处走,水往低处流,亏你是个高中生,怎么就不求上进呢?唉!"父亲说罢,摇摇头,又扛着锄头出门去了。

父亲话里有话。事后,我一直在琢磨父亲说的话,也许,在父亲的心目中,黄荣太学历比我高,还有一个体面的工作,而我……

平时少言寡语的父亲,那次说起话来却那么生气。望子成龙是每个父母的心愿,也许父亲也曾为我的不争气遗憾过,只是没有正面对我表达而已。而现在,他的情绪终于忍无可忍地如地底的岩浆般爆发出来了。

他自己是个行走在田地里,与一亩三分地共呼吸、同命运的人,老天让他减产他就会减产,他深知种地的不易。而我虽然经营着医疗站,但那也是小本营生。每一分钱都来得如此艰难!更不用说那年的猪瘟、鸭瘟。

而黄荣太有地位,不用脸朝黄土背朝天,他父母脸上也有光。

我开始回顾自己的人生。我还年轻,不能就这样止步不前,即使将来不能当多大的官,也不想要多高的地位,正当拼搏的年纪,就要去追寻新的人生理想。

我暗暗在心里给自己定了一个目标：明年，我也要参加高考，我要去追寻人生更大的舞台，追寻更美好的明天！

心里有了目标，做事就更加带劲了。我如梦初醒，幡然醒悟，我不再像当年高考前那般消沉，"大学"一词像一个已吹响的号角，激励我不断向前。

时光飞逝，转眼到了1988年6月，我如期参加了高考。那一年，我24岁了。

考场上，有比我年纪大的知青，也有退伍军人、农民和高三学生。我虽然昂首阔步地走入考场，但高考完后，反而不敢去想结果如何了。毕竟，已离开学校那么多年。我第一次高考时上的是两年制高中，现在已是三年制的高中了，题目变化很大。结果如何，谁知道呢？

填报志愿的时候，我想到之前做过的大料生意，意识到不懂法可能会面临牢狱之灾；玫瑰茄的生意，多亏工商局支持了我，让我知道签订合同的重要性。刚好我认识的南坑小学的曹欣昌老师，他正参加中华全国律师函授中心的学习，是我心中敬佩的偶像。在他的影响下，1988年，我也报名参加了中华全国律师函授中心的学习，但是还没有毕业就考上了大学。因此，我自然而然地就报了法律专业。

收到录取通知书的那一天正逢"双抢"时节。黄昏时分，残阳的余晖长长地洒在山谷里，把静寂的山田染得一片金黄。天快黑了，我从田里爬起来，把几个秧立好，没插完的秧，只能等明天再来插了。洗干净手脚上的泥土后，我绕道去看上午插秧的几块田还有没有水。炎热的夏天，秧苗不高，田里的水只能是浅浅的一层，这一层水很快会被太阳晒干，因此，每日收工都要引水入田。走在杂草丛生的田埂上，我的左脚脖子忽然一阵刺痛，我弯下腰，用手一摸，一条蛇正咬在我的脚脖子上！我捉起蛇，将它朝远处一扔，赶紧跑出那条田埂，冲到下方的小溪里，用手狠命挤着伤口，并不断清洗。这样来回洗了很多次，等再也挤不出红色的血水后，我才回了家。

"阿哥，我刚才被蛇咬了，去溪里挤掉了血水。"

"哦，你不会怎样，那蛇应该就是水田里的泥蛇，无毒蛇。种田的人就没有不被这种蛇咬过的，没关系的，别怕。"父亲的话，让我安心。

母亲招呼全家人吃饭。那时，三个姐姐都已出嫁，大哥也成了家。我走进厨房，端出一碗茄子放在桌上，正欲坐下来吃，村里的邮电交通员进屋（那时的邮电交通员要负责把重要信件送上门）交给我一封信，我喜滋滋地拆开一看，是我的大学录取通知书！

我一阵激动，扬了扬手中的通知书，对着父母说："阿哥，阿妈，你们看，我考上大学了！"我高兴得手舞足蹈。

据说，那时的高考录取率只有5%~8%；农村考生的录取率更低，只有3%左右。

一家人围拢过来，一起端详着录取通知书，每个人的脸上都洋溢着喜悦。虽然他们看不懂上面的字，但他们脸上的高兴劲儿并不比我少半分。

父亲率先落座，举起筷子，沉吟了一下，说："家焱，以前都是阿哥没有管好你。阿哥没读过书，也不懂教导你。你说，你想读书，你就读书，不想读书呢，我就让你去那儿坐着。你说你考不上大学，我也没帮你找原因。其实，你无论做什么事情都有一股子韧劲儿，像你阿妈，也像我。你如果前几年就参加高考，现在是不是已经大学毕业了呢？"父亲十分开心，又似在自责。

"没事，哥哥现在考上大学，也是因为运气好。阿妈，你说是吗？"妹妹插嘴。

"阿哥，我现在去读大学也不算很迟。"我说着安慰父亲的话，心里却想：我不想读书时，谁怎么讲都没用。

"对，我们家六金说得对，也是运气好。家焱，你是大学生了，以后，我们家有什么事情都要你拿主意了。"母亲殷切的目光中，透着与年龄不相称的清亮之色。我知道，从这一刻开始，我这个未来的"大学生"，就已经是母亲眼里的"能人"了。

那一年，父母亲年近花甲，因常年风吹日晒雨淋，他们的脸上布满深深浅浅的沟壑，纵横交错，两鬓也早已斑白。

是夜，我辗转反侧，难以入眠。这大学是考上了，可家里的积蓄全都被我用来投资种养事业了，而且那些东西也不是一时半会儿就能马上变为现钱的，学费从哪来呢？我这一走，养殖场也办不下去了，家里的收入也会大打折扣。我陷入了沉思。

15

秋风萧瑟，洪波涌起

离开学还有一个多月的时间，我心中是喜忧参半。看得出来，父亲也在为我读大学的费用发愁。

那一晚，父亲说："家焱，去学校要添置些物品，多带一些钱去总是好的。家里没有多少积蓄，我看看，让你姐姐们也想想办法，不够的话，再到别处借点。"

父亲知道我有不少朋友，但我脸皮薄，觉得求人很难为情，是不会出去借钱的。父亲觉得，钱的事他能搞定。

我朝父亲点点头。一个大男人，还让父亲那么操心，我觉得有点过意不去。可是，关键时刻还是需要父亲出马。

"应该准备 600 元以上。买两套衣服、一床被褥和日常用品，还要交一学期的伙食费，还有来回的车费……"父亲计算着每一项开销，比我算得还细致。

"指甲剪和剃须刀也需要的。"昏黄的灯泡，散发着暗淡光晕，映照着父亲那古铜色的脸庞。他抽着水烟筒，朝天花板缓缓吐着烟，悠悠地说，"对了，多买几条内裤，万一天气不好，衣服晒不干呢。外套可以不换，内裤可要换。湿衣服贴身穿可不好，穿多了，年老了就容易得风湿病。"

我有点吃惊，从没出过远门的父亲，怎么把这些事想得那么周全呢？我要去读书，父亲比我还积极地做着准备。

高中毕业后的几年，我也不是没赚到钱，但生意不是天天有，生活开销却日日都有，投资种养事业也花了不少钱。

一到需要用钱的时候，钱反而紧张了。曾经的"万元户"，如今却局促起来。人生的起起落落，难以言说。

姐姐们知道我考上了大学，都相继回家，谈论着我上大学的事。大姐说："我想办法凑50元吧。家焱能考上大学，我们姐妹再怎么不济，也得努力帮一把。"二姐和三姐也各出50元，这么一来，三个姐姐就凑了150元。

后来，我私下问过大姐："家里两个孩子读书要花钱，你婆婆生病也要花钱，你跟姐夫哪来的钱帮我呢？"

大姐说："我不是种了糯谷吗？这糯谷比较好卖，卖了两担糯谷有60元，给你50元，还剩10元家里用。"我鼻子一酸，姐姐一家也不容易，那些年每家每户粮食丰足，要买粮食的人不多，卖得也就很便宜。

"家焱，你骑自行车载阿哥去邻村一个要好的朋友家借钱吧，他家的子女个个成年了，日子好过，平日里我们交情还不错，借个两三百应该不成问题。"某日，父亲突然对我说道。

我推出自行车，载着父亲一颠一簸地行走在坑坑洼洼的山间小径上。经过一处上坡地，我停下来推车。父亲一路上说着他与那家人的交情。他们维持了那么多年友谊，真的很难得。

快到坡顶了，父亲继续滔滔不绝地说着："他真的是一个很善良的人，每次在街市上看到我，都会很热情地招呼我，有时还会邀请我到他家吃饭。我还去他家吃过一次饭呢，那是在你打算盖房子的时候……"

要下坡了，我对父亲说："阿哥，您坐稳，下坡速度会快一些。"

"没事，没事，我又不是小孩子。"

可是，谁能料到，下到坡底时凸起的土堆挡了一下自行车前轮，车头向右一歪，我差点把控不住。好险，我刚庆幸没摔倒，忽听父亲"哎哟——！"叫了一声。

"阿哥，怎么啦？"我心里紧张了一下。

"没事，没事。"

到了坡底，我停下了车，父亲也在草地上坐下来。我一看，父亲的左脚脚后跟被车轮刮掉了一块皮肉，创口有汤圆那么大，红红的创面正往外流着血。父亲摘来几片不知名的树叶捂着。

"阿哥，你脚破皮了，怎么办？"我的心一紧，手足无措。

父亲环顾四周，忽然，他双眼盯在一棵草上，用手一指："你去把那棵草拔过来，把草叶咬烂，敷在伤口上，就没事了。"

我急忙照做。父亲告诉我，那草叫"刀补草"，可止血，是他的奶奶告诉过他的，此草虽不常用，但还认得。

"农村百草皆是药啊，就看人认不认得它们。等会儿血止住了就没事了。"父亲催促我，"家焱，走吧。"

"阿哥，再歇一下，万一伤口……"

"哪有那么娇贵呢！这不就破一点皮吗！没事的。"

一上午，父亲说了好多个"没事"。也许，在他的心中，只要我考上了大学，一切困难于他来说都是"没事的"。

到了父亲的朋友家。父亲的朋友看起来比父亲年纪略小些，他热情地让座、泡茶。我称他为"叔叔"。

父亲朝我使使眼色，好像在说："家焱，看到了吧，我朋友……"

我们喝着茶。父亲跟叔叔说我考上了大学，要去读几年书，想借点钱，以解燃眉之急。

"哦，家焱考上了大学呀，真要恭喜你呀！"他话锋一转，"可是真不凑巧，我呢，也不能说没钱，只是前几日刚把1000元钱拿去银行存了定期，存定期就拿不出来了。真是不凑巧了啊！这个，你要是早来几天，那保准还有！情况就是这样的。这借钱是正常的事啊，谁都有困难的时候嘛！"

他话说得很快，有点语无伦次的样子，但口气坚决，意思再明显不过：没钱。父亲端起茶杯的手顿在半空。

少顷，父亲一口气饮尽茶水，说："没事没事，既然你不方便，那我们到别家看看去。家焱，我们先走吧，钱的事，耽误不得。"

我和父亲走出他朋友家。路上，父亲一言不发。父亲心里失望，我一时竟不知与他说什么好。

"阿哥，现在到哪里？"我推着车小心翼翼地问着父亲。

"我也不知道呢，向前走便是。"

我们走回村子的溪边，路上的石子疙疙瘩瘩地裸露着，凹凸不平，车轮碾过时发出"咯哐咯哐"的声音。秋日的风，带着溪水的清凉吹到脸上。山脚几棵梧桐树，随着萧萧的秋风摇晃，簌簌有声。秋之凉意，一阵阵袭来。

"喜里哥，家焱，你们去哪呀？"我们正低头走着，忽见进汉叔站在我们面前。他个子不高，年纪40开外，长得清瘦清瘦，一脸和善地笑着。

"哦，是进汉呀，我们到外面走动来着。"父亲似乎眼前一亮。

"既然出来了，就到我家坐坐吧！"他热情洋溢地握住了父亲的手，"来来来，到我家喝茶去。"

盛情难却。这是一间干净整洁的泥瓦房，屋子里看得到的大型物件只有一个菜橱、一张方桌以及一辆自行车。

进汉叔问父亲："听说家焱考上了大学呢，真厉害！今日，你父子两个同时出门，这是……"

父亲欲言又止。但他最后还是说了实情：出门借钱读书。

"哦，原来是这么回事啊。这样，我借你300元，但我身边现钱不够，等我家女人回来，看她有几多私房钱，不知能不能凑够就是了。出远门读书，什么东西都要买，花钱的地方多了去。不像在家里，顺手拿来就有吃的用的。"

进汉叔很有同情心。他本不在父亲借钱计划之内，因为他家也不富裕。但他开口说借钱给我们，这出乎我们的意料。

没过多久，进汉叔的妻子挑着一担茄子和豆角回来了。她一听说我们出门借钱读书，红着脸说："我呢，也没多少私房钱，平时挑点小菜到南阳街上卖，没积攒几个钱，我去数数有多少。帮得到的忙我们一定帮。"

夫妻俩把钱一凑，有334元。

"谢谢叔叔婶婶。我借300元吧，等我大学毕业了，领了工资，我会先把钱还给你们的。"我心存感激地说。

"不着急的，出门读书，钱要带够，这样家里人才放心。中午就在我们家吃午饭吧，我去买几块豆腐来。"婶婶笑意盈盈地说道。

这情景，我至今记忆犹新。

后来，我又到堂哥家借了100元，如此，共借得550元钱。一个学期的费用差不多就凑齐了。父亲从抽屉里拿出一沓钱，说："加上这些，够数了。"

那年借钱的不易，让我知道了父爱的深沉，也知道了亲朋间相互关爱的难得。万事俱备，只盼开学了。

16
一日看尽长安花

有时，我会用钥匙打开抽屉，拿出录取通知书，用手轻轻抚摩，数着开学的日子。当然，这一切都是在无人知晓的情况下进行的。一天，姐姐们和妹妹回娘家来，妹妹说："哥哥，你去读书了，家里那么多农活，阿哥和阿妈就更加辛劳了，你知道不？人说累成'兔哥、兔哥'的，就是像兔子一样，一出门就要不停地蹦跶，不停劳作的意思啊！"

妹妹20岁出头，虽已结婚，还是一身孩子气，说话也直白。可她说的也是实话。道理我都懂，但我怎么能就此放弃我的前程呢？

"我怎么会不知道'兔哥'的意思呢？但我去读了大学，毕业以后，我就'剥掉谷壳'了，要是能当上一个乡干部，每月有固定工资，阿哥和阿妈就不用那么辛苦干活了。"

我心想，妹妹真笨！父母再辛苦几年就能过上好日子了，这么简单的道理她都不懂吗？！

那些中专毕业生都能当乡里的干部，我大学毕业了还怕当不上乡干部？

而且，我最大的愿望是能当上乡长或书记，因为他们出行有摩托车，还有吉普车，非常有派头。

大姐说："家焱说得是。你莫听妹妹说，去了那里，好好读书就是了，家里的农活，我们会来帮忙的。"

听了大姐的话，我也心安了。

插完秧后，我也无心琢磨做生意的事。我把养殖场盘给了别人，盘出的钱在还完贷款后也无存余。卫生所也盘给了别人，所有药品都打六折卖了。有些村民看病赊账的钱没收回来，我也不好意思去要那三毛五毛、一块八角的。这样一算，卫生所其实也是亏钱的。

离开学还有些日子。我每日骑自行车载着黄仁太到南阳街上逛街、看电影……

父母可能觉得我是"吃国家粮"的人了，也就不再管我干不干活了；抑或他们觉得自己是农民，已不能支使"吃国家粮"的我干活了。

从担心学费时的喜忧参半到解决学费后的如释重负，我心中的欢喜在慢慢扩大。后来，大有"人生得意须尽欢"之态了。

那一日，我又和黄仁太到南阳街玩，逛着逛着，我提议去我父亲的朋友黄叔家里坐坐。黄叔是乡企南阳建筑公司的负责人，家在电影院里面。黄仁太也想搞建筑，我就带他去黄叔家了解建筑行业的情况。

天将黑，黄叔说："你们如果晚上想看电影，就在这吃晚饭，吃了饭就等电影开场，这样，看电影就不用买票了。不然，你们走出了电影院的门，再想进来看电影就得买票了。"晚饭能解决，还能看电影，这么好的事何乐而不为呢？我和黄仁太留下来吃了晚饭。

那晚看的电影是《R4之谜》。与《巴山夜雨》《戴手铐的旅客》《渡江侦察记》等电影一样，故事情节早已耳熟能详，却百看不厌。看到高潮时，我们也会站立起来呼喝一两声，因为前面的人都站起来了，我们不站起来，只能看人家的后脑勺。看一场电影，几站几坐——电影就是有震撼人心的魅力！

看完电影，我和黄仁太启程回家了。刚回到村口，忽然听到一阵锣鼓声响起，我停下自行车，问黄仁太："怎么回事呢？这锣鼓喧天的，是哪家在夜里做喜事吗？"

黄仁太说："不清楚，要不我们去看看？"

月黑风高夜，两个年轻的小伙浑身是胆，要前往热闹处一探究竟。

立好自行车，我们循声而去。一个土坎下的一座房子里传出怪怪的声音，像人在唱歌，像道士在念经，又觉得都不像。在好奇心的驱使下，我们从坎上相继一跃而下——像英勇的侦察兵那样从天而降，只听"咚！咚！"两声，我和黄仁太一前一后出现在那家门口。

"哎呀！我的妈呀！"黄仁太一声怪叫，我随他跃下，站好身子定睛一看，天呐！一具棺材摆在大门口的左边，黑咕隆咚的夜里，有些阴森森的。原来，是村里住在老大队屋里的"太阳妹子"死了。他终身未娶，人们喊他"太阳妹子"，以至于本名都没人记得了。死者无儿无女，没有孝子守灵，尸体入殓后，棺材就放在大门口，等待明天早上让"八仙"（农村风俗，8个抬棺人）抬上山安葬。大厅里，死者的房族请了道士给亡灵念经超度。

刚才敲打的，是盖棺时的锣鼓！锣鼓声敲得越响，五服内的后代便越发枝繁叶茂、兴旺发达。虽然"太阳妹子"没有后代，但他也有五服内的亲属，所以也要敲锣打鼓。

我和黄仁太见此情景，急急爬坎而上，落荒而逃！

在20世纪七八十年代，乡村业余生活十分匮乏，但凡哪家办个红白喜事，多有村人围观，场面十分热闹。可"太阳妹子"没有后代，没人给他请吹鼓手和哭孝的班子，也没人给他守灵，所以简单发丧，门前冷落。不然的话，后辈请的吹鼓手和哭孝班子轮番上场，哪一个角色扮演得好，哪一个角色扮演得不好，围观的村民心里是有杆称的。办完事后，小溪里洗衣服的女人、溪两岸放牛的爷爷，便会议论起来，他们有时还会为自己喜欢的角色争得脸红脖子粗。

第二天晨起，我习惯性地看向抽屉，忽然，我感觉哪里不对劲，急忙打开抽屉，录取通知书好好地躺在那儿，可装了600元的信封却不见了踪影。我大惊失色。

定定神，忽然想起，昨天我是带着信封出门的，看电影时，我还用手摸了摸裤兜，那时信封还在。那么，它会掉在哪里呢？

我的心乱了起来，那可是我去读大学的钱啊！没有了钱，我就无法读书，无法读书，我就不能当乡干部……父亲知道了，会怎么骂我呢？猛然间，全身每个毛孔都惊出了冷汗。

那600元在当时，差不多就能决定我的命运了！找不着钱，读书的事就黄了。

"与黄仁太回去找钱。"我有了主意。

我们沿路走回电影院，在昨夜看电影的位置的周围寻找，发现信封躺在离我座位不远的地上，有被人踩过的痕迹。

"谢天谢地！"我大叫一声，立马扑了下去，双手抱起信封，打开一数，全部现金都还在。

"菩萨保佑！"黄仁太双手合十，"不然，我也罪该万死！"

当时，我是想把这些现金存银行，到开学时再来取，看看有多少利息。银行的工作人员告诉我，快开学了，没几分利息的。于是我把信封装回口袋，继续潇洒地在街上转悠。

虽是一场虚惊，却让我胆战心惊，十分后怕。寻回了失落的财物，黄仁太说："家焱，你以后会有发财的命。你看，这信封被人踩来踩去还完好无损，说明非你莫属。隔了一夜，地板也让人扫过了，它没有被捡去，合该是留着让你去读大学的。而且啊，我们夜里还碰上一具棺材，家里人说夜里梦到棺材的人，不是当官就是发财，我们夜里出行和梦是一样的啦！以后，你读书出来就能当官发财了。"黄仁太一番话说得天花乱坠。那时的大学毕业生，国家是包分配的。因此，黄仁太总说我毕业了就能当官发财。

那段时间玩得甚是疯狂，如孟郊写的《登科后》，我那时是想着"他年可吃国家粮"，因此"一日逛遍南阳乡"！

上学的日子越来越近了。自那次丢钱之事后，我不再每日与黄仁太咋咋呼呼地瞎逛，似乎一下子长了记性，沉稳了不少。我提醒自己：我是一名大学生了，要有大学生该有的样子才对。那么，大学生——该是戴着眼镜、好学稳重、文质彬彬的吧？

17

读大学

我考上大学没办酒席。那些年，除儿女婚嫁、孩子满月、搬新房外，其他的喜事是不兴请客的。不像现在的人，家里孩子考上大学，就大张旗鼓、招朋呼友地办上二三十桌酒席，甚至更多。一场喜事办下来，孩子开学的费用就有了，有些人家甚至还有盈余。

我是在1988年8月26日启程去安徽上大学的。凌晨三点，公鸡还没报晓，群星还在天上挤眉弄眼，秋虫也在草丛里睡大觉，周遭静悄悄的，母亲就起来做饭了。

我要搭乘拖拉机到连城县新泉镇下车，再从新泉镇坐车去永安市，最后乘坐由厦门市到合肥市途经永安市的火车。那时候，只知道新泉是当时的交通中转站，但是不知道来往车辆的具体时间，我必须在早上七点前到新泉汽车站等火车。虽然，南阳到龙岩的班车也会经过新泉，但发车时间迟，到新泉已是上午八九点了，就来不及乘坐那趟火车了。

启程时，晨曦微露，凉爽的秋风徐徐袭来。父亲再三叮嘱我，要与人和平相处,要好好学习,不要担心他们。我虽觉得他的反复叮咛有点啰唆,但看着两鬓斑白、略显佝偻的父亲,想到从此后,他与母亲还要在田间劳作,我心有不忍,又不能不走。晨风带着凉意,吹起了母亲的额发。空气里,四处都弥漫着清冷的草香味。母亲搓搓手,说:"家焱,要记着你阿哥的话。"

我点点头。坐着拖拉机一路颠簸着到了连城县,我找了一间小饭馆,花1.3元吃了份猪肉豆腐饭,觉得好吃极了。也许是对大学生活太憧憬了,一离开南阳,我暂时忘了离家时的不舍,心情很快明朗起来。我告诉店家,猪肉豆腐饭很好吃。

"我寒假回来时再吃一份!"我真是那么想的。这家豆腐,外皮煎得金黄澄亮,咬一口,外焦里嫩。猪肉炒得油香四溢,两者再合着炆上一会儿,肉里就有了豆腐的清鲜,豆腐里也有了肉的醇香,两者交融,味道独特——这也是家乡南阳的味啊!

饭后,我坐上了从新泉开往永安的班车。那天秋高气爽,泥土路面干燥,尘土飞扬。一路颠簸,终于到了永安。我马不停蹄地走向火车站,终于赶上了去合肥的那趟绿皮火车。

火车上非常拥挤。车厢里,有人在拖着大包小包来回找座位,座位旁、座位下,甚至过道上,都放满了大大小小的鼓鼓囊囊的帆布袋、粗布袋。约莫过了十分钟后,该落座的都落座了,该站的也站好了,车厢内终于安静下来。我是中途上车的,买的自然是站票。首次坐长途火车,这"人山货海"的阵势也是第一次见。有些大人坐着,胸前抱着布包和孩子,隔着布包,孩子坐在大人的膝盖上,两只脚无所顾忌地晃着,不时踢着自家的布袋子;站着的人,摩肩接踵,难以挪动。这很像在乡下去别村看电影时,没座位的人,站在场子后边,脑袋挨着脑袋,眼睛朝前找缝隙看电影。

火车到南京站前,我都是站着的。双脚站疼了,我便"金鸡独",从左脚换成右脚,又从右脚换成左脚。有时,一只脚站疼了,便脱下一只鞋子,把脚放在自己的布包上,如此,又放得酸了,便偷偷搭在旁边座位的边沿上。

换个姿势，脚便舒服些。实在很想睡了的时候，我便趴在自己的布包上，头皮贴着前面人的屁股或大腿，打个瞌睡。我趴下了，身体自然就挤占了旁边站着的人的空间，旁边的人难免会推挤回来一点。于是，站累了的我，在这轻推慢搡中，渐渐入睡。

火车上，还有个别男人偷偷地吸烟。本就人多拥挤的地儿，各种味道掺杂在一起，有时令人感到窒息。

到了饭点，各人拿出自带或购买的食物吃起来。那时没有矿泉水，我拿出母亲贴的饼，还有一个"水归子"（客家方言，即行军壶），在火车上解决了几餐。

一路上，火车发出的声音还不一样。当火车开始出发时，声音是"哐当哐当"的；当火车走得很匀速的时候，声音是"喊里咔嚓、喊里咔嚓"的。这声音周而复始，伴着偶尔"呜——呜——"的长鸣，一路向前驶去。

火车上来自四面八方的人们说着我完全听不懂的话，我有时也在琢磨他们说的是啥，然后，又把自己的判断全盘否定，再重新揣摩一番。

火车发出的声音不绝于耳。直到很多年后的今天，我在深夜想起来时，仍觉得如此亲切。这趟火车，把我载到了一个梦开始的地方。

到了南京站，我终于有位置坐了。一坐下来，顿感全身舒畅。火车到达合肥时已是夜里两点多了。我花了两块钱，在火车站附近的一个私人旅社（一个地下室，相当于现在的地下停车场）睡大通铺。我把布包当枕头，很快沉沉睡去。不知睡了多久，感觉布包一直在动，我下意识地用双手往后左右抓着……

我一觉睡到了第二天的十点才醒来，醒后看到这个大通铺有上百个地铺，地铺上还有一些人，他们或坐着或躺着，看样子，有农民，也有工人，还有一些衣衫褴褛、蓬头垢面的乞丐。我赶紧起身离开。

8月29日上午，我到达了就读的大学。我入住的寝室还有4名男生，他们分别来自安徽、陕西、四川及江西，大家年龄相仿，聊的话题也多。

我的班主任颜宗仁老师，祖籍福建，出生于马来西亚。刑法老师韩美秀，也是福建人。他们对我这个福建籍的学生，无论在生活还是在学习上，都很关照。

我虽然很快进入了学习状态，但因为高中毕业已有7年，如今重拾书本，有点难以适应。但我不能退缩，因此我花了更多的时间和精力去学习。

每日我五点准时晨读。秋去冬来，校园小径、回廊，迎着寒风霜雪，我常常独自一人读书、背书。晚间，我看书到子夜方休，每天都觉得时间不够用。在宿舍背书时，我伏在床上，撅起屁股，把头埋起来，轻声地背。有时室友看我如此用功，便在我屁股上一拍："黄家焱，有这样背书的吗？把脸朝上来，我们不怕你吵。"

无论什么场合我都在背书。背书，成了我大学生涯最重要的功课。

我和班主任颜宗仁老师及同学（作者为右二）

18

我与校花初相识

黑暗的夜里,梦开始孵化,迫不及待地破壳而出。白日里无法实现的事情,在梦里就可以实现。我做过许多梦,关于亲人的,关于友人的,关于学业或事业的……梦中的我在努力地续写故事,往往醒来之后,竭力回忆,也只有一片怅惘。

迷蒙天色中冉冉升起的朝阳,以及夕阳西下时瑰丽多彩的晚霞,最容易让人铭记。在我年轻的生命里,也曾有一位如朝阳般让我憧憬、如晚霞般让我留恋的女孩,她的名字叫苏文。

大一下学期,我和苏文第一次见面,是在一个黄昏时分。

那天晚饭后,我和杨军、吴军三人到校外散步。天渐渐暗下来,夕阳洒出最后一片橙黄色的霞光,天空被晕染得仿若一块橙黄色的绸布,高高地挂在天边。我们追逐落霞,边走边聊。年轻人的对话,信马由缰、海阔天空,无所不谈。讲到有趣的话题时,三人便开怀大笑。我们笑声朗朗,前面走着的三位女生频频回顾,好奇地张望。

杨军性格外向，17岁左右，人小鬼大。他见有女生回望，便主动招呼她们："同学，你们好。"

三位女生见有人招呼她们，便停下了脚步。我们走上前，杨军继续说："同学，你们也去散步啊，那我们一起走吧，你们看，我们三男三女，三三得六，六六大顺，走起来就很顺，多好呀！"杨军说起话来天真又可爱。

"三三得六？怎么不是三三得九？"一位穿橙色线衣的女生咯咯笑了起来。她长着一张白里透红的娃娃脸，身材圆润，笑起来娇羞可爱，如霞光中盛开的花朵，艳丽而不俗，煞是好看。

"好，得九，得九。一起散步，你说了算，得九就得九。"杨军甚喜贫嘴。

我们六人一起在校外漫步。我本来走路也在默默背课文的，那天人一多，我就跟着大家嗨起来了。

大家自我介绍过后，就这样认识了。穿橙色线衣的女生就是苏文（化名），还有两位女生是她同班同学，一位叫张志凤（化名），一位叫黄凤（化名）。苏文性格开朗，活泼爱笑，她就这么闯入了我心里。

从那以后，我们的接触也就多了。后来，几个女孩会到我们宿舍玩。苏文会帮我洗衣服，杨军还吃醋地说："黄家焱，你说，你是不是得感谢我？我那天一声招呼，你看，校花都来给你洗衣服了。你还说我贫嘴，哼哼！我看你是得了便宜还卖乖……"

苏文听他那样说，从阳台进来，捧着双手的泡沫，往他身上一甩，他身上满是白花花的肥皂泡了。我窃笑起来。这下，他不爽了："你还笑？有了女朋友就忘了室友是吧？你不感谢我也就罢了，还合着来欺负我？"

然后，他又用手指着我："好笑吗？你女朋友这么整我，你开心啦？"

苏文也哈哈笑起来："谁让你贫嘴？还贫嘴吗？"说罢，她作势又要去捞一捧泡沫，杨军故作投降状，乖乖地说："校花姐姐，你洗吧，洗吧，我没意见。啊，那个，我的衣服就不用你操心了，我要放点盐巴去腌制，下次穿起来才更悠闲（有咸），更有味。"

他的话一说完，寝室里的所有人都笑了起来。

"我才不给你洗衣服，你想得美！"

黄凤也趁势说："我的学弟啊，那还不快点去买一包盐巴来？可别光说不做啊！我还想看看，被盐巴泡过的衣服，晒干后它是皱巴的，还是平整的呢？"

"哎哟，敢情我年龄小还得被学哥学姐们欺负，哎哎，这年龄小成了我的罪过了。呜呜，你们玩吧，我还是背我的书好了。"他就学着我，认认真真背起书来。几位女生，在帮我们扫地和整理寝室。

我学习成绩好，这方面也许自带了吸引力，我和苏文也很聊得来，我们自然而然地走在了一起。她会帮我洗衣服、整理东西，我们也曾结伴出去玩过，也拉过手，但也仅此而已。

有时候，我们六个人会一起凑十块钱，出去吃一顿自助火锅。他们都是半大孩子，我比他们大几岁。大家吃喝玩乐，那个开心呀！吃就放开了吃，玩就撒丫子玩。

有时候，大家一起吃一块钱一碗的面。那是大海碗，店家把面条放在水里滚熟后，再捞在碗里，顾客要油要盐要酱要菜什么的就自己加。油是猪油，菜就是当季的几种菜，那时还没有大棚种植，反季节蔬菜是没有的。无论是吃火锅，还是吃面，我们都吃得津津有味！那份快乐是在学校食堂吃不到的。

杨军还是我们大家的开心果，他时而幽默又搞怪，时而又可怜兮兮地扮乖，我们都很爱护这个小学弟。

我和苏文偶尔出去吃一顿，有时我请她吃，有时她请我吃。我很享受两人独处的时候。我们在一起，能感觉得到那份默契，即使吃简单的食物也非常满足。

慢慢地，我知道自己是喜欢她的，只是我把这一份喜欢深深掩藏于心底，没有对她吐露心声。不过，我想她应该是明了的。我能感觉到，她也喜欢我。只是，我们谁都没有勇气去捅破那张纸。我的梦里，便有了她来访的足迹。

19

幽怀谁共语,远目送归鸿

记得收到录取通知书前后的那几天,正逢"双抢"时节。一日,我挽起裤脚,踏进田里,忽然,我的左脚底传来一阵针刺般的痛感,我慌忙拔脚上田。单脚跳到溪边,一屁股坐下,洗净脚上的泥,才发现左脚踩到了一堆玻璃碎屑。玻璃碴子横七竖八地盘踞在我的脚底,仿佛天外飞来一支支冷箭,把我的脚底当成了靶子,情形十分惊恐。我当时决定,再也不要当农民了。想想都觉得恐怖:上次冷不丁被蛇咬一口,这次又猝不及防被玻璃割伤,还有那让人越陷越深的沼泽田……想起来令人心惊胆战。

考上大学后,我便发誓,再也不回去耕种那一亩三分地了。于是,我一门心思好好念书,唯愿大学毕业后,能入职乡政府部门工作。这是我刻苦学习的原动力。

我积极上进、刻苦学习的动力一方面来自改变贫苦生活的愿望,另一方面则来自苏文。自从喜欢上了她之后,我每日都有使不完的劲儿,我除了不知疲倦地学习,还默默地关注着她。甚至,在梦中也要找寻她……我要向她证明——我是喜欢她的人，也是她值得喜欢的人。

当下，许多网民对"没有谈过恋爱的大学生活是不完整的"各抒己见。而我们那时候，既没有为了恋爱而恋爱的，也没有为了所谓的"完整"而恋爱的，一切都是那么顺其自然。因为年轻，对一切饱含激情；因为喜欢，则不由自主地靠近。遇到自己喜欢的人和事，便会倾尽全力去珍惜。而苏文，就是一个值得我去珍惜的人。然而，年轻的我们，毕业后终究没有走到一起。但是，和她在一起的点点滴滴，如今回忆起来，仍是那么纯真和美好。

1990年春，我与苏文相约到大蜀山游玩。从合肥坐车到四牌楼，再从四牌楼坐车到大蜀山。经过一个多小时的车程，我们终于到了大蜀山。那时，出游的人较少，我们买了门票后，沿着山道缓缓而上。春光灿烂，阳光穿过树枝，影影绰绰地照在地面上，自成一幅黑白相间的斑驳光景。我们轻轻踩在早春的泥土上，黑黄的泥面，不知名的草叶冒出了绿绿的尖芽。春风乍暖还寒，扑面而来。我们来到一棵桃树下，桃花尽数绽放，柔白粉红挂满了枝头，好像一只只花蝴蝶。苏文外穿一件橙色线衣，里穿白色衬衣，白色的衬衣领翻出了她的端庄与秀丽。

"苏文，留个影吧。"我提议。

"好的呀。"苏文欣然应允。

她的一颦一笑是那么纯朴，那么自然，举手投足带着少女特有的羞赧。

桃花簇簇开。她在花间驻足，花儿在她身前身后，簇拥着她；她恬静地坐在桃花树下，一朵朵花儿，又似已遁去二三里之外……此时的她，在我的镜头下，平添了几分淑雅。她似一道亮丽的橙光，在我眼前不停地闪烁，我好似坠入了橙色的海洋。明媚的阳光暖暖地照在桃花树上，春风轻轻吹拂起她长长的秀发，额前的刘海儿调皮地忽上忽下，青春的气息溢满山间。仿佛，连大蜀山的桃花都借了她的颜色，才得以绽放得如此艳丽。

"黄家焱，你快拍呀！"苏文提醒我。

我举起傻瓜相机，"咔嚓、咔嚓"地按下了一个又一个快门键。

苏文徜徉在桃花谷，我在花丛中专注地看着她的倩影。

我们时而漫步，时而追逐。我从未与一位异性如此投像，一种从未有过的美妙感觉涌上我心头。

回到学校时，天已经黑了。

周末，我们除了偶尔出去玩，也会出去看电影，电影票五分钱一张。我们看过侦察片、抗战片和爱情片。《庐山恋》是我们百看不厌的影片。

《庐山恋》里的爱情也许是中国银幕上最含蓄的爱情。相爱的两个人互诉衷肠——或者说是导演黄祖模刻意不让演员将"我爱你"三个字简简单单地表达出来。于是，面对着庐山秀美的风景时，主人公对着山川高声喊出了"我爱我的祖国，我爱祖国的清晨"这样的话语。其实当时的观众都明白，这句话的潜台词是"我爱你"。当然，现在的"80"后和"90"后也许无法理解这样的情感和这样的表达——如果爱他（她），就对他（她）说："我爱我的祖国，我爱祖国的清晨。"

我爱大蜀山的桃花，我爱桃花般的羞赧。

有时，我与苏文在校园小径边走边学习，或在某个花圃边坐下来分享一些家乡趣事。从民俗风情到玄幻故事，我的每个话题她都乐滋滋地倾听着，生怕错漏了一个字。

她对我讲的一个故事念念不忘，后来她对我说："我真想去看看那个埋过珠宝的亭子。"

"好呀，等我们毕业了就一起去看。"她对我的家乡感兴趣，是因为我故事讲得好，还是因为她觉得我这个人好呢？

然而，苏文始终没有去看过那座庙亭。

《庙亭藏金》的故事是这样的：

清朝末期，南坑村有个8岁的小孩，叫黄善，因父亲去世、母亲改嫁，就寄养在叔父家。有一天，黄善在给叔父家放牛时，打瞌睡了，醒来后牛已无踪影。他翻山越岭去找都没找到。他心里着急，又不敢回家，怕被叔父和婶婶打骂。那个年代，牛是农民耕作的支柱，也是一个家庭的一笔大财产，牛走丢了就相当于少了大半的家产。黄善心中忐忑不安，他走着走着，天下起了雨，没带雨具的他，为了躲雨，走到一个叫禾石坑庵子背的地方，见有一个路亭（路亭是一些好心人捐建的，供过路之人歇脚）。他躲进路亭，躺在长椅上睡觉。到了晚上，他听到路亭背后传来"咚咚"似敲打铜钟的声音，吓得头皮发麻、一夜无眠。天微亮，他就顺着屋檐寻找，拨开丛生的茅草，循声而望：发现水洼中有一个铜盖子，被雨滴击打发出"咚咚"的声音。他想探个究竟，一把掀起铜盖，整个人都怔住了，里面竟然是一缸金银财宝，他欣喜若狂，拔脚就往家跑！

他告诉叔父和婶婶发现珠宝的事。叔父和婶婶正在生气他一夜未归，如今还胡言乱语，真是越来越不像话了。他婶婶没有好气地说："我们村里的人都知道，庵子路亭有鬼，每到下雨天，特别是晚上，好像有千军万马在打仗！你是遇到鬼了！"

可黄善还是坚持说自己看到了珠宝。叔父气不过，抄起一条布带把他捆起来，用竹鞭子抽打，打得黄善惨叫连连。隔壁人家听到了，过来劝说，让叔父把黄善放下来，不然会出人命的。

黄善被打得满身青痕，但他一直惦记那缸珠宝的事，就跟邻家叔叔说了。邻家叔叔也是听人说过庵子背路亭闹鬼的事，但在黄善的恳求下，还是选择跟着他去一看究竟。黄善忍着疼痛，一路小跑到了那路亭。

"结果怎样？你说呀！"那次，我故作神秘地顿了顿。苏文听得入神，摇着我的手臂，目光充满了期待。

"结果呢，果真有一缸金银珠宝。"我如实相告。

"啊，这故事有点神奇。"

"他们把珠宝带回了家，叔父、邻家叔叔和黄善三方平分宝物。每家盖了一座大房子。黄善长大后，把路亭改建成一座庵子庙。"

"可是，那山里怎么会有宝物呢？"

"你知道太平天国吗？据说，清咸丰六年（1856年）三月，太平军转战福建，他们的部队到过我们福建省上杭县南坑村。故事里的金银珠宝，相传就是翼王石达开的部队埋下的。"

故事有点长，苏文听得半信半疑。

善良的她想到那被打的黄善，说："要是我以后生了孩子，我不会让他去放牛。牛一跑，小孩子多难受……"

我望着她红扑扑的脸，说："傻瓜，连我们都不要放牛了，我们的孩子会去放牛吗？"等她发觉我取笑了她，想用小拳头捶我时，我已蹦出了几米远。

时间就这么在我们身边悄悄溜走。即使有时我们聊的话题无关爱情，我们不聊学习和生活，但我们随意讲的一个故事，就能把彼此的心拉近。我们两个都很享受共处的时光。

苏文的姐姐来过学校。苏文把我介绍给她姐姐认识，她姐姐对我很友好，大概是同龄人的缘故，我们也聊得来。

而出乎我意料的是，苏文的父母不赞成我们交往，他们担心交通不便，因为从安徽到福建来回要四五天时间，距离太远了。

时光如梭，几年的大学生涯转瞬即逝。到了1990年6月，我们班的同学便开始实习了。苏文读的是装潢艺术设计专业，到肥西玩具厂去实习，后来我到肥西玩具厂找过她，厂里的人说她已经走了，回岳西去了。

我读的是法学专业，我和她专业不同，实习的单位自然也不一样。这一实习，便拉开了我们的距离。

20

"如果你愿意，我也会嫁给你的！"

我和苏文的恋爱始于万物萌发的春天，止于第二年落叶纷飞的秋天。

若有人问我对"抱憾"一词的理解来源于哪？我想，绝对是源于苏文。她是我的初恋，是我想要终身携手的女孩，我们有过那么多的美好回忆，每每在夜深人静时，我会沉湎其中，重拾那份已遗失的爱情——虽然彼此没有捅破那层纸，但我们已在心里默认了这是"爱情"，而我，甚至已把她定为结婚的对象。

然而，我们激情上阵，却遗憾退场。

我的乳名是"太阳生"，我想苏文就是那个"月亮"，我们运行在自己的轨道上，彼此交错着。

毕业 20 多年后，我回安徽合肥参加同学聚会之前，曾接到一个电话，对方说："你好，你是黄家焱吗？我是黄凤，你还记得我吗？"

"记得，记得。你怎么会有我的电话呢？"我问黄凤。

"我在家打扫卫生，翻到一个电话本，就看到了你的电话呀。"

"哦，那你现在在哪里工作呢？"

"还能在哪里呀？我的家在合肥，我就在合肥工作呀。"

"啊！这样，我过几天要到合肥参加同学聚会，到时我们一起见个面？"

"好！"

同学聚会上，我见到了黄凤。她不是我们系的，但为了见我，就来参加了我们系的同学聚会。她已不再是当初小巧玲珑的身姿，岁月在她脸上刻下了印记。她丰满了些，也变得干练了。几十年未见，她一眼就认出了我，"黄家焱！"她带着热情的笑容喊我。

这份久违的同学情谊好难得。午饭后，她与我攀谈起来。

她对我说："黄家焱，其实那时候我也是喜欢你的！但是，我看苏文跟你好呀，我就不敢跟你表白了。不然的话，如果你愿意，我也会嫁给你的！"

一听到"苏文"两个字，我脑海里又闪过飘扬的长发、橙色的线衣、红扑扑的脸庞……她，没有成为我的新娘。

怔愣片刻，我很是诧异："怎么可能呢？二三十年未见了，今天一见，你就要调侃我？"

"我知道你会觉得奇怪，但我绝对不是跟你开玩笑的。"黄凤一脸认真地说，"不过，我的暗恋早成为历史了！"

她娓娓道来："我毕业后，谈了一个男朋友，他比我小几岁，在合肥读大学。他的家里很穷，供不起他读书。我觉得，既然两个人相爱，我就要好好地帮助他，我要资助他读书，但我那一点工资根本不够我们开销，更别说供他读书了。因此，我在合肥四牌楼开了一家店铺卖衣服，生意还不错。后来，我和男友同居了。可是，我全家都反对我与他交往：一是他比我小；二是他还在读大学，万一他大学毕业后见异思迁了呢？三是我本有一份好工作（一毕业，县里就安排了工作），却为了一个还没有'定数'的男人而放弃了。我想，我要是回到县城捧'铁饭碗'，那就要离开合肥、离开他，可我不想离开他……"

"一直都在合肥做生意吗？"

"不是的。我到过你们福建的几个城市，晋江、石狮、莆田等地。做服装生意赚到了钱，供男友读大学，他大学毕业后，我们见了双方的父母，想要结婚了。"

"家里人都同意你们结婚吗？"我担心自己会"哪壶不开提哪壶"，果真——

"不同意。我的父亲平时爱喝点酒，有一次，他喝了酒后，甚至叫我滚出去，滚出这个家……"说到伤心处，黄凤神情低落，有点伤感，"我后来一听到'滚'字，就很害怕，就会胆战心惊！"

"我义无反顾地与男友结了婚。"她继续说，"我的家人还是很生我的气。他们主要是担心，我为了他，搞得自己工作也没了，这样真的值得吗？万一以后他把我踹了呢？我知道家人也是为我好，可我就笃定他不是那样的人。"

我不再插话，静静地听她说着她的婚姻、她的家庭。

"后来，我生了一个儿子。我的爱人在合肥市的一个政府机关工作，他工作出色。慢慢地，儿子也长大了，上大学学的也是法学专业。我爱人就让我放弃生意，让我不要再那么辛苦赚钱了，该好好地放松一下自己了。"

"我爱人一直对我很好，很体贴我。我听从他的建议，不再做生意。可是，真的闲下来，就觉得太无聊了。过了一年多吧，我在一个朋友开的瑜伽馆里上班，给她做管理员。虽然钱不多，但上班时间相对自由。"

"现在家人不会再说反对你们结婚的话了吧？"

"早就不会了。我的兄弟姐妹都在老家县城里生活，他们生活困难的时候，我都全力帮助。比如，哪家亲戚做喜事，要包红包，我就把大家的红包一起包出去。父亲爱喝点酒，我每次回娘家都带些好酒给他。侄子、外甥们长大了，到合肥找工作时，也是吃住在我家……我和我爱人是能帮则帮，不能帮的就想着法子帮，只要不触犯法律。你说对不对？"她一讲到"法律"二字，就有了读书时的劲儿。

"对，不能触犯法律。"

"我现在生活很安逸很幸福。亲人们之前的担心是多余的，这得感谢我的爱人，他没有因为他学历比我高、他当官我无业（有一段时间赋闲在家）而嫌弃我。自始至终，他都爱着我……"说到此处，她泪花闪闪。

我想，这与黄凤开始时的真心付出有关系。两个人若是真心相爱，何必在乎对方有钱没钱，何必在乎对方学历高低，何必在乎年龄之差，何必在乎身份地位？他们能够自始至终地相守在一起，也与他们对爱情、对婚姻、对生活的态度有关。

最后，黄凤说："这是你的同学聚会。我来之时，跟我爱人说，我要去见我的男同学，我有一个藏在心里的秘密！今晚有可能不回家住了。你猜我爱人怎么说？"

"我猜不着。"

"他说，管你去见谁，都人老珠黄了，谁会要你哦！"说完，她呵呵地笑了起来。

"谁会要你"这句话的言下之意是不是"只有我才要你"，也只有黄凤自己最清楚了。信任，是维系情感的重要纽带。

黄凤敢于付出，最终与爱人过着幸福快乐的生活，与娘家人的关系也改善了，可谓生活和美也。

真是一个令人感佩的女人。

相比当下，当今社会离婚率高居不下，甚至还有许多青年男女怯谈婚姻。黄凤的故事，会让人看到爱情，相信爱情；看到婚姻，相信婚姻。他们的爱情观和婚姻观，值得人们点赞。

21

谨遵师言

时光如梭匆匆过。我的几年大学生涯可谓是"生活贫穷,学习刻苦;爱情甜蜜,师言谨记"。

刚上大一时,我省吃俭用、苦中求学。每天中午我只吃一半的菜,留一半的菜到晚上吃,这样,晚上买一点干饭即可。因为怕同学知道,自己难为情,我都不在餐厅吃饭,每次打了饭便到宿舍里去吃。一个学期下来,我硬生生瘦了十来斤。

身体虽瘦,但我的学习成绩可不"瘦",每次考试,我的各科成绩都在班里名列前茅。

每个科目都要评分和排名。试卷发下来,各科老师会在班上念道:"……第二名,黄家焱,得分……"或"第一名,黄家焱,得分……"努力付出终有回报。

不过,那时候大部分人都爱学习,也没有人无故不上课。

同学之间,有许多明里暗里谈恋爱的,我和苏文就是没有"明说"的一对。

那是纯真又美好的年代,恋人之间根本不会讨论房子、车子、存款,只要相互喜欢上了,就想着"执子之手,与子偕老"。所有的回忆都是十分甜蜜的。

大一期末考试,我答起题来有条不紊。考试结束后,我觉得自己肯定能考个好成绩,于是打算回家过春节。

从合肥始发站上火车,人不是很多,我也有座位,不用一路站到永安市了。

父母亲看到别离了四个多月的我,既兴奋又心疼。母亲围着我问长问短:"家焱,你瘦多了!在外面几个月,是不是吃不习惯?听说那边人吃辣椒呢,你怕不怕辣?读书会不会很累啊?"

我刚回答完几个问题,母亲又来了几个问题:"冬天会不会很冷?你的被子盖着行吗?"

我哪里有闲钱买被子?!但我不能那样说,否则母亲会担心的。我回答:"那里跟家里差不多,也不会很冷啊。我还买了垫被,晚上睡得很暖和。"

我其实是把棉被一半垫着,一半盖着。到了寒冬,夜里零下五六度,冷得直发抖,难以入睡时,我便去街上买一件军大衣,白天穿着,晚上盖在棉被上暖身。

母亲听了,带着疑惑,小声地嘀咕起来:"那就奇怪了,什么都说很好,怎么就瘦了那么多呢?"

关于这些,父亲比母亲知道得多些。他看母亲去地里择菜了,就对我说:"家焱,过了年再回去学校,吃好一点,把身体吃壮壮来!别到时回家来,又让你阿妈心疼。"我朝父亲吐了个舌头。父亲也一样心疼我。

年前,母亲继续在地里和山上忙着菜蔬、柴草的事,我与父亲一起在家里除尘和洒扫。我一边干活,一边与父亲说着学校的某些事:我的老师很关照我,我的成绩还不错,我会在学习上帮助同学,同学们在一起玩得很愉快……唯独不敢讲我很节俭和谈恋爱的事。父亲认真地听着,不时回应着:"他们都是好老师!同学们在一起就应该互相帮助。"

正月人们开始走亲戚。那年月,村子里的男人大多是烟民,他们没有

"吸烟有害健康"的思想意识，反而觉得"不会抽烟的男人不像是男人"，把抽烟作为对男子汉的一个评判标准。各家走亲戚，除了买一点水果，还要带一两包烟分发给会抽烟的人。向长辈敬烟，是当地的礼节。那时，大多数人平时抽的是水烟或手卷烟，到了过年，家家买上一两条好烟，那叫"讲究"和"客气"。

过完年，我想到班主任也抽烟，有时还看他自己卷烟丝抽，我萌生了给他送两条烟的想法，也想借此感谢他对我的关爱。我在街上花四元钱买了两条龙岩产的鹭江牌香烟，踏上了返校的旅程。

这一次，父母亲依旧各种叮咛、嘱咐着我，依依不舍。

坐车时，我学精了。我从袋子里拿出一张小床铺般大的薄膜，铺在人家座位底下，然后侧身躺下，比起上一次的"金鸡独立"可舒服多了。

车厢里，空气依然很糟糕。突然，闻到了一股尿臊味。我侧过头一看，原来是有小孩在蹲着尿尿，尿液随着火车的振动，像一波波小海浪一样朝我奔涌而来。我要起身已来不及，况且，起了身又能站到哪里去呢？过道里早已不能再挤下人了。我只好把薄膜边沿拉起，让尿液缓缓流进薄膜底下的地板上，待尿液流得差不多了，我再把薄膜放下，将放在旁边的布袋压在薄膜上。

如此，这股尿臊味就一直从永安市陪伴我到南京市。到了南京站，下车的人多了，我才从座位底下爬出来，伸伸臂，抬抬脚，又轻轻蹦了几下，做了个深呼吸，才坐在座位上，大口大口地呼吸着不再那么骚的空气。

到学校报完名后，我拿上两条烟，和几位同学兴冲冲地去拜访班主任颜老师。途中，我想到老家的叔伯兄弟们对着敬烟的我说："家焱有出息了，还知道来给我们敬烟，真有礼貌。"我一阵开心，也许颜老师也会夸我。

然而，令我万万没想到的是，当颜老师看到我拿着两条烟出现在他面前时，原本好好地跟同学互道"新春吉祥"的他，突然雷霆似地咆哮起来："黄家焱，你怎么能送我烟！你家那么穷，你现在还是学生，就搞这一套啊？！你把这烟带回去，不然，你不要在我家里吃饭！"

我一下被骂得无地自容，只好把烟拿回学校再去颜老师家吃饭。

第二天上课前，颜老师来问我："你的烟花了多少钱？"我听了吓一跳，心中忐忑，不知如何回答。

颜老师说："没事，你说。"

"一条烟两块钱。"我不敢正眼看他。

颜老师说："我给你四块钱，你去把烟拿给我，以后不要这样了，你要再这样，就永远不要来我家。"

我有所醒悟。颜老师还是一如既往地关照我，直到我大学毕业。

从那以后，我就与颜老师一样，待人接物唯有"真诚"二字，跟人交往以诚相待。我参加工作以后，也从不送礼和收礼，不以钱物、钱权与人交易。

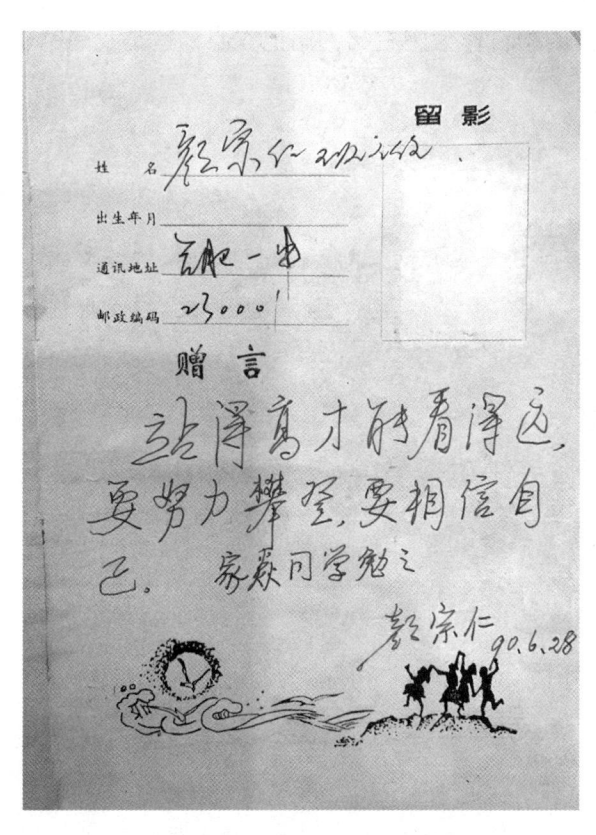

班主任颜宗仁老师写的毕业赠言

许多人都说我是个小气鬼,但这个"小气"反而帮助了我、成就了我。几十年来,我廉洁自律,无论单位和上级怎么查,都查不出我有受贿或行贿之事,因而屡次评先评优都能通过!

我第二学期的刑法和第三学期的刑事诉讼法都考了全校第一。

第一学期,我获得了校三等奖学金。第二和第三学期,我获得了陶行知一等奖学金。所以,从第二个学期开始,我每学期从家里带500元出门,还能带300元回家。为此,父母亲非常欣慰。

他乡求学,首先要感谢的是我的班主任颜老师。

大学毕业之时,颜老师给我毕业册上的赠言是:"站得高才能看得远,要努力攀登,要相信自己。"

我把颜老师的赠言作为座右铭,铭记在心,这是我一辈子享用不尽的精神财富。

22
工作伊始，爱情迷茫

大学毕业前，颜老师和韩老师是希望我留在合肥工作的，所以，他们安排我到合肥市公安局中市分局预审科实习。

那时的大学毕业生是包分配的。一天，我堂哥黄家锋来信跟我说，他有个朋友在上杭县太拔乡政府当党委书记，叫我跟他去，必定前途无量。

当时，我认为只要有个"铁饭碗"端着就行，就没有留在安徽合肥，而是回到家乡等分配。我带着一个不到十斤的布袋，坐班车去了太拔乡政府。

有工作了，我心里当然开心，赶紧给苏文写信报喜。我伏在房间里的小桌子上，给苏文写信。

亲爱的苏文：

你好。

我回家之前去找过你，可是，你没在实习的玩具厂，厂里的几位同志说你回家了。你父母不同意我们交往，我不敢去你家找你。我跟厂里人说，如果你回来，就让他们告诉你"我回家了"。我想在还没安排工作之前，回家见见我父母，也看看家乡有什么好的工作。

如今，我找到工作了，虽然工资不高，但以后会涨的。你相信我，如果我的档案调回来了，以我的能力，政府部门会安排好我的工作的。

苏文，你不是说过想去看那个路亭吗？我也很想见你了呀！而且，来年春天，在我家乡的房前屋后，会有数不清的桃花盛开，到时，我们一起盼晨曦、看桃花、追晚霞、数星星……好不好？

如今，你在厂里还是家里呢？我想，我还是把信寄往你家里吧！万一别人不知你家地址，信不就遗失了？

你什么时候来找我？或者我去接你，你回个信告诉我吧。期盼你的回音。

想你！

祝你越来越美！

想念你的黄家焱
1990年7月23日

我曾犹豫不决，信到底寄往厂里还是寄往她家里？我觉得寄往她家里比较保险。而我留下的是我工作单位的地址：太拔乡政府。因为黄福清跟我说："你现在是有工作的人了，老家只有逢年过节才回去，你要把单位当作你的家！好好干！"我是书记带去的人，工作肯定是稳定的。我在上班那天，把信投进了邮筒。

我开始盼着苏文的回信。一天、两天……一周后，我才发觉自己真傻，信才发出七天，说不定还没到她家呢，怎么会有回信呢？半个月后，一个月后……我还是没收到苏文的回信！我有点着急了，提笔又写了第二封信。

这一封信，我写得有点语无伦次：

亲爱的苏文：

你好。

你到底在哪里呢？我给你写的信，你收到了吗？如果你收到了信，一定记得给我回信啊！

我们分开这么久了，你难道不想我吗？我可想你了！还记得吗，每次你与同学跳舞，我一出现，你就不跳了。你红着脸匆匆走开的样子，真的很可爱！我知道你不好意思当着我的面与别人跳舞，是怕我吃醋吗？你到福建来吧，周末的时候，你教我跳舞好吗？我们手挽着手一起旋转起来……我想念你曼妙的舞姿，我陶醉了！

我的家乡山清水秀、风景秀丽，人们也很好相处。还有，你不必担心到了福建会吃不惯，我可以学着做你爱吃的菜，你来了，我就做；你不来，我就永远不下厨房！

苏文，我真的想你了，你回个信吧！告诉我，你在哪里？给我个地址，我来找你吧！

你父母的意见怎样？我的父母肯定是会喜欢你的！你相信我。没有你消息的日子里，我过得很单调乏味！

冬天快到了，真想暖暖你冰冷的小手……

你别折磨我了，好吗？

好了，今天我先写到这里，还有无限多的话，以后再叙。

收到我的信，记得第一时间给我回信。

祝你

越来越美丽！

想念你的黄家焱

1990年9月4日

然而，在我掰着指头数日子的时间里，苏文还是杳无音信。我又寄去了第三封信、第四封信……

在等待的日子里，希望与失望交替，我在自我想象的希望里，一天一天失望着。

我备受煎熬。白天还好，忙前忙后地工作，也就没时间想她。到了夜晚，夜深人静之时，思念像潮水般涌进脑海，一波又一波，把我的脑袋冲得晕乎乎！

我百思不得其解，为什么苏文如同人间蒸发了一般，音信全无呢？那个时候，乡下交通不便，信息又非常闭塞！

十月份，正值秋天，乡领导安排我去太拔乡大坑村包村。那个时候的包村干部，其实大部分时间都在村子里搞"计划生育"！

1991年春节一过，我就被任命为太拔乡计生办主任。这么一来，我就更忙了。

关于苏文，因为在大学毕业后的半年里我都联系不上她，写了四五封信

被任命为太拔乡计生办主任时与计生办工作人员合影（作者为左三）

寄到她的家和实习的单位，都得不到回音，我想，一定是她把我放弃了！她顺从了她的父母……所以后来我也就放弃她了。

我一度心灰意冷，常常午夜梦回时难免悲伤忧戚。

毕业后，我从合肥回到家乡之后，20多年都没有再到过合肥。我想，大概是命中注定吧！如果我留在合肥，或许就会找到苏文，我们就能结婚生子；或许我仕途顺利，那么我后来就不可能走上律师这条路……我想入非非。说真的，我大学毕业后，不想做律师，而是想当干部的，但最终还是与体制无缘，也与心爱的女孩走上陌路！

现在回想起来，也不知那些年，因为交通不便，多少美好姻缘被拆散？

23

如梅似玉，你是我的新娘

我有"姑换嫂"的历史，大学毕业后被人说成"陈世美"。多年来，我一直为此事感到羞愧。

1992年，我已是28岁，在当时已属大龄未婚青年了。

自从大学毕业后，给我说媒的红娘不下五个。有些是人家姑娘眼光高，知道我结过婚，不愿意；有些是我看不上女方，最终都没成。我一直想找一个温柔美丽、知书达礼的女孩为伴。

20世纪90年代初，下乡有学识的女孩很少，有工作单位的就更少了。而我却是多数人眼中的"香饽饽"。

有一次，黄荣太、黄启太与我一起到太拔乡卫生院的一位女护士家吃晚饭。那晚，大家都喝了好多酒，我也喝醉了。护士的父母让我们在他们家过夜，怕那么晚了，骑摩托车回去不安全。当时，他俩也答应得好好的，可第二天醒来，却不见他们的踪影。原来，他们在夜晚回家了，故意让我一人留宿在那儿，想让我和护士多交流，促成这桩婚事。后来，那位护士并没有答应我的追求，她就是嫌弃我有过"姑换嫂"的历史，觉得不光彩。我深知强扭的瓜不甜。

1992年我和发小黄荣太去广东看望黄启太（作者为后排右一）

事业已迈上了台阶，爱情却无影踪。有时候，看着同龄人出双入对的，我也觉得有些黯然神伤。

除了自己去相亲，也不乏媒婆踏进我家门，对着我的父母一通乱夸。这是我后来听父母说的。

"我说的这家姑娘啊，长得不但好看，力气还很大，是家里的主要劳力，犁铧、辘轴都会使啊！身子骨也很棒。"她还与我母亲附耳直言，"而且啊，屁股和胸都很大，一看就知道是能生男孩的身板。这样好的女孩，嫁过来后啊，保准很快就能生个大胖小子嘞！提着灯笼都难找哇……"母亲当时听了十分心动，仿佛已看到了自己的大胖孙儿，高兴地说："我会跟家焱说的。"

"我听说你家孩子在政府里工作呢，这是好工作，一辈子的铁饭碗，还受人尊敬呢。我今天要说的是亲戚家的一个女儿，长得细皮嫩肉的，今年20

岁，高中毕业，现在在太拔街上跟他爸一起给人做衣服，手艺不错，收入也不错。你们看什么时候让他们见个面，看看配得上你家孩子不？"

乡下有个不成文的规矩，即进了家门的人都是客，主家都会好好接待。父母亲客气地给媒婆们倒茶添水，待她们说完，来几句"孩子大了，不由爹娘做主了，我们也没办法啊。你好心好意来说了，他什么时候回家来，我们再转告他，看缘分吧……"她们听了，都满意而归。

媒婆，是旧时某些能说会道的妇女的一个职业，近年已越来越少了。一般情况下，都是男方要找对象了，家长拜托媒婆出面去打探。媒婆通过与妇人们之间的拉呱，打探出哪家有年龄相近的女儿，便先与男方沟通，说好后再踏入女方家门，用三寸不烂之舌去撮合。媒婆能促成一桩婚姻，不仅是很有面子的事，还能得百八十块媒婆钱。另外，拜托媒婆去说媒的男方家长也会多起来，"生意"会越来越好，名气也会越来越大。所以，不少热心肠的妇女会给人牵线搭桥。"一家有女百家求""门槛都会被人踏矮、踏平了"，说的就是"媒婆走动很频繁"。男方家的亦然。因为许多事还得靠媒婆来回传话。

我的父母没有拜托过媒婆说亲，只是有些家长知道我工作不错，想把女儿嫁给我，便派媒婆上我家来说亲。我的母亲可能很想抱孙子，有次听媒婆说得天花乱坠的，就心痒了，她让人捎口信给我，说家里要杀鸭子，让我回家吃鸭肉。我回家后，就立马转告我那位姑娘的情况，并且说，如果我没有意见的话，就安排见面，然后选个好日子结婚。母亲越说越兴奋，仿佛好事已经到来。我只是觉得十分好笑：我的婚姻还要靠媒婆才能说成，那我的书岂不白读了？我当然要谈恋爱、要结婚，但我要自由恋爱，我要自己做主。我这么想着，躲开母亲，上了楼。

父亲看出了我的心思，他也不为母亲的话所动，并且告诫母亲："孩子大了，他自己会找对象，不用我们操心。你不要总让媒婆进家来，莫给他添乱子。"父亲知道大学毕业后的我，有了自己独立的思想，是个心怀梦想的青年，他再也不能一厢情愿地主宰我的婚姻了。

从那以后，母亲便不再兴奋地与我说各家姑娘的事了。我也落得耳根清净。

1992年年初，我转任乡司法办主任。我经常下乡到村子里，村里的选举、计生、邻里之间的矛盾等，都需要我去协助落实和解决。每天工作量大，很忙碌，也很充实。

转任乡司法办主任

初春的一个下午，我到我包村的太拔乡大坑村下队。郭晓文是我认识的该村的一个朋友，他神秘兮兮地对我说："黄家焱，走！我带你去见一个美女，保你看了一见钟情、十分满意，想娶回家。"

我不置可否地说："又要调侃我呢？"

"这次是真的。你去不去？"他一本正经的样子，让人觉得非常好笑。

"你不逗我吗？"

"是真的，不信？那你别后悔了，我把那女孩介绍给别人。"

看他不像说谎，我信了："你说哪儿的女孩？什么时候去认识一下？"

"随时都可以。"

我骑着嘉陵70摩托车，载着郭晓文，风驰电掣地驶进了太拔乡中心小学。

"你要找的爱人就在这里，她叫李梅玉，幼儿班老师，这下该信了吧。"

幼儿班，李梅玉。在一个充满纯真童趣的地方，有一位梅花般高洁、玉石般莹亮的姑娘。我们去了办公室，郭晓文跟园长说要找幼儿班的李梅玉老师。园长说："我让人叫李老师过来。"

不一会儿，李梅玉老师来了。她皮肤白净，圆脸，20岁左右，穿着一件的确良素色连衣裙，披散着一头乌黑的秀发，长着一双大而有神的眼睛，眉毛弯弯，笑容甜美。

似在哪儿见过，但一时又想不起来了。不，我是现在才见到她的，难道不是吗？

"黄家焱，这是李梅玉老师。"郭晓文看我走神了，连忙提醒我。

我和李梅玉互相问好。郭晓文向她介绍了我，后来，我们还聊了什么，但我忘记了。只觉得自己在李梅玉老师面前，变得有点斯文起来，刚才在路上与郭晓文的贫嘴劲儿已消失殆尽。

她姿容秀美，声音柔柔的，很好听。这是我对她的最初印象。我从她看我的眼神里，也看出她并不排斥我。

这难道是一见钟情么？我的心"咚咚"跳动了几下，很久不曾有那样悸动的感觉了，我甚至觉得自己有点拘谨起来。

我们喝着茶，泛泛地说了说天气，还有小朋友。

"家焱，时间不早了，我们先回去吧。"郭晓文起身说道。

我也站了起来，匆匆地看向李梅玉老师，她也正红着脸看着我。

晚上，我辗转反侧。李梅玉，我怎么觉得那么面熟呢？到底是在哪里见过呢？一会儿，我笑着推翻了自己的想法："黄家焱，扯淡吧。"

第一次见面，却似曾相识，难道，她——就是我要娶的新娘？一整晚，我都在想着李梅玉美丽的样子，直到公鸡打鸣才昏昏睡去。

第二天下班后，我又骑上摩托车往太拔乡驶去，去见我昨晚梦了一夜的她。我如愿以偿见到了李梅玉，她似乎有点愕然，随后又笑着欢迎我的到来。

接下来，我只要一有空，就去太拔乡中心小学幼儿班见梅玉。后来，我把梅玉带回了家，与家里人见面。父亲对我说："家焱，我看梅玉是个好孩子，她性格随和，端庄大方，对我们也有礼有节的，还有一份好工作，这样的女孩很配你啊！不要再挑了吧？"

父亲向我投以热切的目光，带梅玉回家的目的也达成了，我赶忙搂住梅玉的肩膀，说："阿哥，我的对象在这儿呢。我挑好了，不再挑了。"父亲欣慰地笑了。母亲高兴地忙前忙后，明明茶壶里有刚烧开不久的水，又说去烧水，父亲哈哈笑着说："看你阿妈，今天一开心，就只晓得烧开水了！"大家都笑了起来。

"梅玉，嫁给我，好吗？"那天，我握着梅玉的双手，动情地问她。

"你说呢？"梅玉不好意思地反问我。我立马欣喜若狂地把她一下子抱了起来，转了几个圈圈，大声喊道："我要和李梅玉结婚了！我要和李梅玉结婚了！"

我们的关系确定了以后，我经常载着梅玉去兜风。我们到溪口乡（现为溪口镇），停下摩托车，走到一座小山上，梅玉唱歌，我吟诗。梅玉的歌声悠扬婉转，很动听，我陶醉在她的歌声里，欲罢不能。

乡政府分管教育的领导知道我找的是幼儿班老师后，也竭力促成我和梅玉的良缘。如他们所愿，我和梅玉一见钟情又爱得真挚。可我们的爱情也遇到了阻力。梅玉的家人认为我不但家贫，还有过"姑换嫂"的历史，身世有点复杂，不同意梅玉跟我交往。

但是，梅玉认为"姑换嫂"是我父母包办造成的，不能怪我。她不嫌我家贫，不顾家人的反对，继续与我交往。她说我为人真诚善良又体贴，是个值得托付终身的男人。为此，我非常感动，深感自己没爱错人。

1992年6月，我就任太拔乡党政办秘书。这是我跟李梅玉确定关系后不久的事。我想，也许是她带给我的福气吧！

1992年6月在太拔乡

1992年7月8日，我和梅玉去太拔乡政府领了结婚证书。

1993年的元旦，我和梅玉在乡政府食堂举行婚礼。那天，同事们把食堂装扮得典雅又温馨，大家说着"百年好合，早生贵子"之类的祝福语，场面很喜庆。

温柔、美丽、善良的梅玉，就此成了我的爱人。婚后，乡政府为我们安排了一个房间和一个小厨房，我们终于拥有自己的小家了！梅玉还是教书，我时而下乡，时而在单位坐班。梅玉很支持我的工作，我很少着家，但她从不抱怨。

我们真正做到了"风雨共担，荣华共享"，我愿意"执子之手，与子偕老"。

24

父亲一路走好

1993年11月，父亲生了一场大病。那时，我是乡经委主任，平时工作非常忙。和妻子请假回了趟家，住了两天。当时妻子已经怀孕了。当我和妻子要进房间照顾父亲的时候，他总是让我们出去，而把大哥叫进去服侍他。我和妻子百思不得其解。

过后我才听人说，农村有个不成文的习俗，有孕在身的人，不宜去照顾病重的人。因为重病之人，身上阴气重，怕把不好的东西带给孕妇，影响胎儿发育。而在父亲看来，怀孕的儿媳妇是千万不能沾上阴气的！他不要我服侍他，是因为我的妻子怀孕了，我应该多照顾妻子才是。所以，他拒绝我俩服侍他。

父亲是老传统思想，迷信也是自然的，但出发点是为了我们好。而今的我想来，觉得应该这么理解：孕妇身体抵抗力差，去照顾病重的人，一怕身体吃不消，二怕细菌感染什么的，这两点都对胎儿发育不好。

不管什么原因，病重的父亲能想到并顾及这些，我很感动。他心心念念的孙辈还未出世，他希望儿媳妇身体好好的，把他的孙辈平安健康地生下来，这样他才高兴。

因为我的事假已到期，第三天我和妻子返乡工作。我们刚回到乡政府，堂哥就打来电话说，我的父亲病故了。

父亲没有看到我儿子出生，就撒手西去了。我知道，他一定是抱憾而去的。

在世时没能好好孝顺他，而今阴阳隔阻父不还。我的心仿佛被掏空了。看着棺木，看着棺木里一动不动的父亲，泪水汹涌而下。

夜里守灵的时候，我坚持守到天亮，二姐夫过来陪着我。我一夜都在想着父亲的过往。我们父子一场，他为我付出所有，虽然有些事他做得有些愚昧，但终归是出于爱护我，我也早已释怀。他一辈子用自己的方式，无怨无悔地爱着我。

我的父亲8岁时就失去了他的父亲，后来一直与他的母亲相依为命。夏天，他打着赤脚、光着膀子跟着祖母开荒种地，从田头走到地尾，日复一日。冬天，他穿着一身破衣裤和一双露趾鞋，拿起镰刀上山砍柴卖钱……春夏秋冬与山为伍、与土为友，在山脊和田地里摸爬滚打。父亲没上过一天学，连自己的名字也不会写，在天真烂漫的孩童时代，就开始为了生活而折腰。

我看过吞云吐雾的父亲，他好像在思考问题，那时的父亲就是顶天立地的男子汉，于我而言就是神一般的存在。因为父亲往往在为一件事做决策时，总要抽一会儿烟，然后吐着烟圈说："这件事就这么办。"母亲则说："好的，好的，都听你的。"父亲做决断时的男人气概，让我崇拜不已。但长大些了的我，看到父亲用烟斗敲打母亲的时候，就觉得父亲是个虚伪的人，嘴巴上叫我和哥哥不要打架，自己却随意地打母亲。而母亲只有躲开的份，这像什么嘛！我有时会去抢他的烟斗，他就把我推开。所以，之后我是敢怒不敢言。其实，我还偷偷藏过父亲的烟斗，反倒是母亲找到了，交给父亲。所以，那时父母之间的感情我不太理解。我读初中以后，这情形就好多了。

勤劳的父亲，一辈子都在吃苦。年轻时，目不识丁的父亲还当过生产队队长。他会熬香樟油、做米粉、做豆腐、煎火硝、养鱼苗……有些人学得半途而废，他一学就会。加上母亲垦荒种杂粮，我们一家人即使在食不果腹的年代，也没有挨饿过。

父亲有时在晚上熬香樟油和煎火硝。煎火硝时，他们会在半夜杀只鸭子，与合伙人打平伙当夜宵，我就会在灶前趴着，边睡边等着吃鸭肉，等鸭子煮好了，吃上几块肉解馋，再心满意足地上楼去睡觉。

父亲跟我说过，他年轻时很会喝酒，但是有一次喝醉了酒，讲错了一句话，被人整得死去活来。此后，他滴酒不沾。从我懂事起，再醇的美酒，父亲都没喝过一口。父亲能够这么自律，意志如此坚定，真是让我佩服至极。

对于戒酒这事，我自愧不如。不过，我也没因为喝醉酒而说错话，更没被人整过，我不知这是因为我比父亲厉害，还是因为社会的舆论场变得宽容了。

父亲比母亲大五六岁。年岁渐长的父亲，从 60 岁开始，好像越来越矮了，力气也没母亲大了，做事情也没原来那么利索了。他反而常常听着母亲的叨叨，呵呵地笑着仿佛很享受的样子，有时还会插上两嘴。

父亲是勤劳、多思、自律、精明又愚昧的。

也许我这么概括还不完整，但请原谅我，我这个做儿子的也只能暂时这么评价他了。

他对我和哥哥倾尽了心血，对母亲和姐姐似乎还欠缺了一点。

父亲在哥哥 7 岁时，就交钱给他定了一门娃娃亲，此后每年要给亲家送节送年（福州地区的特俗，即端午节和春节给亲家全家送红包，再送两斤肉、一只大阉鸡），直到结婚。父亲是想在自己有能力的时候，用"集腋成裘"的方式支付足够的聘金，待哥哥长大就可以把"嫂子"娶回家。这个过程比较漫长，就如按揭买房子一样，平时固定时间付钱，最后钱付清了，房子也到手了。

在"父母之命，媒妁之言"的年代，儿女们的婚姻都是由父母做主的。儿女不得不从，否则就是大逆不道，大逆不道的人，在村子里是立不住脚的，会被人用唾沫星子淹死。

二姐只有唯命是从。父亲是想用女儿的幸福，换取我的"圆满"（不会打光棍）。他从来不会考虑这样对二姐是否公平，也不会考虑长大了的我是否会喜欢那个女孩，只会沾沾自喜，觉得自己又做了英明的决定，最起码母亲是他的忠实粉丝。

父亲为什么给我换亲呢？父亲怕自己日渐衰老，没办法每年交一笔钱，不如用漂亮的女儿去交换。这就是父亲的精明之处。

万幸的是，二姐夫对二姐很好，他们婚后生活非常幸福。

父亲以为，婚姻就像做生意一样，只是一场交易，该嫁的嫁出去，该娶的娶进来就好了。然后，就是生儿育女，为家族传宗接代。这事儿，说难也难，说简单也简单，想办法去做就是了。这不，一动脑筋，问题就解决了。他哪里懂得，男人与女人之间交往要性格相合、三观相同、志趣相投，才能长长久久。

他以自己的见识，做着自己认为对的事。父亲给我带来了不堪回首的过去。父亲对我的爱是很特别的，那时的他真的让我又爱又恨。

但是很快的，我又原谅了父亲，原谅了他的愚昧、固执和不完美。

60多岁的年纪，本可以退休，还欢天喜地把我送去上大学。他不怕过苦日子，勒紧裤带，也要把我供到大学毕业。总之，他就是想尽一切法子，让我逃离山沟沟。他知道，只有走出山沟，才能过上好日子。

只是，他为我想的、做的这些，全没有为他的女儿做过。在农村人的意识里，女儿是要嫁人的，这就相当于泼出去的水，女儿的命好不好，不在于娘家，而在于婆家，女儿后半辈子的命运，与娘家没关系。所以，当大姐那次回娘家搬救兵时，母亲说："女孩子是出嫁从夫，要安分守己，不能去管男人……"父亲也不会去与亲家母理论是非，那只会让人笑掉大牙。在父母亲的意识里，女儿嫁了人，一切的事都由婆家把定了。娘家人来插一杠子，成何体统？因此，才有了大姐的绝望。大姐疯了后，母亲偶尔叨叨起大姐时，父亲也是红着眼圈，说："能怪谁呢？怪她自己命不好啊！"然后，低着头走到门外去抽烟。

我大学毕业后，父亲对我说过："有空的话，多去看看你的姐姐妹妹，我们年纪大了，身体又不好，想走也走不动了。"我想，父亲其实也是爱着自己的女儿的，只是，在那样的年代，有着那样的民俗，他也只能随波逐流。或者这么说，他无法挣脱时代的桎梏，无法改变女儿的命运，管得多了，还会影响自己的名声。

所以，在我的心目中，父亲愚昧，却不坏，因而我并不恨他。

在空荡荡的灵堂，我的思绪飘到了从前：我骑在父亲肩头，闹着要吃糖，他用身上仅有的五分钱，买了几颗糖给我吃，交代我要留一些给哥哥、姐姐和妹妹吃；他在人前说着好话，求人收我为徒；我们出门去借钱，他脚后跟被自行车刮掉了一块皮肉；他弯着身子，挑着一担碾好的米去镇里卖，山路蜿蜒曲折，他累得气喘吁吁，回家后把卖米的钱寄给读大学的我……

大学毕业这么多年，我忙于工作，偶尔回趟家也是来去匆匆，总是把家当成一个站点，偶尔下车看看，再上车呼啸而去。原本近在咫尺的父母亲，成了我远方的亲人。

我总以为来日方长，谁知父亲溘然长逝，便与我天人永相隔。我和父亲的缘分就似断了线的风筝。

那一夜，我想了又想：我是不是该为自己的人生

我的父亲（摄于1990年春节）

重新做出规划呢？妻子怀孕，我也很少着家，我一边收获工作上的成果，一边失去与亲人相处的时光。

在凄凉的冬夜，我的心痛苦又悲凉，怅惘又迷茫。

时光荏苒。而今，父亲已离去三十余载。遥望天穹，思绪悠长。父爱特别，令我笑泪两行。

25 儿子降临

1994年7月,我担任乡经委主任,还兼任太拔乡清源山开发公司总经理,开发生产"清源山"牌木屐。产品销路很不错,卖到了广州的市场,满足了当地上百人的用工需要。

有些不知情的人,说我得了个好差事,领双份工资,羡慕得不得了。其实,这开发公司总经理的职务是领导任命的,让我挂职督导生产,只是多了份没有工资的差事。我每周都要抽空下到厂里,了解材料来源、生产、销售情况,忙得不可开交。我是真正做到了"在其位,谋其政",对得起领导的提拔和信任的。

乡里有个私人铸钢厂,使用电弧炉炼钢,炼钢程序是:熔化废钢铁—去杂质—浇铸件。而浇铸件是个比较危险的工序,曾有工人从电弧炉舀起钢水倒入模具里铸件的时候,因为操作不慎,被溅起的钢水烧伤。工人受伤后,厂方及时把他送往医院治疗。但在后续的误工费及精神损失费的补偿方面,双方一直协商无果。

后来，我出面进行调解。这个补偿金额，既要让工人感到自己不亏，又必须是在厂方能够承受的范围内。所以，如果工人那方漫天要价，厂方这头撒手不管，都不能解决问题。只有采取一个双方都能接受的处理方案，事情才能得到圆满解决。经过我的三次调解，双方最终达成了共识。

但是，也不是每桩案件的当事人都对调解结果满意，有些人签了字后，会在履行协议条款时反悔，虽然他们的"反悔"不具有法律效力，但执行起来就有了难度。我想，自己常年在基层服务于民，虽不能做到人人满意，但尽职尽责。也许得罪了一些人，可不管怎样，我还是一如既往、公私分明地履行我的职责。

我到省委党校函授党政管理专业学习（作者为前排右一）

25 儿子降临

我不管在哪个职位，都不放弃学习。任党政办主任期间，我到省委党校函授党政管理专业学习；任经委主任时，我参加中央党校函授学院经济管理专业的本科学习。所以，我对管理企业有自己的一套思维方式，无论作为哪一个部门的主任，都是兢兢业业和以身作则的。

我不会答应企业主无理的要求，也不会给企业设置障碍。在合法合规的投资、生产环境下，我希望乡镇企业能够越办越好，也希望家乡能够吸引更多的人来投资办厂。

我在政府部门工作多年，虽然衣食无忧，但我想考律师资格证的念头日盛。有了律师资格证，即使当下暂时用不上（那时也不是真想当律师），万一哪一天需要转行，也能用上。

1993年，我第一次报名参加律师资格证考试，却以2.5分之差落榜。当时我任党政办秘书，工作忙，没时间学习，抱着试试的心态参加了考试。

1994年5月的一天，梅玉生下了一名男婴，我开心极了，给孩子取名"黄有榕"，希望他长大后，能有机会到福州发展，我在龙岩，他在福州。同年6月，我再次填表报名律师资格证考试。

第二次报名，我是下定决心想考取律师资格证。我这人做事有股韧劲，每天早晨四点准时起床，洗漱过后就读书、背书。白天要上班、要下乡，有时还要喝酒。但不管白天经历了什么、多么忙，晚饭后我都要开始备考，窝在十来平方米的房间里，直到子时才休息。

梅玉坐完月子，已是暑假时间了。她带着孩子回到了太拔乡政府，我们一家三口团圆了。

到了7月份，我因为在职期间工作能力突出，被调往厦门，任驻厦办事处主任一职。那时，我的孩子才出生两个多月。

经过几个月的备考，在1994年10月2日，我到龙岩市南城溪畔路1号，即龙岩市职工中等专业学校参加律师资格证考试。我踌躇满志地走进了考场。考试共两天时间，上午和下午各三个小时，我都是最后一分钟才交卷，生怕漏掉题目或错了一分。那时的试卷没有选择题，不存在"蒙对"的巧合，都是通过自己刻苦学习写下正确的答案。

当梅玉问我考试情况的时候，我神态自若地回答："老婆，你放心，试卷不难。"我志在必得，把梅玉哄得心花怒放："家焱，我相信你，我等着你的好消息！"

"梅玉，相信你和儿子会给我带来好运的！"我讨好地说。

"谁不知道你爱贫嘴。"梅玉娇嗔地回了一句。

26

人生到处知何似，应似飞鸿踏雪泥

1995年春节后，我担任太拔乡驻厦办事处主任。同行的有三人，两人协助我的工作，一人则为勤务人员。我们的主要任务就是"招商引资"，即联系厦门知青来太拔投资，让太拔籍乡贤回太拔投资，以及向城市的企业输出太拔的农民工。

我们在厦门的莲花小区租了个三室两厅的屋子，这既是办公地点，也作住宿之用。

大家四处联系知青和乡贤，期望能洽谈到有投资办厂愿望的企业家，也希望有人能帮我们联系到有投资意愿的企业家，当然，这不是一蹴而就的事，因为企业家也要实地考察。办企业不是过家家，想干马上就能干。有些人想投资，但又瞻前顾后，导致谈好的一些投资项目搁浅；有些人觉得地方太偏僻，交通成本高。虽然我们的工作开展得不是很顺利，但我们每个人都心怀对家乡的热爱，每日像打了鸡血一样对工作充满激情，没有人因为碰壁而灰心丧气。

上杭县兰溪乡有一青年温毅益，在厦门打零工，是个吃苦耐劳的农民工。后来，他转行搞水电工程投资，刚开始创业不顺，无处安身。他在我们吃饭的时候，会过来蹭饭。到了晚上，就来接待室坐。我从他的言行举止看得出来，他已食不果腹、居无定所，一副落魄的样子。看他只身在外创业不易，我们便收留了他，分了饭给他吃，我们四个人吃饭，每人少吃几口，就可以匀出一份饭菜。也就是再加一只碗、一双筷子的事！这样，我们的饭菜无论合不合胃口、好不好吃都不会浪费了。到了晚上，我们接待室的沙发就给他睡，帮助他暂时渡过难关。这一住就是三个月。

温毅益因为踏实守信，他的老板非常信任他，便承包一些小工程给他做。渐渐地，他承揽的工程越来越多，事业也就越做越大。他发迹后，在厦门台湾山庄购置了别墅，成为厦门上杭商会会长。他感恩我在他落魄时伸出了援手，对我非常尊重。他是一个知恩图报的人。

然而，非常不幸的是，2011年8月10日凌晨两点多，江西人柯某携带一把水果刀，从仙岳公园观音寺围墙破损处进入相邻的台湾山庄，伺机行窃。凌晨三点半，他先翻窗进入一栋别墅，被发现后逃离现场。随后他又攀爬进被害人温毅益居住的别墅，正在睡觉的温毅益惊醒后，与柯某搏斗，被柯某用水果刀连续捅刺24刀，当场死亡。温毅益的妹妹和妻子也被柯某刺伤。

一个优秀的青年才俊就这样倒在了不法之徒的刀下，真是令人扼腕叹息！犯罪嫌疑人柯某最后也被判处死刑。

1995年3月，我在厦门办事处时，接到上杭县司法局打来的电话，叫我回去办理律师资格证。我高兴地跳了起来，用手使劲地敲着墙壁，嘴里兴奋地说着："黄家焱，你考试通过了！"真是"功夫不负有心人"！我当时那个高兴劲儿，现在回想起来都忍俊不禁。我立马打电话给妻子，告诉她我考下律师资格证的好消息，并且说，一定是她们母子给我带来的好运气。妻子在那头追问了两句："是真的吗？没骗我吧？"

"小狗才骗你，骗你我就不姓黄了。"

妻子笑哈哈地说："你又贫嘴了不是？你不姓黄？我儿子可要姓黄的！"

我的成绩比司法部划定的分数线高了2分。

不到一年的时间里，喜事接踵而来，真是令人心旷神怡。

我成为人父，有了一个可爱的儿子；我放手一搏，考取了律师资格证，这可以说是喜事连连吧！

考下律师资格证后我萌生了做律师的念头。长期在厦门工作，把妻子、孩子留在家里，也不是办法。于是，我就到龙岩市司法局去咨询。那时的司法局局长也是上杭县南阳村人，之前就任长汀县县长，他说："龙岩市国有律师事务所要招有编制的律师，目前还没有编制，等到有编制的时候再来看吧。"我知难而退。

五月的某一天，我的二堂哥告诉我，之前的龙岩司法局局长退休了，接任的是我们同村人黄甫辉。好心的二堂哥提出，可以去拜访一下黄局长，看看律师事务所要不要招律师。于是，我们欣然前往去拜访黄局长。

我和二堂哥说明了来意，黄局长一听，笑着问："你放着好好的官不当，要来做律师？"

我笑了笑，说："想转行当律师了，当初大学读的就是法学专业呢。"

黄局长一听，赞许地说："噢，还是法学专业的大学生！当律师好呀。我们龙岩司法局自己直管的有两家律师事务所，一是龙岩地区律师事务所，二是龙岩地区第二律师事务所。龙岩地区律师事务所是正科级事业单位，由地区行署核准编制，目前五个编制名额已经满了。而龙岩地区第二律师事务所是集体所有制律师事务所，由离退休公检法人员组成。所以，你只能去龙岩地区律师事务所，不能去龙岩地区第二律师事务所。要想去龙岩地区律师事务所，要等行署增加编制名额后才能来。另外，如果你愿意来，你只能先辞职，把人事关系挂在龙岩地区人才中心，等增加编制名额后再调入。如果你现在来，只能是临时工。"

"没关系，就是做临时工我也愿意。"

我在龙岩地区律师事务所

"要先实习一年。实习期间，一无编制安排，二无房子分配，三无工资可领，只能给有编制的律师打打下手、跑跑腿。不过，如果你协助的律师办的案子成了，会有一点补贴给你。"

这么说来，实习的一年时间里，我都是一个只有律师资格证的"三无律师"了？

我想，先把工作定下来再说。我是法学专业的大学生，又考取了律师资格证，还怕做不好律师业内的工作吗？既来之，则安之吧。我略微思忖了一下，坚定地说："没关系，我就从'三无律师'做起吧！"

回到上杭，我告诉妻子应聘律师成功的事，妻子喜忧参半地说："没房子、没工资、没编制你都要做，我还有什么好说的呢？你去做就是了，只是你一个人在龙岩，要照顾好自己。"

5月，我顺理成章地成为龙岩地区律师事务所的一名实习律师，又开始了与妻儿两地分居的日子。

27 酌贪泉而觉爽，处涸辙以犹欢

　　1995年5月初，我向上杭县太拔乡政府递交了辞呈，并打电话告诉我哥："我要去龙岩做律师了，过两天就去报道。"

　　我哥大吃一惊，他直接骂道："你是神经病啊！还病得不轻！好好的体制内工作不做，去当什么律师啊？！你要想清楚，别后悔！"哥哥被我气得不轻，好似小时候的我搅了他的几盘好棋，让他没有赢得奖品一样；又如我撕了他仅有的一张"三好学生"奖状那样生气。

　　"哥，我已经决定了。"

　　是啊！20世纪90年代，辞掉体制内的工作，是需要多大的勇气。知我者，妻也。妻子什么话都没说，那几天，一如平常过日子。

　　5月26日是我人生的拐点。初夏时节，气温不高，雨后初晴，阳光柔柔地与泥泞的道路打着照面。我坐在上杭开往龙岩的班车上，自此踏上了另一段征途。我的全部行囊是一个不足十斤的布包，妻子头天晚上叠了又叠、码了又码。她总担心我一人在外会照顾不好自己，她边收拾东西边叮咛："自己一个人也要好好做饭吃，不要经常在外面吃，也不能太节省了……"

听着妻子的叮嘱，我心头泛起一丝酸楚。孩子才一周岁，为人父的喜悦还在心头萦绕，却又要别妻离子外出工作。我们夫妻总是聚少离多。妻子既要上班，又要照顾幼小的儿子，我心有不忍却无可奈何。

"我会照顾好孩子的。"妻子总是那么温柔和坚强。

到了龙岩，走进事先租好的房子，放下行囊，我坐在床头，看着空荡荡的房间，心想：嘿，黄家焱，在家乡当了5年群众眼里的官，终于卸下那一副副挑子。新的挑战已到来，现在，你要从零做起了！

第二天，我去办理了入职手续，正式成为龙岩地区律师事务所的一名实习律师了。我做的是既没有编制也没有工资和住房的工作。以现在的年轻人来看，没有住房和编制，还可以接受，没有工资——这样的工作谁干啊！而那时的我，踏踏实实地干了大半年。

我每天花五毛钱吃个早餐，有时吃包子，有时吃凉菜配稀粥。吃完就走路去上班，约莫20分钟就能走到。通常，我是第一个到事务所的人。实习阶段，我其实就是给有编制的律师和公检法司退休后做律师的人打下手，相当于勤杂工，但与现在的勤杂工有所区别，我能以实习律师身份与其他律师一起参与某些案子的出庭辩护。

因为我是全日制法学专业毕业，加上一直以来都爱学习，所以适应得很快。我做什么事情都干劲十足，可以说是"干一行，爱一行"，在全新的领域，一天到晚不知疲倦。虽然我是个实习律师，能参与的案件也不多，但这样我就有更多的时间给自己充电了：阅报、读书、做笔记、写心得，积累专业知识，不断丰富自己。

1995年，城市人口还相对较少，经济建设刚刚起步，许多行业还没出现，因此，律师接手的案件连如今的一半也到不了。

在实习律师期间，我忍着常人不能忍的，做着常人不愿做的。我每月的房租是80元，加上伙食、水电和其他开销，一个月大概也需要260元的费用。而接一场官司，也就给200多元的律师费，一场官司打下来，除去差旅费等，我能得到的补贴也就一二十元。一个月下来，也就能拿到五六十元补贴。我只好拿之前工作的一点存余作为补贴，过着省吃俭用的日子。

我抓住每一次可参与办案的机会，一来想多学习，二来说来不怕人笑话，就想出门办事了，不用自己做饭，在外还能解决一两餐，省钱又省事，何乐而不为呢？于是，我有时就问要出门办案的律师："需要我同行吗？能给我一个机会学习吗？"如果没有出门办案，我的午餐和晚餐就是面条煮鸡蛋、鸡蛋煮面条。就这样翻来覆去地吃着，既省钱又省事。当然，也委屈了我的胃。

逢年过节的时候，所里的律师们都有节日礼物，我是没有的。比如，中秋节发的月饼，元旦发的鸡蛋，春节发的苹果……我一样礼物都没收到过。说实话吧，礼物没有也就算了，少吃点零嘴不会怎么样，可平时所里的会议，我也是无法参与的，这一点就让我觉得很奇怪。我虽然还没有编制，但我有一颗想要成长的心，如此好的学习渠道，怎么就不分享给我呢？我对律师事业充满激情，但有时会觉得自己的满腔热情遭人泼了冷水，而自己也被人区别对待，好心酸。在夜深人静的时候，我会不经意想起之前当主任时的派头，真是一个天上、一个地下。那时别人请我吃大餐而我无法拒绝；而今为了省饭钱低三下四求人带我出门；以前一出门办事，村干部、乡企老板立马围拢过来，前呼后拥；如今，想出门办事，还必须说尽好话，再跟在人身后，帮忙打理好一切杂事……这落差真的好大啊！

但是，我从不把自己心里的委屈与人说，包括妻子。妻子在家也不容易，我怎么能向她诉苦呢？我想，既然自己选择了这条路，就必须义无反顾地走下去。得之坦然、失之泰然，往日浮华已成过去，而今一心朝前求索。苦心志、劳筋骨，于我来说，都是可以承受的。我决定不再纠结于令我不开心的事情，先做好自己，再努力提升，这样，才有资格去争取自己想要的东西，才有机会与人平起平坐。

得空时，我会给妻子写信。铺开信纸，满腹思念化为简短的几句话：

亲爱的梅玉：

你好。

孩子乖吧？今天是六一儿童节，幼儿班又表演好看的节目了吧？

你也累坏了吧？我没在你身边，你要照顾好自己，才有余力照顾好我们的宝贝。

我在龙岩一切都好，同事和领导对我也很好。我经常跟他们出去吃好吃的，有许多美食你没吃过，哪天你带孩子来了，我们一起去吃。

前几天，我的领导带我去办了一件案子，我觉得自己学到了好多。我还是《闽西日报》的常年法律顾问呢！

我去上班了，下午的事情比较多。就此搁笔！

祝你和孩子一切安好！

想你爱你的焱
1995年6月1日

妻子很快回信了，她在信中提道："看到你写的一切都好，我也就放心了。我知道你是乐观豁达、坚韧不拔之人，没有什么困难能难得住你……"

我仿佛看到了妻子那双温柔如水的眼和她那甜甜的笑靥，以及她怀里正抱着酣酣入睡的宝贝。

在妻子的安慰下，摆好心态，我又有斗志了。早上，我迎着熠熠生辉的晨光，听着啾啾叽叽的鸟鸣，哼着当下的流行歌曲，精神抖擞地走在上班的路上。

我想想，我那时唱的是什么歌呢？情歌我大都不会唱，也不去歌厅唱歌，我偶尔哼哼的也就是路边店铺门口音响放的歌，比如"我听过你的歌我的大哥哥，我明白你的心你的喜怒哀乐。我是否可以问问你的姓名，因为你是我的知音，我又多一个朋友。我并不在乎你记住我的姓名……"至于那首歌是什么歌名、是谁唱的，我都一概不知。

28

初生牛犊不怕虎

做律师时间长了，就会遇到各种各样的上门求助者。有些人家不缺钱，进来就是"律师，你只管帮我把事情办好，你要多少钱我都给你"；也有一进门就心事重重的，"律师，我们干了一年的活，每月只拿一点伙食费……"；更有愁眉苦脸、唉声叹气的，"律师啊，我真的是走投无路了，才来找你们的"。

案件接多了，既扩展了业务，也了解了更多的人情世故。

1996年10月，一位蓬头垢面、神情憔悴的老伯走进了律师事务所，我接待了他。老伯动作不太方便，缓缓坐下，瘦骨嶙峋的手颤抖地捧起茶杯，未语泪先流："求求律师帮我，我儿子在一个煤矿上班时，被掉落的石头砸了，人没了。现在，我连煤老板的面也见不到，我该怎么办呐！"

"阿伯，不急，慢慢说。"寒冷的腊月，老伯头上戴着一顶线帽，身上衣衫单薄，一件灰色外套也脏兮兮的，裤子也看不清是灰色还是黑色。

阿伯用生硬的普通话说："我是江西省上饶县的一个农民，我儿子叫黎育春，在龙岩一个煤矿上打工。那天他正在上班，谁知道无辜丧命啊……"老伯说到这儿，伏在桌上"呜呜"地哭了起来。两位实习律师也坐过来，我们都不知怎么安慰他，大家觉得还是让他哭一会吧。少顷，他接着说："煤老板躲起来了，我等了几天都没等到老板，我儿子的尸体还在煤棚放着，无法入土为安！"

听了老伯的叙述，我心里很不是滋味，觉得这个煤老板太不近人情了。遇到这样的老板，不拿起法律武器维权，他是不会负责任的。

老伯70多岁。白发人送黑发人的丧子之痛，是任何语言都难以表达的。悲痛欲绝的老伯在孤立无援之下，想到了法律援助。不得不说，老伯的做法是对的。

因为年终了，所里每个律师都很忙，没有人马上可以接待这位老伯。而那个时候，我还是刚执业不久的律师，看他可怜，我决心帮助老伯。那时还没有"法律援助"这个概念，因此我决定先走调解的路子，若调解不成，再请所里的律师带我一起帮助老伯起诉。我跟陈主任说了我的想法，主任同意了："就是要敢于挑担子！"

第二天，我便着手处理这件案子。我坐上了公交车，下了车后还要走好几里崎岖的山路，才能到达那个煤厂。一路上都是被车轮压碎的煤渣，疙疙瘩瘩地散在路面。路两旁的植物，叶子被途经的运煤车蹭掉了，只剩布满煤灰的光秃秃的茎，耷拉着脑袋站在路旁。

途中，遇到不少出入的运煤车，拉了煤的车和空车的车速一样，都像饿极了的大灰狼，冷不丁地从树丛中咆哮地窜出来，带来一阵风席卷而过，路两旁的枝叶被吹荡起来，发出簌簌的响声。没听到鸣笛，一辆车又从转弯处呼啸而至。若不是听到车轮碾压煤渣的声音、车身划过枝叶的"唰唰"声，还有高处因车速过快而飞起的灰尘，我哪里晓得有这么多运煤车上下山呢？为避让车辆，我只能贴着山脚而行。

那是一座深藏在大山中的煤厂。大山里的一切，都显得那么粗犷和原始。

远远地,我望见了几座铁皮房子灰头土脸地坐落在山坳的平坦处,我加快了步伐,朝那些铁皮房子走去。一位黄褐色皮肤的中年妇女在一个铁棚子门口洗衣服。我问她江西来的黎老伯住哪个铁棚子,她朝我努努嘴:"啊,这里算过去,第三间便是。"

门虚掩着。我推开门,只见黎老伯低垂着脑袋,坐在一张黑兮兮的条凳上。他看到我来了,浑浊暗灰的眼睛瞬间亮了起来:"黄律师……"又伸出干枯的双手,要给倒水。我晃晃手中的矿泉水,示意他不用忙活。

他用手指指旁边,说:"我儿子就在那儿,一米七的青年……"说罢,又呜呜咽咽起来。那草席包裹着的,就是他曾经身强力壮的儿子的尸体。我建议去煤厂办公室找老板,可是,办公室的门上挂着一把大锁。黎老伯说:"我到这里的第一天见过老板,之后,他就没来过这里了。"

我听了这话,义愤填膺起来。这人命关天的事,能躲得了吗?!你躲过了初一,能躲过十五吗?!

我沿着办公室走了一圈,从玻璃窗向内看去,里面摆设非常简陋,一张杉木办公桌边放着两张靠背椅,还有一张四方桌和四张条凳,一张高低床上的被子叠得整整齐齐。这应该是煤老板召集管理人员开会的办公室,也是老板的临时休息室。

那时乡下有电话,可山里没有信号,因此,我犹如进入了一个"盲区",找不到煤老板,一切调解计划都无法实施。

第一次出门去调解,我不怕山高路远,我只是犯愁,煤老板总是不出面,这可如何是好呢?

只有拿到煤老板的联系方式,才能进行有效沟通,但我也不能确定,要经过多长时间才能调解好此事。于是,我对黎老伯说:"调解的事,不是一时半会儿就能成的,也许一个月,也许半年,也许要更长时间,您要做好思想准备。年又近了,先想办法让您儿子入土为安,再回家过年,其他事宜过完年再办。现在是法治社会,您要相信政府会给您解决的。"黎老伯听了我的话，迟疑着。

"我既然接手管了您的案件，就会一管到底的，您放心吧！"我觉得有必要给黎老伯吃颗定心丸。下山后，我又想方设法地去寻找煤老板家的住址，希望有朝一日能找到。

经四处打听，我很快拿到了煤老板的联系方式，我打通了电话过去。"我跟你讲，黎育春的事没什么好说的，他是意外死的，我们煤矿工人呢，大家都知道的，意外死亡不是工伤。我们根本就没什么好谈的！好了，我在忙，就这样！"他噼里啪啦说了一通自己的观点，然后就挂断了电话。

彼时，《中华人民共和国劳动法》（以下简称《劳动法》）刚实施一年多，这位煤老板也许真的不懂《劳动法》，他以"意外死亡不是工伤"为由，坚持说不需要赔偿。又或许他是在耍赖皮，觉得能推就推，推掉了一了百了，可以省一大笔钱。

我知道，因为《劳动法》才刚实施不久，证据收集难，仲裁、诉讼程序繁杂，遇到不懂法的人，不能以硬碰硬，应该"动之以情，晓之以理"，慢慢地感化他，让他良心发现，在知晓法律条款的基础上，协商赔偿事宜。

"怎么说呢，我个人感觉这位煤老板就不是什么省油的灯！"在与黄甫辉局长汇报工作的时候，我如是说。黄甫辉局长对我说："要援助农民打官司，做律师嘛，肯定会遇到这样那样的原告和被告。那些不告状，能通过调解解决纠纷的事件，于纠纷双方来讲是最好不过的了。有些讲不和的事件，人们就会想通过法律手段解决问题，因此才需要找律师出面。另外一点，做律师啊，不能总想着赚多少钱，要多想想老百姓……"其实，黄局长说的农民，一定也包括了收入少、社会地位低的弱势群体。黄局长是农民的孩子，是当兵转业后到地方工作的一名机关干部。我也是农民的孩子，我们深知低收入人群生活的艰苦，遇到大的纠纷，更无能力和余力去请律师维权了。我对黄局长的话很认同，遇到需要法律援助的人，我是会尽己所能去帮助他们的。有了黄局长的支持，我想，那煤老板就是个隔夜窝窝头，我要用力掰开。

一次两次碰壁，我不会心灰意冷。从政几年，什么样的人没见识过呢？当司法办主任的时候，面对农村的一些纠纷，也是经过三番五次的调解才解决的呀！

我又拿起电话约见煤老板，谁知他还是那句："我说得很明确了，我们没什么好谈的！"

我想，既然电话约不出来，那就直接去他煤厂，直到见到他，把事情协商好了为止。我四上煤厂，都没有见到煤老板，这位主真的是个硬碴，不管我怎么说，他都置若罔闻。而且，他好像有耳目，我明明打探到他在煤厂，但当我到了煤厂时，他又躲了起来。不攻下这"城池"，我都觉得对不起黎老伯那无助又充满期待的目光。他把所有的希望都寄托在了我的身上，他千里迢迢而来，要寻回属于他的那份公平和正义，寻回他儿子作为"人"的尊严。

第五次去煤厂，已进入腊月。那次，煤老板正好端坐在他的办公室里。他的年纪五十上下，长得相貌堂堂，皮肤不黄不黑，几许斯文样子，完全没有煤矿人的那种粗犷和野性。

"老板，我来过四五趟，也成了煤厂的常客了……"我温和地说。

老板略显尴尬地说："你怎么还不死心呢，我这该给他的，也都给他了嘛。"

"您那一点钱是不能了结此事的，毕竟是人命关天的大事啊！"年前，老板让工头交给黎老伯的那一点丧葬费用，怎么能用作一条人命的赔偿金呢？

"你说，你们想要多少钱？我的钱也不是那么好讹的。"煤老板还是一副不松口的态势。

"你放心，我不会讹你一分钱。我五次上山来找你，就是为了替黎老伯讨个公道。我没有收他分文律师费，我们律师事务所是无偿给他提供法律援助的。我只是觉得自己作为一名律师，应该给他这样孤立无援的老人讨个公道而已，没有你认为的律师费，也没人要讹你。黎育春作为你煤矿的工人，在上班期间出了事故，理当由您方负责赔偿……"

"什么？你们不收律师费？！"

"是的！"我把这两个字说得铿锵有力。

"噢！天哪！我一直以为你走得那么勤，肯定有不少利益在驱使。说实话，我这么想着，就更不愿意见你了。今天听你这么一说，我倒是服了你了。好！冲你不辞劳苦地帮助人的精神，我今天就先独自答应下来，这人命钱，我赔！我不管其他两个股东愿意不愿意赔偿，如果他们不愿出钱，这钱就我自己来出吧！如果他们愿意赔，那就每人一万元，我们总共赔三万元，这个数，在现今来说，是最高的赔偿标准了。"煤老板走到我身边，拉着我的手臂，示意我坐下来。

看来，这煤老板也不是个铁石心肠的人嘛。他之前也许是误会我了，才坚持对我避而不见。只有沟通，才能解开疙瘩。

我当时心头一热，琢磨着：这好家伙，咋不早醒悟过来？害我一次次跑，到他家住处去找他，扑空；转头上山找他，又扑空。如果把两处找的次数合并起来，已找了十来次了！

但这怨气，在刚才煤老板的一席话后，已烟消云散了。我的一切辛苦都化为两个字：值得！

我趁热打铁："好嘞，老板。来，你同意了，可以打个电话给黎老伯，让他及早过来签字，把赔偿事宜办好。"

过了两天，黎老伯从江西过来，他先到律师事务所找到我，紧紧地握着我的手说："真的非常感谢你呀，黄律师！如果不是你，这事还不知拖到什么时候去！"

我和黎老伯一起去煤矿办理了赔偿手续。那时，已临近1997年春节了。黎老伯拿到了他该有的赔偿，回江西之后，还去定制了一面锦旗送到律师事务所。

这段经历给我的人生带来了重要的影响。也就从那年开始，当"法律援助"在很多人看来还是个陌生的词汇时，我就为自己制定了公益原则：除了日常生活和工作之外，把 1/3 的时间用于免费为农民工等困难群体做公益诉讼代理和辩护。此后，我成了一名农民工法律援助志愿者，这一干，就干到现在。

在我入围 2011 年"感动中国人物"提名时，组委会给我的微点评是："农民工需要的尊重不是口头上的改名，而是切实的帮助。黄家焱用自己的专业知识做了一件力所能及的事，却展现了许多人不能及的美德。"

2011 年农民工赠送锦旗（作者为右三）

29

初办刑案，他死里逃生

　　记得 1996 年 3 月，我拿到律师资格证的当天，我到市司法局黄局长办公室向他汇报，他一再强调："你要好好干，要帮助农民打些官司，因为农民收入微薄，没有能力打官司。你不要想着挣多少钱，也不要追求多大成就，但一定要平平安安地退休！"我表示："黄局长，谢谢您的提携和教诲，我会铭记在心的。另外，我想提一个要求，局里可否研究一下，看看哪里有公有住房，能否分配一套给我？"黄局长不无调侃地说："怎么，你要房子啦？你不是说不要房子的吗？你要住房，局里要研究决定，还要看看有没有空房！"

　　我知道局长也有难处，就没把这个事情放在心上。谁知道，一周后，我就接到了市司法局办公室主任的电话，叫我去他办公室拿钥匙。局里研究决定分给我一套两室一厅的房子暂住，在凤凰阁，与"江山睡美人"的美景遥遥相望。

　　这个房子水电极其便宜，每月只需交 38 元的房租。而且，每天都能看到龙岩的美景"江山睡美人"。每日下班后，我会到楼顶去，望望美景，望望蔚蓝的天，顿觉心胸开阔、心旷神怡，一天的疲劳也就一扫而空了。由此，我心生感慨：我遇到了人生中的大贵人——黄甫辉局长。

1996年5月，时任市司法局科长兼律师的张侬安叫我跟他合办第一个死刑案件——当事人陈某故意杀人案，由福建省龙岩地区中级人民法院（现更名为福建省龙岩市中级人民法院）审理。办案之初，张律师和我交流了一些注意事项，根据案情和法规，我们拟定了该案由民间纠纷引发，属于激情杀人，且事后有积极施救的行为，不应当判处死刑立即执行，应当判处无期徒刑的辩护意见。

出庭公诉的公诉人是龙岩市人民检察院公诉处的马处长，他年近六旬，即将退休。法庭上，我的辩护意见被马处长一一反驳。马处长的公诉意见讲得真是太好了，一环扣一环，环环相扣，让人挑不出一丝一毫的破绽。我心里很是敬佩他。遇见这么强大的对手，又是第一次办理死刑案子，心里无底，不知法院是否会采纳我的辩护意见？马处长讲得那么好，法院大概率会采纳马处长的意见。果然，福建省龙岩地区中级人民法院没有采纳我们的意见，判决陈某死刑，剥夺政治权利终身。

一审宣判后，我虽然佩服马处长的辩才，但是我还是坚持认为陈某罪不该死，因此，我毅然决定支持被告人陈某向福建省高级人民法院提出上诉。

福建省高级人民法院竟然采纳了我的一审辩护意见，即"被告是属于激情杀人，且事后有积极施救的行为"。后来，二审福建省高级人民法院改判其为无期徒刑。

第一次参与审理死刑案件，我竟然"胜"了马处长。但他给我上了一堂精彩的辩论课。他业务熟练、辩论精到，让我觉得自己根本不是他的对手，我的理论知识明显不够，辩护起来显得理屈词穷。

当事人在生死攸关之际，律师就是他的那根救命稻草，如果这根稻草自己先怯场了，那么当事人大概率会绝望。对于人命关天的事，律师更应使出浑身解数，根据现行的法律，最大限度地维护当事人的权益，减轻当事人的刑罚，让他在求生之路上看到曙光。

当一名律师，可不是那么简单的，除了要有专业水平，还要有丰富的经验，更要有敢于为当事人辩护的勇气，在不违法的前提下，要坚持己见，不能知难而退。

我开始体会，开始领悟，开始反思，作为一名律师，一定要坚持辩护到最后，才能知道谁胜谁负。

后来，我在办理另一起案件的时候（1996年5月），在法庭上唇枪舌剑了一番。起诉书指控，巫某伙同他人盗窃，共作案44起，盗窃财物价值超过14万元，应当判处死刑。而在我看来，起诉书与部分事实是有出入的，被告人作案是被邀请的，系从犯。但是，福建省龙岩地区中级人民法院以盗窃罪判处巫某死刑，缓期两年执行，剥夺政治权利终身。

我作为他的律师，义无反顾地支持被告人上诉到福建省高级人民法院。二审中，我对案件提出疑问，而检察院拿不出有力的证据来驳斥，因此，案件一拖再拖，拖了一年未能判决。

一年后，即1997年，新的《中华人民共和国刑法》出台，新的法律条款规定盗窃罪不判处死刑。于是，巫某被减轻了刑罚，改判为有期徒刑8年。

按照1997年3月14日之前的法律，盗窃金额在9万元（包括9万元）以上的，要判处死刑。

我竭力地辩护，把当事人从死亡的边缘拉回，这挽救的不仅是一个人的生命，还有一个家庭日后的幸福。

事后，有人问我："黄家焱，你是有政策眼光还是有先见之明？"我摇摇头："他本罪不该死。"

30
《中国律师》为我指引方向

工作之余，我喜欢看书读报，这是我从小养成的习惯。我从1995年5月做实习律师开始，就一直阅读所里订阅的《中国律师》，每期不落。这是由司法部主管、中华全国律师协会主办的月刊。

在《中国律师》1995年10月刊的"法制世界"栏目里，我被《列宁当过律师》那篇文章吸引了。

在《列宁当过律师》这篇文章中，"列宁考入帝国大学，攻读法律，学习的科目有：俄国法学理论、罗马法学史、法学通史论……"

原来，俄国伟大的爱国主义者列宁，也曾是一名法学专业的学生。文章最后一段写道："不少农民到列宁那里诉苦诉冤，还有从老远的地方慕名而来的。一次，一个富人家的公牛顶伤了一孤苦无依农妇家的母牛，法院的人包庇富人，判决富人赔偿农妇十个卢布了事。农妇对判决不服，要求法院给她一份判决书的副本，她要拿着判决书去找列宁。结果，富人听了农妇的话，竟然就作出了让步。"列宁的名号已到了让人"闻其名而丧胆"的地步，这该是有多强的秉公办事的能力呢！我想，这是怎样的一个神人啊！他的"神"，体现在他对法律工作的热爱上，体现在他坚持公平正义上，如此才能让人们信服和敬畏。

1996年3月，《中国律师》"风云人物"栏目之《生命的诠释——记首届"全国十佳律师"马军》的文章，同样深深地鼓舞了我。

马军有一段著名的话："这是党的会议，作为共产党员，大家权利平等……我的动机很明确，'文革'早已经结束，我们的党，我们的国家和人民，都不允许再出现冤假错案！"他面对强权，义正词严。他毫不退缩的勇气激励着我，我认为作为一名律师，就该有他那样的勇气，才能公平公正地服务于民。

我心潮澎湃。律师，是一份复杂而艰辛的职业，需要面对复杂的人和事，尽管这样，我也应该端正职业态度，做好律师工作，一步一步踏实走下去，为法治中国尽自己的绵薄之力。

太阳每天都是新的，社会也日新月异，我也应该与时俱进，多学习法律知识，精进执业技能，才能更好地服务于民、造福于民。

俗话说："不想当将军的士兵不是好士兵。"各行各业都有自己的职业评级标准，我也心怀一个坚定的梦想：我要以"全国十佳律师"的高度去要求自己、鞭策自己、提升自己。也许，哪一天，我也就成了"全国十佳律师"之一呢。

31
我的偶像——王海云律师

我一般都是第一个到、最后一个离开单位的人。周末我也在单位，或整理卷宗、分析案件，或自主学习。在不断的学习中，我写下了一些学习心得。

1996年，《中国律师》刊载了首届"全国十佳律师"的部分执业事迹，每一位律师都"战果累累、功绩卓越"，他们的事迹感染着我。

如果说非要挑一人出来作为偶像的话，我就选择王海云律师。因为，我从他的故事中，看到了他的坚韧和不屈。他的人生，曾经荆棘丛生、沟壑纵横。他斩荆棘、跃沟壑，在贫瘠的土地上种下花朵，最终收获了鲜花和掌声，可谓一路跌撞、一路迷茫，一路坚守、一路求真。他经历人生百态，仍葆有一颗初心，关爱弱势群体，全身心投入刑辩律师的工作中，直至倒在了辩护席上。

作家齐祥春写的《听那律师的脚步声》里的《东北汉子——记首届"全国十佳律师"王海云》，是我了解王海云生平的重要信息来源。

王海云是辽宁省新民县（现为新民市）的一名普通农村人，生于1936年农历二月十七。王海云这个名字是父亲给他取的。1957年，想当一名作家，报考吉林大学中文系的王海云，阴差阳错，被吉林大学法律系录取了。因此，他便与法律结下了不解之缘。1961年冬天，王海云利用寒假时间做社会调查，他看到了社会上的苦难，加之父亲遭人陷害被抓，姑姑被饿死。作为一个热血青年，他向学校如实说了自己的观点和看法，他的真诚没让正义降临，却为自己带来了苦难。

从1962年6月15日，他开始了被关押的日子。他曾对着苍天喊："法律啊，你何时才能回来？"王海云是学法律的，他喊出口的是"法律"，而不是"苍天""老天爷"。

王海云失去的不仅有学业、工作，还有理想，更有亲爱的家人。这无一不令人感到无奈、伤心、痛苦和绝望。遭受精神上的折磨的同时，还在遭受肉体上的折磨，他食不果腹、衣不蔽体，就靠着吃树叶、野果、草根，顽强地活了下来。想想我们现在的人，丰衣足食，根本没尝过饥饿的滋味。可当时的王海云，一个人浪迹在莽莽林海，究竟是什么支撑着他熬过去、活下来？！面对折磨，面对绝境，王海云"神"一般地挺过来了！

1980年，王海云的不白之冤洗清了。当组织上的人问他能干点什么时，这个离开学校二十年的中年汉子，毅然坚定地回答："我要做律师！"是的，他记得那时自己曾经发出的诘问："法律啊！你何时才能回来？"他想，如今法律应该要回来了！他要拿起法律的武器，为这个国家、为这个国家的人民做一些事。因为，他懂得蒙受冤屈的痛苦，他要拿起法律的武器，让公平和正义的光辉照耀在大地上。

他这么想，也这么做了。他，凭着自己对法律的那份热爱，开始了他的律师生涯。

王海云做律师不久，便成了新闻媒介追踪的热点人物。他认真踏实又狂放不羁，他平易近人又呼风唤雨。王海云有一张很别致的名片。正面没有什么特别，无非是姓名、电话、工作单位等信息，但背面常给人一种新奇之感。

你会看到这样一句话：应该胜诉的案件不争取得到胜诉的结果不是好律师；本该败诉的案件侥幸取胜的也不是好律师。——这句话一直是王海云的执业格言。

王海云曾获评吉林省劳动模范、四平市政法系统标兵、吉林省优秀律师、岗位明星、全国司法行政系统从业先进分子。1995年12月，荣获首届"全国十佳律师"称号。王海云从事律师行业十多年，获得了许多荣誉。"全国十佳律师"是国家对他的最高褒奖。

王海云曾经过着颠沛流离的生活，而今终于洗刷了冤屈，能够过上安稳的日子，他却选择与法同行。他以自己的所学，执着地为有需要的人们提供法律援助。律师工作有时面对的不仅是法律问题，还有更多复杂烦琐的人事问题，但他没有因此退缩。他的兢兢业业，他的善心、责任心和爱心为他铺就了一条通向最高荣誉之路。作为一名律师，他无疑是成功的。

"我也要成为像王海云那样的律师，得到律师界的最高荣誉。"1996年7月，我在与黄甫辉局长汇报工作时，谈到首届"全国十佳律师"，我便与黄甫辉局长说出了我的心声。黄局长说："你的梦想很好呀。古代的战争中，一名军人要想获得人们的尊重，就要在战场上打败对方。不然，他甚至连活着的机会都没有。军人就是为荣誉而战的。"黄局长是军人出身，他以"战场上的斗争"比喻律师的辩论，我觉得他说的话是话糙理不糙。那么，一名律师，碰到弱势群体求助时，是否要在法庭上进行辩护？答案应该是肯定的。律师应在法庭上口若悬河地依法而辩，说服法官，让法官采纳自己的意见，如王海云律师那样，侠骨柔肠，不屈不挠地为弱势群体而辩……我，有了自己的思考。

有一次，我见到了时任市司法局的陈副局长，我同样与陈副局长谈到"全国十佳律师"，陈副局长语重心长地告诉我："家焱啊，你有这个想法是好的。但是，那可是一个可望而不可即的高度噢……"我知道，陈副局长说的是实话，我一个刚入职一年的律师，就口出狂言要拿律师的最高荣誉，这听起来像个笑话。

"我一定要成为'全国十佳律师'之一!"我暗暗发誓。我时刻提醒自己:黄家焱,你是法律人,作为一名律师,应尽职尽责,不能懈怠,不能推诿;黄家焱,你有了理想,就朝着理想努力奋斗吧!

32

再入编制内，自我飘飘然

1997年3月，改革的春风终于吹到了我所在的这个四线城市，许多行业慢慢发展起来。来龙岩办企业、开店的人多了，农民工也多了。人口一多，一些纠纷案件也相应多了起来。

黄甫辉局长也看到了情况的变化，经过他的申请，一次性为事务所增加了7名编制内律师，我也有幸忝列其中。这样，我所在的律师事务所就有了12名编制内的律师。

一个假日，我兴冲冲地去面谢黄局长。可是，到了他家，我的话还没说出口，他就明白了我的来意，对我说："家焱啊，我们是同村人，头上同个祖宗的梓叔呢，在生活方面，你有什么困难，提出来，我可以帮助你。但是，工作上的事，就要靠你自己去做、去争取。拿这次转编制的事来说吧，如果你达不到转编的要求和标准，我是不会让你通过的。这不是乡下老百姓种田，你家的田在我家田的下方，你家田的水要从我家田里过，你不去引水源来，求我给你方便，把田水分你一些，让你家的禾苗能滋润生长——不是这么简单的事，那不就成了'掠夺资源'了嘛！特别是做法律工作的人，更不能敷衍党和人民。龙岩要扩大律师队伍，才能更好地为一方百姓服务。你如果没有这个专业水平，做事没有行业规范……即使我把你扶上去了，也是没用的，也体现不了你作为一名律师的价值，对吧？所以啊，你要感谢的，还是你自己啊！"

我还记得他跟我说过的另一段话："你一个在职人员，也不要以为你是法学本科毕业或者研究生毕业，或者博士就了不起了！一定要尊重领导，尊重司法局。领导是组织任命的，领导就是木头脑子也是组织信任他。再说了，组织肯定不会安排一个榆木疙瘩做领导的。组织不是不信任你们！只是组织不认识那么多的'你们'，组织就指派一些人来管理你们，让大家团结一心，建设社会主义国家，对吧！组织可以代表人民，人民是信任组织、服从组织的！所以，你做事要考虑到这一点，不能妄自尊大，不能目中无人。"这话虽然不堪入耳却最真切地教育了我：要尊重组织、尊重司法局、尊重人民。

我知道黄局长是个眼光锐利、思想觉悟高的人。他遵纪守法、严于律己，坚持执行党的各项政策和制度，是一个心有信念、认识深刻、从不以权谋私、心怀苍生的人，是党组织培育的一名好干部！他这么一说，我反而打心里更加敬重他了。他不让我感谢他，可我清楚，自己的成长离不开他的关照、点拨和提携、他的一番言语，总能让人受益匪浅。

我还听说，他在市公安处当副处长期间，被人称为"黄老虎"。个子不高的他，大部分时候不苟言笑，坐在那里，不怒自威。对待犯了罪的青年人，他"恨铁不成钢"。

"年纪轻轻的，做什么不好？要去犯罪？！怎么不去当兵？当兵可比坐牢好多了，接受部队的教育，几年后，整个人出来就脱胎换骨了！那真是要本领有本领，要志气有志气，要骨骼有骨骼。犯罪哪里好了，不是伤了别人就是伤了自己，还伤了自己的父母，哪个做父母的希望自己的孩子去坐牢的？！

犯了事，侥幸得逞一次两次，你还能一辈子吃犯罪这碗饭吗?! 天网恢恢，疏而不漏，总有把你抓住的那一天，让你把做的恶事全部吐出来，一起清算。要是我的孩子犯了罪，我不等警察来抓，自己先把他抓起来送给警察，让他该进监狱就进监狱，犯了大罪就该去监狱好好改造……"这是他在面对一个失足青年时说的话。

别以为黄局长一直都这样凶神恶煞，他只是对待犯人时才如此。平时，他很平易近人，也乐于助人，特别是助穷人。谁家生活有困难了，去求助他，定是有求必应。对待弱势群体，他的心柔得可以装下很多委屈的泪。农民出身的他，保留了待人真诚、心地善良的本色；军队锻炼过的他，一身正气，威风凛凛，他是淳朴敦厚与刚正不阿的结合体。

我了解黄局长的个性，除了上述的那些，他还是一个幽默风趣的人。

"家焱，现在转编了，有没有跟老婆道喜呀?"

"还没呢，我先来谢谢您。"在他面前，可来不得半句谎言。

"跟我道什么谢呢! 有这么好的事，还不快与老婆分享? 老婆来了龙岩吧?"

"没呀。"

"你小子，总是把工作放在第一位，这样可不行哦。别人不知道的，还以为你把家里的美娇娘忘了! 你老婆带着孩子，来一趟龙岩不容易，你就不会替你老婆想想? 一个大老爷们，不主动回去抱抱老婆，嗯，亲一下……老等着女人辛辛苦苦地跑来抱你，算个汉子吗?"

黄局长一席话把我说得瞬间一愣。说真的，我从来没想过老婆来趟龙岩有多辛苦，经他这么一说，我就觉得自己疏忽了。

"真是惭愧。"我小声嘟囔了一句。

"老头子，跟家焱说什么呢?"局长夫人过来问道。

"惭愧什么? 要对你老婆说才对呀。我可不准我老婆帮你转达。"说罢，他兀自哈哈地笑起来。

从黄局长家出来，心情大好，我立马打电话给妻子报喜："梅玉，你在干嘛呢？我告诉你一个好消息，我成了一名有编制的律师了！"

妻子在那头一定也是大喜过望，因为她说："喂！家焱，真的吗？那真是太好了，以后我们可以分到一套房子了，我也可以到龙岩来上班了，我们一家三口快要团聚了！"妻子在电话里一连说了几个"了"，这个"了"字就是对某件事感到惊喜、满意的一种表达。少了那些"了"字，都不足以显出她的开心来。

我仿佛看见有榕在他母亲怀里哼哼唧唧地撒娇。有榕就快三周岁了，长得人见人爱、花见花开，就像老婆同事说的"谁见了这孩子，都想要抱一抱"。小孩子都是少吃多餐，饿了吵吵着要吃是正常的。我正喜不自胜地想着儿子，思绪一飘，一个闪念划过心头，蓦地，我想起了母亲唱过的山歌：

"山冈开满了鲜花，
朵朵花儿笑哈哈。
给涯阿焱送清香，
阿焱乖乖快长大！
以后自己去料耍，
日头落山就回家。
再大就要入学堂，
认认真真学文化。"

时光飞逝，我已过而立之年，已为人父，我的孩子也会叫"奶奶"了，再过一两年，他也要上学了。我的母亲还偶尔会哼起这首山歌。有一年正月，七十多岁的母亲又在唱那首歌，妻子笑着说："妈，您儿子家焱都这么大了，不能再去学堂读书喽。"母亲像个孩子似的，不好意思地别过头，"扑哧"一笑，说："是哦，家焱当爸爸了。"

我悄悄地跟妻子说："没事，让妈唱吧，她开心就好。"

妻子说:"我知道,我就是逗逗她老人家而已。"

我已好长时间没回老家了,我想得抽个时间回老家见见母亲,顺便告诉她我转为编制内律师的事,母亲应该会高兴的,虽然她绝对不会知道"编制内"是什么意思,又意味着什么,而我也无法与她说清楚。但是,这有什么关系呢?看我们高兴,她应该也会心情舒畅。

我沉迷在自己的想象中,突然想到还有哥哥,差点就忘记了要告诉他了呢。当年,我到龙岩当律师时,他一急,直骂我是"神经病"。我给他解释,他也不听,真没辙。现在,我要是告诉他,我又进入编制内了,比那时的村官乡官级别还高,他会怎么想呢?那个时候,一个乡级干部要往县城调,哪有那么容易!而我,是龙岩市司法局直属单位的一名有编制的律师了,老婆孩子还可以随迁到龙岩。这样一想,自我感觉就飘飘然了。

33

全家落户龙岩，展开双翼蹁跹

1997年暑假开始了，妻子已放假，在老家带孩子。我有次打电话跟她说，过一阵子就去接她们母子俩来龙岩，妻子高兴不已。我还是每天上班下班，一忙起来，就忘了回家接她们母子两个来龙岩的事。

半个多月后的某天，正在上班的我，听到同事叫："黄家焱，你的电话。"同事手拿电话听筒，朝我挥了几下。待我近前，他对着我挤挤眼，压低声音说："有老婆的人，真好，有人想着。"这位同事，二十八岁了，女朋友的事八字还没一撇。我对他说："你的择偶要求太高了，龙岩姑娘配不上你吗？那你得上北京市去找老婆喽。"

"哥哎，你就别取笑我了，我这个做律师的穷光蛋，还上北京找老婆？到北京给人做上门女婿，估计户口这一关还过不了呢！"

我们正说着，听筒那头传来妻子的声音："家焱，你在说什么呀？你之前不是说要回来接我和孩子到龙岩的吗？那你什么时候回来接我们呀？"我这才想起还有这回事。因为此次来龙岩的性质不一样了，这次要来长期居住，她们母子俩的行李就会多些,她一个人没办法多带。

"这个周末我回去吧。你先收拾好东西,我回去住一晚上,然后一起返回龙岩。"

离周末还有三天时间,我在心里想:三天后,千万不能把这事忘记了。

第二天上班,我又接到了一个电话,是黄甫辉局长打来的,让我去司法局见他。我走过一栋楼,"咚咚"地上几层楼梯,就到了局长办公室。

"局长,您找我有事?"大热的天,室外骄阳似火,室内闷热不堪。黄局长风扇也没开,浑身汗淋淋的,用一把蒲扇扇风。"局长,您怎么不开风扇呢?"

"出点汗不好吗?"黄局长让我坐下,"家焱啊,跟你讲个事,你现在住的凤凰阁公租房,原来是分给司法局一位干部的。因为他父亲在龙岩有一栋自己的房子,所以他跟他父母住在一起,就没有住在这公租房里,后来局里研究决定调剂给你暂住。现在,他提出要把这套房拿回去住,毕竟房子原是分给他住的。现在我们局里的干部林荣森已经集资建房搬走了,空出了军民路市政府七号楼三楼 308 房间,也有一房一厅一厨一卫,虽然是土木结构的旧房子,但地方还算宽敞。你搬到那里去住吧!"

"要搬家?"乍听,我忽然有点晕,那得费多少时间整理和搬运东西呢?那时候,还没有搬家公司。"头疼。"我抓了抓头。住在凤凰阁好好的,搬家了肯定不习惯了,"局长,能不能跟那位干部通融一下,你看,我在那儿住了一年,也有感情了。"

"我怎么跟他商量?这是你跟他之间的事,要商量只能你自己跟他商量去,我给你他家的电话号码。"黄局长起身去找电话号码了。

"好的,我问问……"过几天,妻子就要带孩子来了,住的地方得赶紧落实好。我回到单位,那天工作时竟然盼着早点下班!这是我从未有过的状态。

一下班,我赶紧打电话过去给那个干部:"喂,领导,您好。我是黄家焱,就是住您凤凰阁房子的人。"

"哦,黄律师啊,我要搬回凤凰阁住了,你尽早搬出去吧。"老干部开门见山,直奔主题。天老爷,这是我最不想听到的话。尽管这样,我还是想把自己的想法说出来,哪怕只有千分之一的希望。我说了,他不通融,那我就只好认了。

"领导,我有个想法,就是我跟您换房子好吗?我在这住了一年了,住出感情了呀。军民路那边的房子我出钱让人重新装修好,另外,要补多少钱给您,您说一个数字,我补给您,好吗?"我一心只求不要搬房子,他提什么要求,只要不太过分,我都可以答应他。

"黄律师,房子的事,就照我说的做啊,其他的事就不要多讲了。"

不可通融。要搬家啦!没错,我得尽早搬出去,过两天老婆孩子要来了。于是,下班后我便过去军民路那边打扫卫生。我的行李不多,让摩的师傅拉几趟就搞定了。我把东西一包一包扛上三楼,稍微整理了一下,就大功告成了。

周五下午,妻子打来电话:"家焱,明天我们南坑小学的刘辉光老师要上龙岩,他叫了货运车去龙兴市场进货,顺便把我们的行李运到龙岩,我和有榕也坐他的车,你不用回来了,省得来回奔波,也能省点车费。"

我告诉妻子:"你带着有榕,坐车要小心。问问司机大概几点到龙岩?我们的房子不是在凤凰阁了,而是军民路,你没到过,走不对路。你到了龙岩,给我打个电话,我过去接你们。"

周六上午12点左右,刘辉光老师把我妻儿送到我新家——一个土木结构的一室一厅。儿子已经会走路了,他急急地从妻子怀抱里下来,我伸出双手欲抱住他,他好像不认识我了一般,甩开我的手,在走廊上撒腿飞奔。妻子笑着对我说:"有榕这孩子会走路后,就爱奔跑。平时不喜欢人抱着。我上课了,他就跟其他不上课的老师玩,学校操场那么大,他一跑起来,绕来绕去,老师还追不上他呢。"

1997年7月,我们一家三口终于团聚了。我的妻儿属于投靠,户口也随迁入了龙岩市新罗区东城松涛居委会。如此，我们一家三口就成为龙岩市的市民了。

1998年7月，律师事务所的陈增源主任调到广东省珠海蛇口做律师去了，赖卫东副主任升为主任，副主任一职便空缺了。我觉得自己可以胜任副主任一职，便到黄局长那儿自荐："黄局长，我们所里现在没有副主任，我想我可以当副主任。"

黄局长一听，觉得我太过自信了，他问："你凭什么说你可以当副主任？"

我说："我在乡政府上班的时候，当过计生主任、党政办秘书、司法主任、经委主任，现在，我怎么就不能当律师事务所副主任呢？"

黄局长一听，恍然大悟道："噢，你不说我都没想起来，你之前是当过经委主任的。能够当经委主任，说明你是有领导基础的。这样吧，我们司法局党组成员研究下，按照组织程序办事，你还年轻，要谦虚一些，好好干，会前途无量的！"

1998年8月，司法局任命我为律师事务所副主任。我觉得自己肩上多了一副担子，以后就不单是做好自己分内的事那么简单了，还需要参与人员的培训、管理，工作的统筹、推进等。我很乐意这样忙碌着，一忙起来，我就感觉前方有一道光。

1998年9月，龙岩市政府决定将军民路的5号楼、7号楼拆迁，我家成了拆迁户，被安排到市政府5号楼的集资房，可以分到一套108平方米三房两厅两卫一厨的房子。试想，如果当初那位老干部答应了我的请求，与我换了房子，那么，他家拆迁住宽敞的大房子，我至今还住在凤凰阁的一室一厅。

这让我想起艾默生的一句话："每一种挫折或不利的突变，都是带着同样的或较大的有利的种子。"

有了稳定的工作，有了一套舒适的房子，妻儿在身边，母亲在老家有哥嫂照顾着，我完全没有了后顾之忧。我告诫自己：黄家焱，你要趁着年轻，去展翅翱翔啊！

34

谦让，是为了更大的进步

1995年5月28日，我在《闽西日报》设置了"律师信箱"等几个栏目，公布了我的姓名和单位地址，以及热线电话，义务为读者就法律问题解惑释疑，为广大群众进行普法宣传。20多年前，人们获取信息的渠道少，只能从电视、广播、报纸处知晓，看报纸的人相对今天来说是比较多的，这么一来，无形当中，报纸就为我做了一个最佳广告，为我打造了一张律师名片，让我赢得了一些知名度。

1999年年初，福建省律师协会进行优秀律师评选活动。我做了几年《闽西日报》的法律顾问，普法工作做得好，口碑也不错，不时有群众上门感谢。所里进行开会，投票决定参选者，司法局一位分管律师工作的领导说："黄家焱律师这几年来工作做得蛮不错的嘛！"兴许是在领导的"提示"下，不少律师也认为我普法工作做得很好，要推荐我去参选，都把票投给了我。评选结果出来，我在单位得的票数最多。正当大家都认为"优秀律师"人选非我莫属，向我庆贺之时；正当我为自己获得高票欣喜万分之时，黄局长打来电话，让我去他的办公室。我有点纳闷，一般情况下，都是我主动向他汇报和请示工作，这一次他找我，不知有什么事要交代？难道他也要向我表达祝贺吗？还是另有他事？我怀着忐忑的心情走进黄局长的办公室，他开门见山地说："家焱，我看了你们律师事务所的评选结果，你的票数最高。这不错嘛，说明你很得人心。"他眼里闪过一丝赞许的光。我暗自高兴："承蒙局长教导，我能走到今天，也有您的功劳。"

"可是，有个问题，不知你想过没有？"

"什么问题？"

"你以为你真的比所里那些当了十年二十年的律师优秀吗？依我看，没有！不但没有，还差了一大截。你只是在《闽西日报》露了脸，提高了知名度而已，但这些只是表面上的东西。按道理说，大家投票评选，你的票数是第一，应当是你最优秀，道理没错，但是，这个还不能代表你的实力，你说是吧？"

"可大家都选我、推荐我呀。不是由票数决定结果的吗？"

"那是因为大家不了解一个单位存在的根本意义，以及发展的要素。他们可能认为，你有点知名度，又能说会道，人缘也好，推选你，也不会错。但是，你想过所里的那些领导吗？他们在所里做了这么长时间，为事务所的长足发展费心尽力、鞍前马后、鞠躬尽瘁。你呢？你才来干那么几年，你受理的案子比人家多吗？你的业务比人家熟悉吗？"

"这些倒没有。"我实事求是地回答。这一切，黄局长也是了然于胸的。

"那么，你凭什么得这个荣誉呢？你还那么年轻，要谦虚一点，做事不要总想着出名，你还要历练，还要沉淀，才能更好地成长。你现在听我的，日后就会知道我是为了你好。你不听我的，我也没办法。但你以后也许会后悔。"

黄局长一番话，说得我思潮翻涌。我好不容易得到同事们的信赖，大家推荐了我，局长却要我放弃，把荣誉让给别人，我心有委屈，心有不甘，到

145

手的荣誉要没了！"凭什么要让呢？不让又会怎样呢？"——我思考着，我沉默了。

"我的话就说到这里，自己回去好好考虑。当然，决定权在你那儿，怎么决定是你的事。"

从黄局长那里回来，我一路都在沉思：我是参评呢？还是退出呢？参评，"优秀律师"非我莫属；退出，我就少了一个荣誉。说实话，人都有虚荣心，何况这份荣誉手到擒来。可是，黄局长的话也很有道理，自己入职才几年，确实技不如人。

这么想着，我的心结慢慢解开了。"你还那么年轻……要历练，还要沉淀……"黄局长说得不无道理。为了律师事务所今后能更好地发展，他顾全大局，让年轻的我戒骄戒躁，做到稳扎稳打，打好基础，才能稳步向前。我到司法局律师管理科把我的表格拿了回来，这样，我就等于退出了评选。

记得我当时的心情是很复杂的，我失去了一个很有高度的行业荣誉，不知道日后还能不能再次被同事肯定了，失落和怅惘盘踞着我的心。我曾灰心了一阵，过了一段时间后，才慢慢地从失落中走出来。

"从头再干吧！黄家焱，别垂头丧气的，你还那么年轻，机会多得是啊！"我给自己鼓劲。同时，我又想起了黄局长说过的那句话：

"成绩是干出来的，年轻人，干！就对了！"

不得不说，黄局长的话，说得很有高度，他总是从大局出发，高瞻远瞩。

我也做到了：面对荣誉，失而不怨。

多年后，我回想起来，如果当初我抱着省"优秀律师"不退让，学习过程不谦虚，处事态度又狂妄，执业技能不精进，一心沉湎于虚名，就不会有日后这么多的荣誉。

1999年下半年，随着信息化的发展，律师事务所名称全国不能重复，若是有重复的，保留先登记使用的单位名称，后登记的就需要改名。我所名称与外省一家律师事务所名称有重复，而我们登记在后，因此必须改名。主任赖卫东、我和另一位律师各写一个名称，共拟定三个所名报省司法厅核准。我就写了"金磊"二字，即"福建金磊律师事务所"。后来，在报请核准七八个月后，即 2000 年 8 月，我拟的"金磊"二字被省司法厅采用核准。这个名称一直沿用至今。

35

精神生活与衣食住行并驾齐驱

我觉得，人生有些委屈，是自己能力不够所造成的。人生在世，也是注定要受一些委屈的。面对委屈，我大都能等闲视之，不把委屈扩大，更不放在心里。

人生在世，衣食住行；凡夫俗子，莫不如此。"衣、食、行"我还能解决，唯这"住"不是那么轻巧之事。家，于短短几年中，搬了又搬。我早已厌倦了居无定所的日子，这次若能于拆迁后就安定下来，遂了不再挪窝的心愿，也是好的。因为，我们临时住的宿舍楼，每逢下雨天，斜风将雨吹送到没窗户遮挡的走廊里，走廊上也会"风雨交加"。人在厨房这头端着饭菜，到走廊那头的饭桌上，还要打一把雨伞，不然，雨滴就会抢先来品尝饭菜的味道。单单这也就罢了，主要还是我家孩子有榕，爱在走廊上奔跑。雨天地板湿滑，人走快一点都会打滑，何况他那样来来回回地放肆飞奔呢？不平坦的地方有积水，他会用脚用力地踩进去，雨水溅得满脸满身都是，他却还"咯咯"地笑着。往往越制止他，他就越爱玩水，这样玩着，不是没有摔倒磕破皮的时候，只是贪玩的孩子都健忘，忘了这儿膝盖刚磕出血，那儿手肘留有疤痕。

1999年年底，我们终于搬进了属于自己的房子。

那一夜，妻子搂着我，心情美美地说："家焱，我们以后就不用搬家了，是吗？"

我在她红扑扑的脸颊上伸手轻轻一点，纠正道："傻瓜，是不用被迫搬家了。你想不想啊，如果我们有能力了，就把这房子卖掉，买个别墅……"

"想得美呦！这刚住上自己的房子，就异想天开了。"

"也不是没这个可能。"我是一个爱幻想的人，我常常把美好的幻想当作动力，并朝之努力。

"我也没想过要住多好的房子呢，能这样住着，我也很满足了。"

工作很充实，精神也饱满，又有了房子，我们的小日子过得更为惬意了。

1998年1月，我从报纸上获悉，中国民主建国会（以下简称"民建"）会员以经济界人士为主，也有律师入会。我想自己做律师，必然会跟经济界人士打交道，民主党派是一个好平台。同时，我作为一名律师，平时办案也是要秉持"民主"二字的。既然这个党派还要会员，那我也可以申请加入呀。

心动不如行动。在行动之前，我还是要去找黄甫辉局长商议，想听听他的意见。谁知，我一说要加入民建，黄局长感到很诧异，他大为不解地问："你怎么会想要加入民建，而不加入中国共产党呢？你要加入中国共产党才对呀。"黄局长是个有几十年党龄的领导干部，爱党、爱国。

我知道，中国除了共产党外，还有另外八个民主党派，分别是：中国致公党、中国国民党革命委员会、中国民主同盟、中国民主建国会、中国民主促进会、中国农工民主党、九三学社、台湾民主自治同盟。这八个民主党派，都以中国共产党的领导为核心，聚集在中国共产党的周围。

我当时心意已决。虽然我对党派还不甚了解，但我觉得，民建和共产党一样，政治纲领都是为人民群众服务，我选择加入民建也无妨。当时，龙岩市还没有成立民建机构，我就写信给民建福建省，申请加入。后来，民建福建省委员会回信给我，让我跟龙岩市的一位民主党派人士联系。

1998年8月，我被批准正式成为中国民主建国会会员，成为民主人士。那时整个龙岩地区也只有七八名中国民主建国会会员，连小组都没有成立，个别还是中华人民共和国成立前加入的，自然我就成了民建龙岩市委员会的创始成员之一。

不久，黄局长知道我加入了民建，也没再说什么。他应该也知道各民主党派都是接受和拥护中国共产党的领导的，这是正确的选择，也是历史发展的必然结果。

人需要有精神信仰，只要这个信仰是积极健康、向善向上的。

36
律师事务所脱钩改制

社会的发展总是前进的，发展带来的一些改变总是会让人猝不及防。改变，是顺应时代发展的客观需要，社会上有些行业消失了，有些行业却兴起了。不仅行业有变，城市布局也在发生改变。社会和市场都需要有新的血液，因此，变是必然的，变，则通。

2000年7月，国务院下发了一份《关于经济鉴证类社会中介机构与政府部门实行脱钩改制的意见》的文件。

2000年的8月14日，司法部下发了《关于法律事务所社会法律咨询服务机构脱钩改制实施方案》的通知。

第三条改制后的组织形式写着：律师事务所脱钩后，应改制为合伙律师事务所或合作律师事务所。律师事务所可以整所转为合伙或合作律师事务所，也可以在自愿组合的基础上组建数个合伙或合作律师事务所。改制后的律师事务所，必须符合《律师法》及我部有关设立律师事务所的规定。也就是说，脱钩改制后的律师事务所、律师之间可以自行合作或合伙发展了。

脱钩改制的文件一出，从国务院到司法部，再到省里，一级一级传达下来，落实就是迫在眉睫的事了。这么一来，我这个律师，又从体制内变回体制外了。这个心情落差，犹如一条正在往上生长着的藤蔓，忽地被人扯了下来。本以为，房子有了，工作又是安稳的"铁饭碗"，这一辈子就能丰衣足食、安居乐业了。哪知道，"居"刚安，"业"又"不乐"了。

司法局管辖下的律师事务所的律师，是有机会调离律师岗位，到市公检法及其他部门内任职的，这对于那时偏重于官本位思想的我来说，本想着日后要是能去公检法谋个一官半职（龙岩有两位编制内的律师出任法院院长）就好了，这一改制，把我想要当官的梦想"改"没了，我的仕途梦就此破灭了！这于我来说，真是一个不小的打击。

不久，龙岩市里的文件出台了，我们所里也紧锣密鼓地开始实施改制方案。根据《龙岩市司法局直属律师事务所脱钩改制与人员安置的实施意见》，我获得住房补贴资金1000元，合并其他补助资金共8000元。在司法局"先保证人员安置经费，后考虑资产处置"的情况下，所里的固定资产折旧费算出来了，是13300元。也就是说，我们律师事务所里要留下一些物资，就必须向司法局上交13300元。这是留下来的合伙人律师一共要上交司法局的钱。

2000年9月，所里的主任离开了事务所，去深圳发展了。也是在这一月份，律师事务所改制完成，所里曾经的20多位律师，有的走了，有的改行了，最后，只剩下包括我在内的3位律师。主任离开，所里一时"群龙无首"。我召集另外两位律师，以13300元买断律师事务所，其他合伙人推举我为福建金磊律师事务所的主任，我们留在原来的办公地点（龙岩市解放南路律师楼）办公，每年租金一万元。在那里租了一年后，我决定在中山路买两套住宅作为律师事务所的办公地点。

时代的变化，于年轻的我来说，开始是有些不太适应，但我很快就把准了方向。事务所接着招聘了几位律师，我作为合伙创始人，带着所里的成员，齐心协力，为龙岩的法治建设贡献我们的一份力量。

　　2001年年初，我们搬进了龙岩市最繁华的地段中山路2期401室、402室办公，律师事务所业务逐渐多了起来，为了方便出门办事，我买了一辆夏利轿车，经常让同事免费乘坐。交通便捷了，出行顺畅了，办事效率也提高了。

37

首次刑事法律援助

对于赖某华这个"杀女之父"来说，他能保下命还要多亏媒体报道，因为媒体报道使他成了我的当事人。

2001年10月，《闽西日报》报道：2001年9月30日下午，福建省长汀县濯田镇发生一起命案。村民蔡某秀在汀江河边挑沙，忽然，发现河水中凸起一物，她心下好奇，便挽起裤脚，朝着那堆物体去看个究竟，这一看，吓得她大惊失色！原来，那是一具女童的尸体，尸体上还压着几块石头。她惊恐万分，拔脚就趟回沙滩，边走边大声喊："杀人啦！有人杀人啦！"她快速往回奔走，双脚踏出一波波水花，把全身都溅湿了……时隔不久，当地公安很快查明，杀人者，是死者的父亲赖某华！此案引起了社会的极大关注，影响很大。

赖某华没钱自己聘请律师，亲朋好友又认为其手段残忍，必死无疑，请律师也没用，就不想为他请律师了。得知此案须由龙岩市法律援助中心指派一位律师为犯罪嫌疑人作辩护时，我主动请求龙岩市法律援助中心主任卢连春把这个案件指派给我们，卢连春主任很支持我，立即把这个案子指派到我们的律师事务所，我和林天文律师一起担任赖某华的辩护人。

案件还原。1990年某月，赖某华（犯罪嫌疑人）夫妻在路边拾得一女婴，带回家抚养，取名"黄检秀"（化名）。此女长到5岁仍不会走路，属发育不全的残疾人。赖某华与妻子省吃俭用，继续抚养该女，视如己出，未因家贫而弃之。

2001年9月29日，被告人赖某华得知养女黄检秀偷吃家中的月饼（买来中秋节拜月的唯一一个月饼）后，一生气，就用手捏了一下养女的嘴，还责骂了几句："跟你讲过，月饼要过两天晚上拜了月才能吃，你答应得好好的，现在又偷吃，被你啃过了，有缺口了，还怎么拜月？这，这真晦气啊！"养女挨了骂，随即赌气离开了家。赖某华夫妻连忙出门寻找，当天，他们没找到养女。次日凌晨两点，赖某华出门骑三轮车拉客并继续寻找养女。在那个清寂的秋夜里，他觉得人生实苦，半夜三更，人们都在甜甜酣睡中，他却要从舒适的被窝中起来，踩着人力三轮车到车站载客，有时守一晚上也抢不到一个客人……

赖某华在去车站的路边看到养女后，骂了句："冤家啊，你让我跟你妈找得好苦！"养女不想跟他上车回家，他就打了养女一个嘴巴子，一开打，又越发头昏脑热，心想，自己没日没夜地也赚不到几个钱，还要养这不听话的女儿……这么想着，他竟一时恶向胆边生，把养女拉至汀江河边捂死了，然后，把尸体扔到茫茫的江水中。

"这件伤害案，被告人不是恶人。虽生活艰难，但夫妻含辛茹苦、不离不弃抚养被害人11年。捂杀养女时应属激情犯罪。"我由心感叹底层生活的不易，但坚持认为赖某华不该被枪毙。林律师毕竟比较年轻，经历较少，他对我说："黄主任，故意杀人，终归是要偿命的。"

"林律师，这样，我们以从轻量刑为辩点，着重从被告的生活和抚养该女的不易方面去辩护吧。"

"好的。"

一般情况下，故意杀人案件，公安机关若完全掌握了嫌疑人杀人的证据，嫌疑人会被判处死刑。而激情杀人，则是情绪失控而将他人杀害。如果犯罪嫌疑人有自首情节，或归案后认罪态度好，法院是可以从轻量刑的。

2002年2月25日，龙岩市中级人民法院一审判决赖某华死刑。显然，我们的辩护意见没有被采纳。

我认为赖某华不该死，所以继续帮他上诉，为他提供法律援助。按照法律援助的规定，赖某华的案件上诉到福建省高级人民法院后，应该由福建省法律援助中心或福州市法律援助中心指派律师为赖某华提供援助了，不会再派我们龙岩市的律师去做。

我心想，就是自带干粮也要做！我不在乎有多少法律援助补贴，律师的职业就是要以办案为主。为此，我们继续为赖某华做"救命"辩护。我们认为法院应该给他一个重获新生的机会。被告人赖某华不是生性就恶的人，他农民出身，家庭贫困，为了全家人的生活不得不起早贪黑踩着人力三轮车，走马路、穿小巷，挣取一点可怜的生活费，每日挣取的钱却只能够勉强维持家人的生活，在这样的情况下，他仍坚持抚养没有血缘关系的养女11年，难道这不足以说明赖某华是一个富有同情心和爱心的人吗？他杀死黄检秀是事实，但他为什么没有在发现黄检秀是残疾人时就杀死她呢？一个做父亲的真的就这么忍心杀死自己的女儿吗？被告人赖某华生活窘迫，买一个月饼也可能让他的生活捉襟见肘……因此，他才做出令自己永远后悔的事。另外，本案的发生除了被告人自身原因外，也存在一些社会因素。赖某华是一个只有小学文化，严重缺乏法律知识的农民。本案虽然引起社会的广泛关注，但他并不是一个"不杀不足以平民愤"的恶魔。赖某华既可怜又可悲，在某种意义上，是值得社会同情的。我想，在惩罚他的同时，应当给他一个重新做人的机会，因此，建议对其适用死刑，缓期两年执行，给他一段考察期。

我觉得我们的辩护意见说到点子上了，把重点讲明白了，让法官注意到，有些不可忽视的客观因素在推着赖某华痛下杀手。

果然,开庭大约一个月之后,在办公室里,林律师欣喜地告诉我:"黄主任,赖某华案判决了,法院采纳了我们的辩护意见,他被判死刑缓期两年执行。"

"林律师,好!这是我们改制为合伙人律师事务所以来的首胜案件!"

我们的坚持和努力终于使赖某华幸免一死。

在生死之间,在不违背法律准绳的情况下,法官酌情判决,让被告人获得一次改过自新的机会。

2002年8月27日,《闽西日报》以《法律援助,为他赢得了生命》为题,报道了我和林律师为赖某华提供法律援助的事。这个案例又一次告诉了我法律援助的重要性,对于低收入群体的被告人来说,有了法律援助,被告人才能享有法制的公平,享有作为一名中国公民本应享有的权利。

38

20年政协委员，参政议政为民代言

我是1998年8月加入中国民主建国会的。我加入民建时，龙岩市只有七八名会员，我们当时的组织叫"民建省直工委龙岩小组"。1999年11月，我才加入民建一年多就被民建省直工委授予"两个文明建设积极分子"称号。后来，民建成立龙岩市委会，我连续担任了民建龙岩市委一届、二届的副主任委员，民建福建省委八届、九届的省委委员。我的八届、九届民建福建省委委员都是在自荐、参加竞争后成功当选的，不是组织分配的。因为我是社会律师，不是国有企业员工，不是体制内的人员，所以，我们的主要联系部门是统一战线工作部。

我的工作理念是：只要你努力工作，就会遇到好上司，荣光青睐的是工作勤奋的人。

2001年12月底的一天上午，我忽然接到时任龙岩市委统战部办公室刘主任的电话，他说："龙岩市第二届政协委员换届在即，推荐你担任政协委员，理由是，你具备一定的参政议政能力，你从法律咨询、法律宣传、法律援助上为民服务,所以,统战部部长下午会约你谈话……"

居然还有这等好事!我高兴得愣住了。本来有午休习惯的我,那天中午竟然没有睡意。下午,我忐忑不安地接受统战部部长的问话,后面我问部长:"依我的条件,够格吗?"

"政协委员应当具备的三个基本条件你都具备了,够格!"我又问:"哪三个条件呢?"

"一是责任感。要能担起当政协委员的责任。二是要有感情。即对政协的事业、对群众要有感情,要关注民生、民情。三是要有广博的知识。有一定的知识面,能以广泛的知识支撑起政协委员的名头。"领导说完,似乎觉得哪里不对劲,侧过头问我:"家焱同志,你是不是明知故问的啊?这些条件难道你都不知道?你天天接触社会各界人士,你会不知?"我粲然一笑,说:"领导,我这不是想要核实一下吗?"

"你小子,平日里在法庭上严肃惯了,这会儿要来轻松一下?"

"承蒙部长厚爱,我一定不辱使命,尽应尽的责任。"

"我们就是看中你这一点,知道你做事靠得住,还敢于直言,不然你看,有那么多优秀的人排着队想要加入,怎么就会推选你呢?当然,最终是否当选,还要经市委常委会会议研究,按照政协章程办理。"

2002年2月,经过组织考核,我光荣地当选龙岩市第二届政协委员;2007年当选龙岩市第三届政协委员、常委;2012年又当选龙岩市第四届政协委员、常委;2017年再次当选龙岩市第五届政协委员。这一做就是20年,我成了龙岩市为数不多的连任四届的资深政协委员。这20年里,写了多少提案和社情民意我已经不记得了!但是我记得,我几乎每个年度都被评为民建福建省委员会"全省民建社情民意信息工作先进工作者";我是第三、第四届"政协龙岩市优秀委员";第五届"全市政协系统社情民意信息工作先进个人"。被民建福建省委员会连续(五年一次)两次(分别为2005年12月和2010年12月)授予"民建福建省优秀会员"。2015年12月,被中国民主建国会中央委员会授予"民建全国优秀会员"称号。

　　我担任政协委员20年,没有私自找过任何人,也没有利用过任何关系。能连续当选,我认为除了因为我人缘好,还在于我敢讲真话,积极参政议政,为民生问题建言献策。

　　担任政协委员给予了我更大的平台,我的八届、九届民建福建省委委员都是经我自荐、参加遴选而当选的,这似乎印证了一句老话"打铁还需自身硬""没有金刚钻,别揽瓷器活",我想说,自身不硬,没有"金刚钻",就揽不到活儿,荣誉也就不会来敲门。

我在龙岩市二届四次政治协商会议上发言

39

坚持就有希望，首案改缓刑

我在《闽西日报》一直免费为读者提供法律咨询服务，可以说是《闽西日报》成就了我，让我在龙岩有了点名气。

那是 2002 年 11 月下旬的一天上午，开完每月例会后，我和往常一样在整理笔录。助手小刘进来办公室对我说："主任，外面来了一位中年妇女，说要找您办案子。现在可否安排她进来见您？"

"可以。"我放下了卷宗，走到茶桌边，准备沏茶。

进来的是一位年龄五十岁上下的中年妇女，她身材高大，一看就能干活、善劳作。她面容稍显憔悴，见了我，露齿一笑，又马上神情凝重起来。

"你就是黄家焱律师吗？我是罗华英（化名）。我在《闽西日报》上看到你的姓名，所以慕名而来请你为我家男人作二审的辩护。"我回答道："是的，我就是黄家焱律师。谢谢你的信赖。"

"我想着你能当《闽西日报》的法律顾问，一定是很有能耐的。"似乎她此来的目的就快要达成了，她的脸上充满了喜悦。

"谢谢你抬举。你先喝些茶，再讲你来找我的原因吧。"

"好的，好的。"

她端起茶杯，仰起脖子，一饮而尽，开始说了起来。

"今天要说的事，其实我也没在场，都是听我家男人和市场里一些人说的。我家男人叫黄灿和（化名），是市场服务中心的工作人员，每天上午要去收市场管理费。今年7月7日那天，他本来在另一条街收费的，完了就回来市场办公室，这边的街有卖鱼和卖田螺的。他还未进办公室，看到两位女同事在跟一个老头争执，那个老头呢，不讲理，还讲粗话，骂他的两位女同事，他听不下去了，就过去问个究竟，谁知道，这一过去，就搞出麻烦来了，唉！老天爷，他的运气怎么这么背呢？"她说到这，好像有点生气了，一只手指情不自禁地在桌子上一点，仿佛把桌子当成出气筒，点完她也就气顺了。

我给她添了茶，让她慢慢说。茶杯冒着一团团热气。时值初冬，办公室里没有室外的萧萧冷风，温暖如春。

"那老头固执，一元钱管理费也不肯交。老黄的意思是让他到办公室坐下来谈，不要在市场人多的地方吵，影响不好。老黄本来只是想告诉老头，管理费是合法收取的，两位女同事也是文明执法，不能骂她们，谁知两人就推搡了起来，老头后来就死了。"

说完，她拿出了判决书递给我，说："你看，这是一审判决书。我们一审请了律师，现在二审，老黄说，不请他们了。我想来想去，请谁好呢？后来，在报纸上看到你了。黄律师，你千万帮我们做主啊！判决书上说，老黄朝那老头胸口打了一拳，导致老头死亡，老黄犯故意伤害罪，要判处四年有期徒刑。这结果我们不同意，老黄不是那样会故意犯错的人！他一向都对人很温和友善的，就像他的名一样。我现在来请你为我家老黄当辩护律师，请你为他做主，我右手受伤了，不能干活，他如果真的坐牢了，两个孩子，一个读高中，一个读初中，这可怎么办呢？"她说着说着，就悲从中来，鼻子红了，眼眶也湿了。

"你的手又是怎么回事？"

"我在啤酒厂当包装工，啤酒爆炸炸伤的。还在休养期，无法干活。"

这不就是"屋漏偏逢连夜雨"吗？真应了那句"福无双至，祸不单行"，倒霉事接连造访她家。

"这样，我大概知道事情的原委了。你先回去，到时我抽个时间去见你爱人。"她提供的信息已有了，剩下的，就是我要亲自出门去走访调查了。我暗自思忖：这个案子不复杂。

经过调查我了解到，受害人陈金发在争吵过程中情绪激动，诱发急性心功能障碍而死亡。这类事件，大多数受害人之死是被告人的伤害行为（主要作用）和被害人的情绪激动（次要作用）共同作用的结果，被告人不应对受害人的死亡负全部刑事责任。

被告人黄灿和在事发后及时把受害人送往医院抢救且主动投案自首，依法应当减轻处罚。归案后，被告人及其所在单位主动承担了全部的民事赔偿责任，且被告人一贯工作表现良好，现其家庭经济情况十分困难，庭审中，认罪态度较好，有悔罪表现。

2002年11月初，法院判决被告人黄灿和犯故意伤害罪，判处有期徒刑四年。

黄灿和觉得自己不构成故意伤害罪，不应被判四年有期徒刑。他不服判决，提出上诉。

12月5日，我和蓝律师到连城县看守所见黄灿和。他身材高大魁梧，看起来是个温和善良的人，不像是蛮不讲理，会故意找碴或打架斗殴的人。

在会见中我得知，他年轻时当过兵，是个退伍军人，退役后被安排在县工商局工作。

我问："你对一审判决的事实有没有异议？"

他回答："有异议，因为我没有打他，我的手有伸出来，但是没有打过去，之所以在公安局被询问时承认有打他，是因为觉得承认了就符合自首的情节了。当时确实就是这么想、这么做的。"

"地板上有无柱子什么的？"

"没有。地板是平的，但有人放石头或砖头，用来支撑摊位。"

我之所以问地板的事，是因为我想知道，陈金发老人摔倒时，有没有磕碰到哪儿。

按照他的回答，他与陈金发在推推搡搡中，一时有肢体动作也难免，但"推"和"打"，性质完全不一样。

后来，我又抽空到市中级人民法院刑事审判庭查阅黄灿和的卷宗，并写下了两页笔录。这一查，我找出了几个关键的疑点，成为黄灿和二审改判非常重要的证据。

12月30日，我为黄灿和准备好了4页的辩护词。

我从证人证言方面去质证，从一审定罪和量刑方面去质疑和提出建议。我认为一审判决认定上诉人黄灿和犯故意伤害罪，缺乏事实和法律根据；即使黄灿和的行为构成犯罪，也建议对其适用缓刑。

黄灿和是莲花市场服务中心的管理人员，维持市场经营的正常秩序和收取市场费是其应尽的职责；黄灿和与陈金发素来无冤无仇，作为有着20多年党龄的优秀共产党员，黄灿和主观上不会因小摊主陈金发的摊位费而故意伤害陈金发。从法医鉴定书中看到，死者身体上没有留下被殴打的痕迹，这就表明上诉人没有用拳头打到陈金发的胸部，或者出手的力量轻微。对于一个普通人来说，这样的推搡几乎不会造成伤害，更不要说伤害致死，这就证明上诉人不存在故意伤害他人的行为。客观上，上诉人黄灿和没有实施加害行为，陈金发的死亡是双方推搡后发生的意外。

2002年12月30日，龙岩市中级人民法院改判黄灿和有期徒刑三年，缓刑四年。

黄灿和不必坐牢了，还恢复了市场管理员的工作。

一场公正的审判，可以让人得到光明；反之，则会让人坠入黑暗的深渊。

二审改判，挽救了黄灿和，也挽救了他的家庭，让他的两个儿女能继续学业，因工受伤的妻子也有了依靠。

事后，黄灿和与他爱人来律所感谢我，他爱人一直说："黄律师，我没有看错你，你真的是一位很厉害的律师。"

我笑了笑，说："律师，是为法律而生的职业人，是为法治而辩的。老黄，你今后工作时，遇到阻力，方法也要再文明些啊！"

黄灿和点了点头。

40
为刘某太作无罪辩护，获通令嘉奖第一人

2003年9月28日，福建省律师协会因我在刘某太刑事辩护个案中表现出色，经研究决定，给予我通令嘉奖。我成为获福建省律师协会被通令嘉奖第一人。《福建律师》2003年第5期在封面和封二图文并茂地刊登了福建省律师协会以闽律字〔2003〕16号文件向各市律师协会、省直分会发出对我进行通令嘉奖的决定书：

"为弘扬律师的敬业精神，依据《中华全国律师协会会员表彰奖励办法》第四、第六、第八条的规定，经省律师协会常务理事会研究决定：

一、对黄家焱律师予以通令嘉奖；

二、给黄家焱律师颁发证书，并发放奖金500元。

本刊在今年第4期刊登了黄家焱律师撰写的为该案辩护的全过程。省律协对黄家焱律师进行通令嘉奖意在希望黄家焱律师再接再厉，在今后的执业过程中取得更大的成绩。同时，号召全省律师向黄家焱律师学习，自觉遵守律师职业道德和执业纪律，规范执业行为，注重诚信建设，为维护司法公正

和当事人的合法权益作出不懈的努力。"

《人权》杂志于2003年第6期刊登了我撰写的《让无辜者免受法律惩罚——一位律师为武平特大系列投毒案辩护纪实》；接着我应约为《中国律师》撰写了《我为刘某太辩护》一文，用来说明案情经过及我获得"通令嘉奖"的原因，发表在《中国律师》2004年第3期"热点与人物"栏目。

2003年5月15日，本来阴了近半个月的天竟然在上午8时许放晴了，阳光冲破了乌云的遮挡，洒满大地。那日，各大媒体记者聚焦武平。福建省高级人民法院在武平县人民法院刑事审判庭庄严宣判：刘某太无罪释放。之后，新华社发布《证据之间无法形成完整证据链，福建一"死刑犯"当庭释放》的通稿，全国多家日报、晨报、晚报、时报、法制报和人民网、新华网等媒体都进行了转发，刘某太案成为2003年中国法治进程的标志性事件，成为第一个载入国际杂志《人权》的中国刑事无罪案例，编入北京大学2004年国家司法考试教科书。我作为刘某太的辩护律师，付出了无数汗水，使刘某太实现了从死刑犯到死缓再到无罪释放的跨越，前后共四年。此案后，我也成为国内媒体关注的焦点人物，因打赢了这场官司而"一夜成名"。

"怪病"吞噬了12名儿童

1999年10月25日上午10时许，内勤带着一位古稀老人和两名中年人匆匆走进我的办公室。古稀老人叫刘集某，从武平县桃溪镇党委组织委员岗位上退休。两名中年人，一名叫刘金某，系武平县湘店乡湘湖村党支部书记；另一名叫兰福某，系武平县计生服务所医生，是刘某太学医的师傅。刘集某拿着一大沓报纸，有1999年10月9日《闽西日报》第四版，刊登着《揭开"怪病"之谜——武平县湘湖村系列投毒杀人案侦破记》；1999年10月13日《闽西广播电视报》第二版，"法制文萃"栏目刊登着《揭开"瘟疫之谜"》；1999年10月18日《福建法治报》第八版刊登着《看过去面善、却原来心毒》

等。这些文章把刘某太称为"恶医""毒蛇""邪蝎""魔鬼""瘟神"。他对我说:"黄律师,我们(指湘湖村群众)认为这些报纸上刊登的事与事实有出入,我们再愚昧也不可能让刘某太接二连三地毒死小孩……"老人向我诉说了该村的厄运:1997年农历九月十五日下午5时许,他的外甥女——湘店乡七里村5岁女孩钟某芳到其家做客,在刘家刚刚杀完鸭子时,钟某芳突然出现四肢抽搐、牙关紧闭、口吐白沫等症状,30分钟后便死亡。该村在不到两年时间里,共有12名儿童出现类似"怪病"。频频发生的"怪病",给这个美丽的小山村带来了极度的恐慌情绪。为免染上"怪病",有的村民只好把孩子送到外地亲戚家寄养。村民们发出了撕心裂肺的呼救:救救我们吧!

开始我也认为刘某太该死

1998年农历十月,中年汉子刘某文眼睁睁地看着4岁的女儿刘某秀痛苦地死在自己怀里。第二年3月,沉浸在失女之痛中的妻子又不幸小产,最终,他妻子趁人不备,服药自杀了。在不到半年的时间里,刘某文接连失去了两位亲人。

1999年7月16日,厄运降临到刚满5周岁的刘某身上,正在家中玩耍的他突然间倒在了地上。看着刘某牙关紧咬、两眼发白,痛苦地在地上抽搐,刘家人赶忙将他送到医院,经全力抢救,孩子虽保住了性命,却落下了严重脑瘫的后遗症。

据统计,自1997年农历九月以后的两年时间里,福建省武平县湘店乡湘湖村共有12名儿童像刘某秀、刘某一样突然生了怪病,发病时四肢痉挛、口吐白沫、两眼发白,最终造成4死1瘫7伤的严重后果。

为了彻底查明"怪病"产生的原因,1999年7月20日,武平县防疫站对"怪病"进行了调查,排除了水源污染和流行病因素。同年7月24日,武平县公安局成立专案组,龙岩市公安局派技侦人员前往一线助阵,对"怪病"进行立案侦查,对4名死亡儿童开棺尸检,确定真正死因是中毒,尸检结果显示，死亡儿童体内检测出"毒鼠强"药物。原来，系列怪病其实是一宗特大恶性系列投毒杀人案。

"狐狸再狡猾，终斗不过好猎手"。公安机关最终将目光锁定在了这个村里出道较迟、医学水平一般且收费较贵的村医刘某太身上，在"铁"的事实面前，他27次"如实"供述了自己为了赚取医疗费的小利和提高自己的"医术"，而丧心病狂地用自己配制的毒鼠药液残害无辜儿童的罪恶经过。

此案侦破后，经媒体报道，影响至全国。像这种特大系列投毒杀人案，只要是刘某太所为，就没什么可辩的了，何况，他还作了27次有罪供述！如此"恶医"，必死无疑！

但刘集某老人恳切的请求打动了我，加上"初生牛犊不怕虎"，我接受了委托。我告诉对方说："案子我接了，但这个案件特别重大，我还要向市司法局汇报。而你们则一定要实事求是，千万不能向律师说假话。"按规定办妥委托手续后，我以书面形式向龙岩市司法局递交了《重大案件汇报书》，随即开始了我的工作。

案件疑点重重，刘某太或许无罪

1999年10月26日，我和长汀金沙律师事务所张律师提前介入，为刘某太在侦查阶段提供法律帮助，在侦查人员在场的情况下，刘某太什么都不说，不说自己有罪也不说自己无罪，他说的最多的话就是："请律师给我调查，请律师给我调查……"30分钟后，我们终止了会见。

刘某太是见过了，但在侦查阶段我还看不到有关证据，因此仍摆脱不了相关报道的影响。我见过刘某太在电视里"供认不讳"，这使我没有理由不相信他是个"投毒杀人的恶医"。

1999年11月，我带着两名助手驱车来到了湘店乡。令我意想不到的是，三天里接触到的群众都对我说："刘某太是好人啊！"在村支书刘金某家里，他向我递交了《联名证明书》，证明书有 150 多个村民签名、按手印，以证明刘某太是冤枉的，小孩中毒死亡与刘某太无关，大家认为刘某太不是这种人，他与任何人都既无冤也无仇，绝不会做这种伤天害理的恶事。让我惊讶的是大多受害者家属都参与证明小孩中毒与刘某太无关，特别是死亡儿童钟某芳的外公刘集某，他还为刘某太请律师为其鸣冤，钟某芳的舅舅刘建某也证明刘某太是无辜的。而受害儿童刘某灵的父亲则对我说："刘某太和我是一起长大的，我了解他，他性格内向，作为乡村医生，他不管刮风下雨还是三更半夜，都有求必应。村里人若遇到手头紧的时候，到他店里赊些肥料、农药什么的，他都满口答应。再说我和刘某太是好朋友，他怎么会向我的孩子下毒呢？我真的不相信。"

在看似确凿的证据里，我发现了不少疑点，这些疑点彻底改变了我对本案的看法。

"刘某太开始供述自己购买的毒鼠强是水剂，后来又说自己购买的是粉剂，配制成水剂，但是毒鼠强粉剂是不溶于水的。另外还有一点特别值得注意，刘某太在看守所中曾捎话，让本村一村民刘福珍承认刘某太投毒用的毒鼠强是在他那里购买的，结果该村民坚决不承认。特别是一个相关细节让我彻底否认了其中几起案件事实的指控。"这是我经过走访和阅卷得出的结论。

1999 年 11 月 23 日，我向武平县人民检察院递交了律师函和委托书，领取了 1999 年 11 月 8 日武平县公安局向武平县人民检察院递交的《起诉意见书》。《起诉意见书》认为，自 1997 年 7 月至 1999 年 8 月，刘某太分别向 10 人投毒，造成 4 人死亡、1 人残疾、5 人受伤。

我和助手会见了刘某太。刘某太请求律师查清：一是桃溪卖毒鼠强的人的口供，是不是刘某太指认了他以后，他才说卖了毒鼠强给刘某太的；二是毒鼠强粉剂放到水里会不会分解失效；三是刘某太为何自己与刘福珍串供，让刘福珍证明刘某太的毒鼠强是从他那里买的；四是刘某发生"怪病"之前是否吃过西瓜。刘某太还交给我一叠他写的日记，他还一再恳求我们一定要救他。

为"恶医"作无罪辩护

2000年6月6日至7日,我到龙岩市中级人民法院刑事审判庭翻阅并复印了七卷有关证据材料。为了了解相关情况,我带着助手在一审前曾6次会见刘某太,10多次到案发地走访群众,还到临近乡镇桃溪乡和湘店乡三和村调查受害人死亡情况,收集了50多份有关材料。经过分析论证,我终于拨开了层层迷雾——刘某太是无辜的。仔细研究后,我提出了刘某太没有投毒的三个理由:第一,刘某太收取的中毒儿童的治疗费多则七八块,少则一两块。刘某太当时家庭条件不错,他不会为了这几块钱去投毒。第二,刘某太和被害儿童都住在一个村子,平时与被害儿童及其父母关系不错,他没有投毒目的。第三,刘某太是党员,又是令人尊敬的村医,他没有作案的动机。就这样,我一连去了十多次湘湖村,走访了大量证人,并获取不少可证实刘某太无罪的证据。

2000年8月2日,龙岩市中级人民法院在武平县人民法院刑事审判庭公开开庭审理此案。开庭之前,有位同仁笑着对我说:"刘某太死定了,这有什么可辩的。"那天,旁听席上座无虚席,甚至连走廊都挤满了群众。我申请让两名证人出庭作证,并提供了9组证据。庭审进行了两天,针对公诉人对刘某太的指控及所列举的证据,刘某太辩解称他没有投毒。我则利用出庭证人证言和我提供的无罪证据进行辩驳,并发表了案件事实不清、证明不足、指控的犯罪不能成立的辩护意见:一是刘某太"承认"的犯罪事实既无法自圆其说,也与主要证据相矛盾。二是鉴定结论是推理出来的,以此证明刘某太投毒没有根据。三是指控刘某太投毒10起,没有一起有充分的证据证明其有投毒的客观行为,间接证据又不能相互佐证,形成不了证据链。

第二轮辩论时,对刘某太的有罪供述,我提出了20多处矛盾点和疑点,说明刘某太的供述无法自圆其说。

一审判决刘某太死刑

第一次庭审的效果非常好,刘某太及其亲属和旁听听众对我的辩护很满意。我认为,从证据的角度上来说,指控刘某太犯投毒罪显然是不充分的,这十余起投毒案的证据存在缺陷。

2000年9月13日,龙岩市中级人民法院作出一审判决:刘某太犯投毒罪,判处死刑,剥夺政治权利终身,并赔偿附带民事诉讼原告人刘某文16500元。

一审的判决结果给了我当头一棒。龙岩市中级人民法院经审理认定起诉书中的6起投毒案是刘某太干的,另4起则证据不足,从而判处刘某太死刑,剥夺政治权利终身。对此,我认为一审所采纳的证据都是间接证据,这不能令人信服。

一审判决宣判后,刘某太即被戴上手铐和脚镣,其亲属悲泣起来,情绪激动:"不公啊!冤枉啊!"让我奇怪的是,刘某太并没有高声叫屈,他面如死灰,却平静地对审判长说:"我要上诉!叫黄律师仍当我的律师。"

我迈着沉重的步子走出法庭。刘某太被押回看守所后,在法院门口,哭丧着脸的刘某太的父亲流着泪对我说:"我们还要请你当律师为刘某太上诉,我儿子确实是冤枉的。"后来,在看守所里会见刘某太时,他苍白着脸恳求我:"即使被枪决了,我也是冤枉的,黄律师你一定要帮我帮到底。"我知道他的全部希望都在我这里了。

当你看到一个人将生的希望全部寄托在你身上的时候,除了救他,你还能有什么别的想法吗?

二审发回重审,刘某太有了生的希望

我替刘某太写好上诉状。我在上诉状中陈述的理由:一是原判决主观归罪,刘某太何来"有罪供述"?刘某太的笔录中配制水剂老鼠药的过程无法还原,刘某太的供述存在多个疑点和矛盾处；二是原判决否定了3死1伤是刘某太所为，这又是谁投的毒？三是原判决没有对辩护律师提供的无罪证据作出解释和分析。

上诉后，我再次会见刘某太，又到福建省高级人民法院翻阅卷宗，随后，我阐述了针对原判的意见的疑点：被告人刘某太为达到总结毒鼠强中毒后的治疗方法并从中牟利的目的而下毒，原审有何证据证明？一个乡村医生会这样无知吗？利用中毒小孩来总结治疗方法和牟利，这符合逻辑吗？且10个中毒儿童，他治疗时平均每个只收了三块钱，这是从中牟利吗？刘某太的有罪供述与侦查机关自侦的证据和辩护人收集的证据存在20多个矛盾点，这是有罪供述吗？原判如果剔除刘某太的供述和刘某文的证人证言，没有任何证据证明，这10名儿童中毒与刘某太有关。

福建省高级人民法院审理后，采纳了我的辩护意见，认为原判决裁定被告人刘某太投毒犯罪的事实不清、证据不足。裁定撤销龙岩市中级人民法院刑事附带民事判决，发回重审。

三（重）审，改判死缓

重审开庭时，我很希望刘某太被宣布无罪，结果法院认定刘某太作案1起，判处死缓。

2001年4月23日，龙岩市中级人民法院宣判刘某太投毒罪名成立，判处死刑缓期两年执行。

刘某太被判死缓后，很多人都劝我：刘某太的命已经救下，等"真凶"抓到再说，你已经对得起刘某太了。如果继续为刘某太辩护，你也将承担更大的风险。

"刘某太被判死缓保住了性命，就等于律师辩护成功了，存疑不死这是法院判决的惯例。"——一位老律师也这样对我说。

2001年8月26日，我到武平县医院看望在0451病房住院的刘集某老人。

几个月不见,老人已失去了往日的风采,骨瘦如柴,看起来已时日无多,他抓住我的手,一脸的愧疚:"黄律师,我对不起你,你辛苦了!你一定要坚持到底!我死后,没人跟你联系了,你一定要做到底。"

2001年9月4日,刘某太之妻带着儿女来到我的办公室,跪求我继续担任刘某太上诉高级人民法院的辩护人,她哭着说:"黄律师,求求你,继续担任他的律师吧,我就是卖儿、卖女、卖地,你的律师费我都会交,一时交不清,我的儿子、孙子,我的子子孙孙,走街串户去乞讨也一定会付清的。"

一个农村妇女,她从未来过龙岩,为了丈夫,她带着公公、小叔子毅然在委托书合同上签字,她咬着牙说:"黄律师你放心,刘某太不管是否改判无罪,这笔钱(律师费)我子子孙孙做牛做马都一定付清。"实际上,刘某太无罪释放后,我们律师事务所没有向他们要过一分钱。

抱着负责任的态度,2002年6月12日,福建省高级人民法院经办法官亲自到湘湖村向刘某文核实证据。

四审,死囚无罪释放

2002年12月11日,福建省高级人民法院在武平县人民法院公开开庭审理上诉人刘某太投毒案。

那天,当我到达武平县人民法院时,虽然雨下个不停,但门口早就挤满了从四面八方赶来的五六百名旁听群众。为了旁听这次审理,湘湖村的群众不到4点就起床,6点准时包车上路,坐了大约2个小时的车,赶了60多公里的山路到达县法院。

审判长是省高级人民法院的刑事审判庭副庭长陈建安,他认真听取检察员和我的意见。两名省检察院检察员认为,没有证据证明刘某太在侦查阶段被刑讯逼供、诱供,建议二审法院根据现有证据依法判决。

我发表了有理有据的辩护意见:刘某太所谓的"有罪供述"矛盾百出,

无法自圆其说；原判认定刘某太"通过下毒总结毒鼠强中毒的治疗方法"的作案动机不能成立；作为定案依据的法医鉴定结论纯系推理演绎，刘某文的证言虚假。原判既然认定刘某太构成投毒罪，在刘某太无任何法定或酌定从轻处罚情节的情况下，又判处刘某太死缓，属适用法律不当。总之，认定刘某太投毒的事实不清、证据不足，应宣告无罪。我全面陈述了本案毒源、犯罪动机和具体情节间的矛盾处，并坚决认为刘某太无罪。当我发表完辩护意见后，法庭上响起了雷鸣般的掌声。

在第四次审理过程中，检察员与辩护律师展开了激烈争辩，引起国内众多媒体的关注，《北京青年报》《东南早报》《南京晨报》《人民日报》《荆州晚报》等都对此做了报道。

开庭后，我对刘某太的无罪判决很有信心。一是维持原判的可能性很小，因为既然认定刘某太是投毒犯，那么刘某太依法当判死刑才是；二是再发回重审的可能性也很小，因为已经发回重审过一次了，且刑事案件从省高级人民法院到案件发生地公开开庭审理实属罕见，而且检察员也无新的证据。

每当刘某太和其家属催问我时，我都叫他们耐心等待，让他们相信法院定会作出公正的判决。

2003年5月8日上午11时许，我接到省高级人民法院经办法官的电话通知，刘某太投毒一案于5月15日上午在武平宣判。

原本阴雨连绵近半个月的天，在2003年5月15日的上午8点放晴了。得知省高级人民法院将要在武平县人民法院宣判刘某太投毒案的湘湖村群众及刘某太的亲朋好友，凌晨3点就起床、坐车，8点之前赶到了武平县人民法院，旁听这有史以来第一次福建省高级人民法院法官到武平县人民法院宣判的案件，我也忐忑不安地等候着宣判。

上午8点30分，破云而出的阳光射进庄严肃穆的武平县人民法院刑事审判庭，旁听席上鸦雀无声。福建省高级人民法院宣判：经审理查明，原判认定刘某秀系毒鼠强中毒死亡的事实存在，有证人证言、法医学鉴定结论、刑事科学技术检验报告证实，但认定系刘某太投毒事实不清、证据不足，上诉人刘某太无罪。本判决为终审判决。

宣判完毕，刘某太和在场的人们均傻了一阵，好像这一切都不是真的。法警为刘某太打开手铐的瞬间，刘某太和其妻子、父母、儿女"扑通"跪在地上，热泪盈眶又叫又喊："公正！公正！感谢律师！感谢法官！"法庭骤然掌声如雷。

从接手案件到案件结束，有几个瞬间让我感到难忘。一是，在第一次见到刘某太时，他什么都不说，不说自己有罪也不说自己无罪，他说的最多的一句话就是"请律师调查"。当时，我感到压力特别大。二是，当一审死刑结果宣判之后，我再次见到了被告人刘某太，刘某太那"面如死灰"的表情让我难忘。他反反复复地告诉我，即使被枪决了，他也是冤枉的。三是，刘集某老人病危之时的嘱托及刘某太亲人跪求我继续为他辩护，让我知道挽救一条生命是可贵的。四是，刘某太被释放的那天，我到看守所去接他，虽然刘某太仅仅说了"谢谢"两个字，但这是我一辈子听到过分量最重的"谢"字。我们一起回到了刘某太住的村子，村民们在进村的路口夹道欢迎，并且放起了鞭炮，刘某太对我说："黄律师，谢谢你！乡亲们的鞭炮是放给你的。"

刘某太（左一）无罪释放当天

律师之路，任重而道远

刘某太被宣告无罪后，《闽西日报》《人权》《福建律师》《律师与法制》《中国律师》等报刊刊登了我的辩护纪实，福建省高级人民法院将此案写入福建省人大十届二次法院工作报告中，接受人大代表的审议。

刘某太特大系列投毒案辩护最终画上了一个圆满的句号，这起特大投毒案的辩护是我从事律师以来最辛苦、最艰难的一次辩护经历。从检察院指控刘某太投毒10起辩到6起，从6起辩到1起，从1起辩到0起；从死刑犯辩到死缓，从死缓辩到无罪……四年艰辛的辩护经历，面对刘某太及其亲朋好友和湘湖村群众的感谢，我感触颇多。省高级人民法院能深入调查，不主观臆断，体现了负责任的态度，而自己也真正履行了一名法律工作者应该履行的职责。四年辩护历程，得益于龙岩市司法局的正确领导，使我能够堂堂正正、认认真真地履行一名律师的职责，为当事人负责，为法律负责，为社会负责。作为一名律师，要有一颗为当事人负责的心，要善于、敢于办"硬案""顽案"，要不怕困难，要捍卫社会主义法治。

一个案例推动了法治的进步。2003年11月，最高人民法院、最高人民检察院、公安部发布《关于严格执行刑事诉讼法，切实纠防超期羁押的通知》。2006年9月25日，最高人民法院和最高人民检察院作出诠释，发布《关于死刑第二审案件开庭审理程序若干问题的规定（试行）》规定（〔2006〕8号）：第二审人民法院审理第一审判处死刑立即执行的被告人上诉、人民检察院抗诉的案件，应当依照法律和有关规定开庭审理。即死刑案件二审一律开庭审理，确保死刑案件的办案质量。

刘某太一案让我感受到了律师职业的神圣，见证了中国法治的进步。这段辩护经历告诉我，法律是至高无上的，律师之路，任重而道远。

我暗下决心，做一个"俯仰无愧天地"的法律人。

41

自荐福建省"十佳律师"

20世纪90年代,我家在市政府大院内,已拥有私家车和移动电话。那时,妻子通过考试,已取得会计师证,经合伙人同意,她从单位辞职,转到律师事务所担任行政助理。我们住的地方离我办公的龙岩市中山路二期很近,所以我们也常常一起上下班,是周围人甚为羡慕的一对夫妻。

2003年5月12日,初夏时节,在通往律所的路上,草木茂盛地生长,花儿竞相开放。特别是在那炎热的夏季,在那明亮阳光的照耀下,花朵的色彩更为明艳,两旁的树冠像打开的绿伞,枝繁叶茂。

我习惯边走边活动筋骨,偶尔也扫视一下路旁的花草。妻子较为斯文腼腆,只是优雅地走在我身旁。偶尔我们会说上几句话,关于孩子,关于事业,她是一位很好的交流者和听众。呵,那些盖在头顶的树冠,应该也很熟悉我和妻子的身影吧。

那天没下雨,我们走路上班。一天的运动时间,就在上下班之际,我做着伸展运动,平伸双手,再高举,风吹过,枝叶簌簌有声,仿若一声声熟人间惯常的问候。

"这小树长得好快，年前还比我们矮。"妻子说。

"动植物都一样，都是向着太阳往上长的。"

"人长到一定年纪就不长了耶。"

"身高不长，别的方面总要长的。"我忽然若有所思。夫妻间的交谈，不必忌讳，随想随说。

"那是。"妻子赞同。

热情澎湃的小城，路上有开车的、走路的，人们来往穿梭着，每个人都在为自己的生活而奔波忙碌。

"嘟嘟—"我裤袋里的手机响了起来。

"喂！您好。"我快速接听，从不拖延时间。是市司法局副局长兼省律师协会会长张依安打来的电话。

"家焱哪！我是张依安。近日省里下达了一份关于评选全省'优秀律师'及省'十佳律师'的文件，到时司法局会送达各律师事务所。除了市司法局可以推荐三名律师外，律师也可以自荐。因为你执业时间短，组织上认为省里分配的三名结构性候选人就选不到你。目前，你只有自荐的名额，如果你想自荐参评的话，这几天就要把自荐材料报上来。嘿嘿！这是真枪实战，你的材料可要真实感人。不然的话，就会白忙一回……"

"谢谢张局长！"

"为了全面贯彻落实江泽民同志'三个代表'重要思想和党的十六大精神，进一步加强我省律师队伍精神文明建设，引导律师事务所向规模化、规范化、专业化、高层次发展，省律师协会在省司法厅的监督指导下，于2003年5月，在全省律师行业开展评选'十佳律师'的活动。根据公开、公平、公正的原则，本次评选采取律师自荐、律师事务所全体律师评选、律师事务所推荐的形式……"根据文件信息，我开始着手准备材料。我知道我有几斤几两，或许这次的评选，我只是重在参与，但是我还是要把握好这次的机会，是骡子是马都要拉出来遛遛，才知道自己的优势和弱点，才知道自己能力如何。

我那时总结了一下我的优势：

第一，我曾为刘某太投毒案作辩护，并大获成功。

第二，我从1995年5月28日担任《闽西日报》常年法律顾问，并开设"律师信箱"专栏已有8年，该栏目是深受读者欢迎的栏目之一，每天都会有许多咨询电话和来信。8年来，我收集读者来信已汇编成册，有11本之多；电话咨询15600多人次；接待群众来访4290多人次；收到各类来信1200多封，回信50多万字；在《闽西日报》的"律师信箱""咨询台""帮你问了""律师点评""律师提醒""来信解答""律师释疑"等栏目发表"答读者问"文章三四百篇。

从众多的读者来信中，我看到了人们对法律知识的渴望，而我的答疑释惑，也使人们学法、守法、用法的积极性和主动性得到加强。

新罗区适中中学的谢振邦来信说：律师同志，我渴望学习法律知识，渴望得到法律的帮助，希望自己的合法权益不受侵犯。

永定区青年妇女卢富容来信说：衷心感谢您的法律解答，也同时希望天下有难的妇女都能够得到帮助。

长汀县建设局代表来信说：黄家焱律师的解答为我们解决问题指明了道路。

漳平市新桥中心小学卢衍黄来信说：尊敬的黄律师，谢谢你在百忙中的解答，您的解答帮助我解决了麻烦，十分感谢您无私的法律援助。

上杭县官庄畲族乡濯坑小学林怀友来信说：大家对您的解答赞不绝口，您为我们这些受害者指明了用法律武器保护自身利益的方向，我相信您的这篇文章将教育千千万万群众。

连城县姑田镇东华村江淑香来信说：黄律师，您的帮助使我放弃了轻生的念头，您的话语扬起了我生命的风帆。

……

读者的信任和厚爱激励着我做好普法宣传的工作，我一直坚持通过"律师信箱"等栏目答疑释惑,对民众进行普法宣传,帮助他们维护自己的合法权益。

第三,我创建全省级优秀"青少年维权岗",义务为弱势群体提供法律援助。2002年8月27日,我法律援助的赖某华溺死养女故意杀人案,有记者采写了通讯稿《法律援助,为受援人赢得了生命》,在《闽西日报》B4版发表,受人关注。

当时,我对评上省"十佳律师"没抱多大希望,原因有三:一是全市比我执业时间长、资格老的律师有很多。二是比我学历高且担任省律师协会职务的律师也不少。三是比我办的案件数量多的律师也很多。尽管如此,我还是想搏一搏。因为,著名法学家江平教授说过:"如果我们今天要论英雄的话,我要说的是莫以官高论英雄,莫以钱多论英雄……在历史赋予我们使命的今天,我们能不能够对得起社会赋予我们的使命和责任,在我们的民主与法治建设上,我们法律人应当承担什么样的责任,我们自己做人是不是做得好,要以这个来论英雄。"

两天后,我把整理好的自荐材料打印好,交给了市司法局。妻子说:"能争取就要争取,争取了,即使没有被评上,也无憾了。可是,这万一被评上了呢?"我是个不曾为某项荣誉而胡思乱想的人,彼时,面对"省级"的荣誉,内心不免也蠢蠢欲动起来。俗话说:"不想当将军的士兵不是个好士兵。"但在人才济济的律师界,我只能算个"新秀",抱着试试看或走过场的心态去参选的。

所有律师的参评材料由市律师协会、省直分会初评,报省律师协会评选委员会审批。

到了8月,省律师协会组成了由省司法厅领导、省律师协会秘书长、省律师协会常务理事组成的评选委员会,对推荐和自荐的材料进行为期三个月的评审,他们先评选出30名优秀律师,然后在30名优秀律师中评选10名"十佳律师",最后表彰20名"优秀律师"及10名"十佳律师"。

就在我对这事几乎不抱一点希望的时候,结果却出乎我和同事们的意料,我这个自荐的备选人获得了省"十佳律师"称号！在接到省司法局和省律师协会的贺电时，我惊呆了，继而回过神来，这是省司法厅和省律师协会对我8年律师生涯的高度肯定，我的付出得到了认可。

"同事们，我获得省'十佳律师'的光荣称号了！"接到电话的我，激动地在律所与同仁分享我的喜悦，律所一时又沸腾起来："都说了您能入选的！""我们终于如愿以偿了。""在优秀的主任带领下，我们也能沾光啊！""主任今晚请客吧！"同事们一齐欢呼，大家似乎比我还开心。几分钟后，每个人又都回到了自己的位置上，进入工作状态。

在福建省"十佳律师"的颁奖典礼上，省司法厅厅长陈保明亲自为我颁发荣誉证书和奖牌，他教导我说："你是自荐获得省'十佳律师'的，又是执业时间最短的律师，你的荣誉最来之不易。你为律师行业争取荣誉、为基层律师争取荣光，目的是在社会上树立律师的卓越形象。我们支持你！"我一听此言，激动得不得了呀！

被评为省"十佳律师"（右一）

2004年1月,《福建律师》刊出了福建省"十佳律师"的先进事迹。对于我的介绍是这样写的:

> 黄家焱,男,39岁,大学本科学历,福建金磊律师事务所主任,执业8年,四级律师,民建会员,龙岩市第二届政协委员,龙岩市第二届青年联合会委员。
>
> 黄律师具有很强的业务能力。他责任心强,敢于仗义执言,成功办理多起案件,特别是成功辩护武平县刘某太特大系列投毒案,从死刑到死缓,再到无罪,受到国内媒体广泛关注,敬业精神蜚声海内外。省律师协会为此,以闽律字〔2003〕16号文件对其进行通令嘉奖,号召全省律师学习他的敬业精神。同时,他很关心公益事业,担任《闽西日报》常年法律顾问,开辟"律师信箱"等栏目,为群众义务解答法律问题,在群众中具有广泛的知名度和影响,他代理的张义生诉龙岩交警"不服吊销驾驶证"国家赔偿一案,入选2000年《人民法院案例选》,代理的龙岩市外商投资服务中心贸易中心公司与龙门家具厂房屋租赁案,入选2000年《中国审判案例要览:2000年民事审判案例卷》……

我是一个有好运的人。遇到了陈保明、薛育卿、陈粤闽、张依安等好领导,是他们给予了我对法治建设的信心,是他们为我的夜路亮起了灯!

省"十佳律师"的评选,自2003年表彰了我们这10个律师后,就停止了。直到现在,都没有再次评选过省"十佳律师",我们10人既是福建省首批"十佳律师",也是福建省最后一批"十佳律师"。

有一次,我在找寻类似案件给同事参考时,翻阅到《福建律师》和《龙岩司法行政》杂志,封面上时任司法厅厅长陈保明为我颁发荣誉证书的照片,一时我感慨万千!那是一张有历史纪念意义的珍贵照片。2003年及2004年,多家杂志封面都用了此照片。

"把每一份感动都传递出去，总有被磨砺得快要失去信仰的人，从中找到初心的意义。"我有幸获此殊荣，着实给奋斗中的年轻人带来了动力，提振了士气。年轻的律师，说丧气话的没有了，埋怨当事人的话语也听不到了，请假的也少了。

但我知道，我的荣誉，是阶段性的，我还那么年轻，前方的路还很长，我必须继续奋斗在自己选择的道路上，每日以最好的状态工作。

不少亲朋也从报刊上知道了我获奖的消息，向我表示祝贺。有朋友调侃说："家焱，你这辈子运气好，讨了李梅玉做老婆，做啥事都成。莫不是你的汗水带着梅花的香，这荣誉就像蜜蜂一样，愿意跟随着你、紧贴着你，还给你酿出甜甜的蜜来了。"

我听了，哈哈一笑："没错，老婆是讨对了，但我操的心、担的责、吃的苦你都没看到嘞！我若不努力把事做好，那个蜜蜂什么的，不就飞到别家酿蜜去了？"

努力工作的人，总是带着责任心和爱心的。获得福建省"十佳律师"，给我的工作增添了强劲的动力。不论春夏秋冬，不论风雨雷电，我对法律工作的热情丝毫不减，我的法治信念也更加坚定。

42

面对死囚的求救，我是法律代言人

一个死囚临死前还不忘说声"谢谢黄律师"，我一下子懂得了法律援助的伟大意义。

2003年10月31日上午10点，"砰"的一声枪响，备受龙岩市民关注的"5·13"绑架杀人案的被告人——陈晓蒋（化名）被执行枪决，鲜活的生命就此结束了。

案件已成过往，但此案的辩护过程却有着不凡的意义。

作为此案被告人的辩护律师，我的责任是让被告人知道，法律一视同仁地为其提供全部自救与他救的机会，法律已经"听到了"他的声音。

接受指派。2003年7月7日下午，那是一个普通的工作日，市法律援助中心主任卢连春递给我《龙岩市中级人民法院指定辩护人通知书》《法律援助案件指派承办函》及《起诉书》等一叠材料，说："陈晓蒋绑架案将于本月15日审理，现指派你为辩护人，你可不能把他辩死了。"

骇人听闻。陈晓蒋是备受龙岩市市民关注的"5·13"绑架杀人案的犯罪嫌疑人之一。"5·13"绑架杀人案的案情我早就从《闽西日报》《生活专刊》以及福建电视台等媒体获悉：2003年5月13日早上，林某、陈晓蒋、黄某、郭某将正要去上课的12岁学生连某骗上车，向连某父母勒索30万元，后怀疑连某家人报警了，遂将连某勒死埋尸。

"陈晓蒋能活吗？"我问卢主任。

"这就看你这个大律师了。不然，怎么指派你？"

就在那时，一个身穿黑衣、身材瘦弱的中年妇女径直走到我的面前，她说她是陈晓蒋的母亲。她说了很多话，凌乱而又急切，还不停地讲着一句话："律师，请你救救我儿子，他只有18岁！"

从内心来说，我对"5·13"绑架杀人案的罪犯有一种本能的排斥，我觉得他们确实该杀！但我是一名刑事辩护律师，我热爱刑事辩护工作，律师的天职就是帮助一切需要法律帮助的人，不管他有罪或是无罪。

于是，我接下了龙岩市法律援助中心的任务，也接下了一位母亲的重托。

7月8日上午一上班，我就来到龙岩市中级人民法院刑事审判第一庭查阅陈晓蒋一案的卷宗。翻开厚厚的案卷，我以一个律师的身份"走近"一个犯罪嫌疑人，同时也贴近了一个迷茫而又在不断挣扎的灵魂。

这是一个苦孩子。父母离异后，母亲以孱弱的身躯养活了他们兄弟四个。陈晓蒋求学无门，辍学在家。就在这个时候，一个因绑架他人勒索钱财被判劳教两年后解教回家的初中同学林某对他说："没钱花，可以去绑人，我有经验。"为了钱，年轻的陈晓蒋同意了。经过一番密谋和策划，他们决定对家境较好的实验小学学生连某下手。因人手不够，陈晓蒋便把自己的一个好朋友，也是一个苦命的孩子黄某（18周岁）带上，他不知，这一带，把黄某也带到了地狱。

绑架前一天的5月12日下午，陈晓蒋对他的母亲说："妈妈，今晚杀一只鸡来吃。"

母亲说："今天没空，过几天再说。"

陈晓蒋说："妈妈，要是我赚了一万块，你准备怎么花？"

他母亲听了高兴极了，认为陈晓蒋长大成人了，会去赚钱孝敬她了。殊不知，儿子竟然准备以绑架的方式赚钱去孝敬她。

当晚没有杀鸡，陈晓蒋从此再也没有吃到他母亲炖的鸡，这也成了他母亲最大的遗憾。

5月13日早上7点，太阳刚出来不久，晨光不温不燥。12岁的龙岩市实验小学学生连某吃过早饭，背起书包匆匆往学校赶。当他行至凤凰铁路桥下时，一辆汽车停在他的面前，林某、陈晓蒋以找其兄且顺路送连某上学为借口，将连某骗上车。随后，林某、陈晓蒋、黄某、郭某将连某载到华龙厂后山的公墓，并在公墓附近的树林里，用事先准备好的铁锹、洋镐轮流将坑挖好，后打电话给连某的父亲，勒索赎金30万元，不然就让连某"消失"，后因怀疑连某的家人已经报警，决定马上将连某杀死后埋掉。四人用尼龙绳将连某捆绑在树上，将毛巾塞入连某的口中，用透明胶带封住连某的嘴巴和眼睛，并将尼龙绳套在连某的脖子上，四人一起将连某勒死，而后四人把其衣裤脱光，再把尸体埋进事先挖好的坑里。

6月1日，4名犯罪嫌疑人在上海被公安机关抓获归案。

陈晓蒋不想死。面对刑事案件的委托人，所有的刑事辩护律师都必须具备"双重人格"：一方面，他要站在公诉人的角度，假定自己的委托人确实触犯了起诉书中的每一条罪名，并推敲那些罪名是否站得住脚；另一方面，他又必须站在委托人的角度，假定被告人无罪或某些罪名不能成立，以保护那些在公众看来该杀的人。

从卷宗里的材料来看，《起诉书》指控的事实难以辩驳，且该案社会影响极坏，陈晓蒋判死刑基本已成定局。

2003年7月10日，我第一次在龙岩市看守所会见陈晓蒋，他一看见我，就像那溺水的人抓着了救生圈，哭着大声喊道："我想活，我有希望活吗？黄律师你一定要救我！救我……"

我清楚，作为一名刑辩律师，必须具备的一条最基本的心理素质就是：在整个诉讼期间，要始终相信自己的努力是有意义的，用法律的矛，去挑战法律的盾，要和委托人一起，为那少得可怜的希望而竭尽全力。

在结束会见时，我心里虽然知道陈晓蒋活的希望是那么渺茫，但仍告诉陈晓蒋，也许还有一丝丝活下去的希望，这希望基于：林某是本案共同犯罪中的首要分子，而他不是；不能因为林某未满十八周岁，不适用死刑，就把林某所应承担的首要分子的责任由他来承担；他归案后认罪态度较好，有悔罪表现。这样，人民法院或许会给他判个死缓也说不定。

陈晓蒋的本质是好的，他之所以走向犯罪的道路，缺爱是主要原因。他本应是一个被父母捧在手心，还在父母面前撒娇的孩子，可突如其来的家庭变故，让陈晓蒋感受到现实生活的残酷，父爱的缺席，让一个少年迷失了成长的方向。

陈晓蒋的母亲甚至给法官写信，陈述她和孩子的苦难，恳求法官判陈晓蒋死缓。

但陈母那封字字泣血的信，仍然无法挽回她儿子陈晓蒋的生命。

为了给陈晓蒋生的希望，为了让奇迹出现，我决定去核实他的出生日期。为此，7月14日夜，我带着助手翻山越岭，驱车颠簸40公里的山路，赶去漳平市永福乡计生办，查询陈晓蒋的出生档案，但查询的结果与起诉书上的身份一致，因此这一希望也破灭了。

我一寸一寸地编织着我的辩护之网，以我所学的法律知识来挽救这个鲜活的生命。然而，死刑难辩，无望回天。

7月15日上午，龙岩市中级人民法院刑事审判庭，数家新闻媒体记者云集。龙岩市人民检察院检察员刘兴焕担任本案公诉人。审判庭内，坐满了被告人及被害人亲属和旁听群众。此案社会影响极大，引起了省领导的关注，谁都清楚，庭审后意味着什么，那就是——极刑。

陈晓蒋戴着手铐双目失神地站在被告席上，汗水顺着他那还算俊秀的脸庞流下来，他的双肩则如秋叶般在瑟瑟发抖。

我知道，陈晓蒋不想死，他想活。

因对本案的事实证据、罪名等，原、被告律师均没有争议，面对庄严的国徽，我重复陈述着我的辩词……最后，还加了句：陈晓蒋没有犯罪前科，归案后认罪态度较好，他未满19周岁，毕竟年轻无知，愿意脱胎换骨、重新做人，虽罪不可赦，但可不立即执行死刑，请求法庭考虑判处死刑缓期二年执行。

两天后，龙岩市中级人民法院就下达了一审判决书：被告人陈晓蒋归案后虽认罪态度较好，但其犯罪主观恶性极大，犯罪手段极为残忍，后果极为严重，社会影响极坏，故不足以对其从轻处罚，辩护人辩护意见不能成立，不予采纳。被告人陈晓蒋犯绑架罪，判处死刑，剥夺政治权利终身，并处没收个人全部财产。同时，被判死刑的还有黄某。林某、郭某则分别被判处无期徒刑。

一审判决下达后，求生的本能使陈晓蒋立即向福建省高级人民法院提出上诉。

死刑，对于一名律师来说，常常只是一个法律的抽象概念，但对他的当事人来说，却是具体而冷酷的现实。

陈晓蒋还是花季少年，但"死亡"这个恐怖阴森的字眼，却每时每刻都压得他喘不过气来。死刑判决下达后，他老是做梦被拉去枪毙，因而他一次次要求我去见他、去见他……我每次去看守所，陈晓蒋的眼泪就像断线的珠子。他还不断地给他三个哥哥和母亲写信，不断地写着一份又一份的悔过书："进看守所以来，我几乎每天以泪洗面，我想我的亲人，想我的妈妈，想我的爸爸，我深深地体会到了亲人此时此刻对我的重要性，我是多么希望得到亲人的温暖，多么希望他们能在我身边，哪怕只和我说几句话。我也想到了被害人，他也有深爱着他的家人。他的家人被我们伤害得太深，我一辈子都不会心安。我们是多么无知，为了满足个人私欲，犯下了这么严重的罪行，我对不起社会、对不起国家、对不起我的亲人,以及社会上所有给予我教育的人,我更对不起被害人,对不起被害人一家,我对他们一家造成的伤害是不可弥补的,我无法用语言来表达我内心的悔恨。恳请法官给我一个重新做人的机会,我会立志报效国家。"

陈晓蒋还要求我把他三个哥哥和他的女朋友的照片带给他。他把那些照片贴在囚室中,他大概想以此来证明自己曾经在世界上无忧无虑地生活过,像花一样灿烂地盛开过。

他还强烈要求见一见他的父亲。但他父亲在知情的情况下,为他提供财物并帮助其逃匿,因涉嫌窝藏罪而被逮捕,所以没见着。

8月1日,我赴省高级人民法院向二审经办法官重申了我在一审法院提出的辩护意见:请求给陈晓蒋一丝活下去的希望。

在这两个月的上诉期间,我感觉自己不仅成了陈晓蒋的救命稻草,甚至在某些方面,更像一位被职业责任驱使,别无选择地陪伴被告人走向刑场的"牧师",因而,我隔三岔五便会去见陈晓蒋,加上一审时去的两次,共见了十次。我的责任便是要让被告人知道,法律已经一视同仁地为他提供了全部自救与他救的机会,法律已经"听到了"他的声音。

10月28日是陈晓蒋希望破灭的日子。福建省高级人民法院下达了终审判决书,维持龙岩市中级人民法院的判决,以绑架罪判处上诉人陈晓蒋死刑,并决定于10月31日执行死刑。

那日,陈晓蒋的母亲接到收尸的电话后当场晕倒在地。被唤醒后,她要求我会见陈晓蒋,告诉他,母亲已无法杀鸡给他吃了。但我会见的请求被龙岩市看守所拒绝了,我无法最后一次会见我的委托人,不知他如今怎么样了。

陈晓蒋的母亲觉得是自己在离婚后对陈晓蒋关心不够,才致使其走向不归路,她有愧于陈晓蒋,于是想在行刑前见陈晓蒋一面,让他喝口母亲炖的鸡汤。陈晓蒋的母亲求我到法院请求批准。10月29日下午,我带着陈晓蒋的母亲签名的申请书在法院分管领导办公室门口整整等了两个小时,直到分管领导同意陈晓蒋的母亲在行刑前与陈晓蒋会见半个小时。

走出龙岩市中级人民法院的大门时，天空已被弥漫的浓雾笼罩，黑暗即将降临。陈晓蒋的哥哥赶上来对我说："黄律师，我妈说谢谢你，你已经尽力了。"就在这一瞬间，我的一切委屈荡然无存，我的精神重负已然卸下。

我是法律的代言人，而非罪犯的代言人。虽然，那个生命已走向无可挽回的终结，但我也以全身心的投入，完成了一名法律工作者的全部职责，维护了法律的尊严。

10月31日上午9点，我到龙岩侨声影剧院参加了陈晓蒋的公开宣判大会，毕竟他曾经把自己对生的渴望全部托付于我。陈晓蒋衣着整齐，无法言语，我看见他朝我望了望：那是一双年轻的眼睛，更是一双绝望中又饱含着对生的渴望的眼睛。

10时许，一声枪响结束了陈晓蒋负罪的生命。

他谈了女朋友，对生活有着美好的憧憬，本可以无忧、快乐、阳光地读书或参加工作……在人生的驿站上，他却因一念之差走向了死亡！这或是原生家庭带给他隐形的伤害，让他不懂心生怜悯，不懂尊重生命，不懂如何自爱和爱人。

《资本论》告诉我们，只要利益够大，人的底线就会越来越低。陈晓蒋被"30万元赎金"蒙蔽了心智，失去了做人的基本底线！当一个人无法以道德素质来约束行为时，那么，严苛的法律就成为那根约束行为的鞭子！

这起绑架杀人案历经三个多月完成审判。我在卷宗的封面上，用不褪色的墨迹，怀着沉重的心情填上已被执行死刑者留在世上的姓名——陈晓蒋。卷宗里，清楚地记录着：律师法律援助案件，永久保存。

窗外，阳光灿烂，生命喧腾，我的心却沉重起来。这份沉重，源于对阳光的眷恋和对生命的热爱。

不要以身试法，要珍爱生命。希望能成为世人的共识。

43

明知他无救，仍然为他辩护

因为我为刘某太辩护的成功案例，许多犯了命案的家属来找我，希望我能为他们涉及命案的亲人辩护，救他们身陷囹圄的亲人一命。

2003年10月初，一位中年男子来到福建金磊律师事务所。他径直来到我办公室，恳求我为他代理一桩刑事案件，样子十万火急。我问了案件的大概始末，得知他弟弟阙春枫（化名）因为手持木棍打死了一个向他弟弟讨薪的村民，一审被龙岩市中级人民法院判处死刑，剥夺政治权利终身。他弟弟不服判决，要求上诉，所以他就找到我，请求我为他弟弟的二审进行辩护。

"用棍棒打死了人"，乍一听到这话，就知道那人用了野蛮手段处理事情，纯属脾气火暴之人的冲动行为，每每这种情况，打人之人，事后一定会后悔的。这样的情形，大多发生于底层百姓身上。

阙春枫是农民，农闲时间经营一家手工造纸厂。4月21日下午，阙春枫得知黄某芳（受害人，时年50岁）与林某芳等人到其纸厂索要工资后，便怀恨在心，当即携带一把柴刀，骑摩托车，去曹某春的纸厂找到了黄某芳，拿出柴刀在黄某芳脖子上比画,责问黄某芳为何到其纸厂捣乱,并对黄某芳一番拳打脚踢。回到自己纸厂后,发现被林某芳等人拿走了12片纸,当即迁怒于黄某芳。在骑摩托车返回曹某春纸厂途中,从路边捡起两根竹筒。到曹某春纸厂后,取下一根竹筒,责问黄某芳:"你为何带人拿走我的12片纸?信不信我敲死你!"并用竹筒连续敲打黄某芳的头部,竹筒破裂后便扔掉竹筒,欲捡起榨纸用的四方木条继续殴打黄某芳,被在场的曹某和抱住。被告人阙春枫用力挣脱后,又从厂内捡起一根木棒追打黄某芳,并连续殴打其头部,致黄某芳当场死亡。经法医鉴定,认定黄某芳系钝性物件多次打击头部,致颅脑严重损伤死亡。

阙春枫就是个"火爆子",一点就着。一旦他觉得自己被别人触犯或侵犯了,就不可遏制地使用武力解决事情。

所有证人讲述的证据都指向同一个事实:阙春枫性格粗暴,平时比较蛮横,遇事不痛快就动手开打。据村民反映,阙春枫之前也打过人,但被众人拉开,因此没造成严重伤害,仅被公安机关拘留。此次事发时,他刚离婚不久。

阙春枫对公安人员说:"我当时在气头上,我根本不欠他的钱,他却带人到我厂子捣乱,我也顾不了有什么后果了,就打了他。"这就是情绪失控导致的案件,如果当时两个人能坐下来,问清事由、和平处理就没事了;或者阙春枫在其父亲抢走他手上的柴刀(第一次去找黄某芳时,带了柴刀),劝其"不要去做(恶事)"时,能压住火气,悬崖勒马,就不会有后续的命案发生了。可是,这只是我一厢情愿的假设。

阙春枫回到自己纸厂后,甚至对着两名工人说:"黄某芳被我敲得脑袋出血,蹲在墙角边,被我作熄了。你们不要怕,工资我会付,我去下通贤(乡)。"说完,他迈步出了纸厂。作熄,意为"击打、修理、教训"。

阙春枫去通贤乡做什么呢?是逃跑吗?可逃跑要告诉别人吗?带着疑惑,我继续往下看公安人员的十多份调查笔录,案情经过大同小异,但是,都没有讲到阙春枫离开纸厂去通贤乡做什么。

法医鉴定结果为"系钝性物件多次击打头部致严重颅脑损伤死亡",一句话,坐实了黄某芳是被阙春枫打死的。阙春枫的罪行无可置疑,但我现在想知道,在伤人后,没有及时送医,他离开打架现场去通贤做什么,他有无自首情节?也许能从这里入手提出辩护意见。

2003年10月10日,我到看守所会见阙春枫。在会见的过程中,他给我的第一印象就是:一个莽撞的毛头小子。

我问他:"你打了人后,知道把人打伤出血了,不积极送医,为什么要去通贤?"

他答:"我去派出所投案,告诉派出所的人,我打了人。但是,派出所只有一个人值班,他跟我说所长不在,让我明天再来。所以,我就走了。"

"你为什么不等等?"我想,他没交代清楚打人事由及打得多严重,不然,派出所的人会根据事态特殊处理的。这样,他也就有了"投案自首"的情节。

"我见所长不在,心里想,我打伤了人,肯定要出钱医治的,我就到河坑村去了,去向一个朋友借钱。"

"借到钱没有?"

"没有,他不在家,我就去了另一家住。第二天(4月22日)一早去另一个朋友家借钱,钱没借到,就被公安抓了。"

"你到底欠不欠黄某芳的钱?"这12.5元,是案件的导火索,如果阙春枫不欠黄某芳的钱,黄某芳就不会带人去他家挑事,也不会被他打死。

"我不欠他的钱。"

一个说欠,一个说不欠。到底欠不欠,只有他们自己最清楚。唉,都是那12.5元惹的祸。

"你知不知道那天下午黄某芳被你打死了?"

"之前不知道,我被抓进来后,是管教告诉我说黄某芳死了。"

问到这里,我心里有个底了。我和助手又去河坑村,走访了阙春枫欲去借钱的那两家人，得到了与阙春枫同样的说法。

到这里，我的辩护词就拟好了，从六个点出发，尊重事实，列举了翔实的证据论证，希望法院能改判阙春枫"死刑，缓期两年执行"或判处"无期徒刑"，因为阙春枫只有故意伤害的主观性，并不是故意杀人。另外，本案是被害人引起的，被害人有一定过错。上诉人具有自首情节及悔罪表现，不是那种必须立即执行的罪大恶极、不杀不足以平民愤的罪犯，可不立即执行。

2003年11月17日，福建省高级人民法院刑事裁定书赫然写着：驳回上诉，维持原判。

一场因12.5元闹出的案子，由此画上了句号。本来平静的乡村，一时间掀起风浪，人人都在谈论这起命案，"年老的（人）死得太惨了，年轻的（人）打得太冲动了"。为了区区12.5元，断送两条人命。

胡适先生曾经说过一句话："世间最可厌恶的事，莫如一张生气的脸。"

阙春枫因为自身性格存在一定的缺陷，不懂得情绪管理，遇事由着性子发泄，而断送了年轻的生命。

一个人，管理不好自己的情绪，是件很糟糕的事。与人发生矛盾或冲突时，应管理好自己的情绪，适时为自己的情绪找一个出口或者"转移自己的视线"。事过，怒自消。特别是血气方刚的年轻人，更应该学会适当克制和隐忍。"刚则易折，柔则长存。"意气用事终会得不偿失。

或许有人会问，阙春枫故意杀人，明摆着会被判死刑的案子，为什么你黄家焱还要接受委托，收取律师费为他"脱罪"？我想说，就和一个患癌的人到医院找医生，医生开出治疗方案，尽力诊治是一个道理。医生不会给病人治愈癌病的承诺，治癌的过程中，有人被治好了，多活了几年或几十年，也有人几个月后就一命呜呼了，这和律师代理案件、法院的审判过程有些相似。

44

我的辩护让"雇凶"无罪，让"真凶"喊冤

对我来说，为被告人无罪辩护成功，成就感就会爆棚。但我有时心里也会想：我是在助纣为虐还是在匡扶正义？心中常常难以平静。

2001年，我国进行了第三次严厉打击刑事犯罪活动，被称为"世纪严打"。此后，我国的社会治安有了明显好转。然而，社会上的不法分子可以说是打不绝的。

黑社会性质的案件，在龙岩市及周边县区也发生过，收保护费、敲诈勒索、欺行霸市、强拿恶要等，一些游手好闲、不务正业之徒，便以此苟且度日。

2004年7月1日，史武勋（化名）的妻子委托我担任他"非法收购、盗伐滥伐林木及雇凶杀人"案件的辩护律师，我们因此签订了委托协议。

史武勋是福建省连城县某乡胶合板厂的厂长。此前因涉嫌非法收购、盗伐、滥伐林木罪，于2003年2月28日被连城县人民法院判处有期徒刑一年六个月，缓刑三年，并处罚金50000元。

2004年1月至5月，史武勋请吴某、谢某、化某等为其经营的胶合板厂非法收购木材22立方米。史武勋明知故犯，故缓刑改为实刑。

2004年6月26日，史武勋的妻子到律所委托我作辩护律师时，他已被收监至连城县看守所了。同时，史武勋还有一个犯罪嫌疑，即涉嫌雇凶杀害连城县姑田镇林业员林某。

案发经过：2004年5月11日凌晨1点左右，连城县公安局110接警中心铃声大作，电话中传出断断续续的求救声："喂……是110吗？我是，山峰电站路口……的山场护林员，有、有四五个蒙面黑衣人，拿、拿刀来，来杀我，他们离开了，我、我……"求救电话没说完就停了。当民警赶到现场时，护林员林某已躺在血泊中，经民警送医后抢救无效死亡。

这起案件，惊动了龙岩市公安局施志强局长，施局长和连城县公安局局长率办案民警赶赴现场，并立即成立专案组开展侦破工作。5月12日下午5时许，民警根据现场调查和群众提供的线索，在永安市小陶镇查获作案的红色斯巴尔微型轿车一辆，车上发现有部分血迹，车主李某承认此车于5月10日下午租给他人。

5月13日凌晨1点30分，专案组在连城县姑田镇抓获犯罪嫌疑人周某、吴某等4人，经过审讯，犯罪嫌疑人交代了他们受某乡胶合板厂厂长史武勋雇用，于5月11日凌晨1时许将林业员林某砍伤之后逃逸的事实。

这是一例由"黑道"之人指使他人犯下的案件，这起案件的主角是当地"黑道"之中的一个"名人"。

在会见史武勋之前，我在连城县警方那里了解到的案件经过是：2004年4月中旬，史武勋收不到木材导致生产紧张，他认为，某电站路口的山场护林员阻碍了其收购木材，所以联系周某，叫他找人教训一下护林员，并把护林员赶走，所需费用由史武勋出。

然而，史武勋的说法和周某等人说的却大相径庭，甚至，在史武勋口中，他还多次被周某索要"保护费"，深陷周某带来的困扰之中。

周某，绰号"阿世"，姑田镇人。1990年，因犯寻衅滋事罪被判处有期徒刑八年。1997年，因犯流氓罪被判处有期徒刑七年。2002年5月20日，刑满释放。2004年5月13日，被刑事拘留。同年5月27日被逮捕。周某在刑满释放五年内又重新故意犯罪，是个累犯。

7月9日会见史武勋，他说："2002年8月份，周某第一次到我厂里，敲诈我5000元，我给了他。到2004年4月份，他打过几次电话给我，要求与我见面，我都以在出差为由拒绝见他。直到5月5日，他从别人那里打听到我住在厂里，又打电话给我说要见我。他2003年结婚发了请柬给我，我没去，也没包礼金给他。因2002年他敲诈我时，我只知道他的外号，而请柬上的姓名我不熟悉，所以他结婚我没去。不信，你们可以查电话清单，我没打过电话给他。"

7月30日，我再次会见史武勋时已是在案件移送至连城县人民检察院审查起诉阶段了。史武勋说了两个小时，说的事很多，我记下了12页的笔录。

"周某说是受你指使及雇用去教训林某的，你有何辩解？"

"不是我指使的。周某打了林某后，打电话给我，问我听说林某被人打死的事没有，我说不知道。这个案件（林某被殴打）跟我一点关系都没有。5月5日那天，周某找到我，他说：'你厂对面的山场被华天某中标了，这里面有做手脚，村庄起标88万元，标成功也是88万元，干部都吃了钱，他还问我为什么不去投标，我说我没这个本事，也没这钱。他说他也是那个村的，他和本村的很多群众都不服。因此，他想去这山场上搞点木材卖给我。我说：'那是华天某正规合法标来的山场，有经营权的，你去搞的木材我不敢要，而且现在有护林员在管理。'"

"华天某是做什么的？"我插话问他。

"他是隔壁胶合板厂的老板，我和他关系不错的。我跟周某说：'你不要去搞他那边的木材，我不收的，被华天某知道了，我的厂都没办法办下去。如果是正规手续来的木材，我每平方米加20块给你。'他说：'我不管，你怕他打我可不怕他打。不管我从哪里搞来的木材，你都得收，不然，我就到你厂里做保安（收保护费）。'我跟他说不能这样做，我厂里有保安。"

史武勋顿了一下，继续说："这时，我厂里的职工郑某到办公室拿钱（付材料费），拿了8000元，被周某看到了，他就说：'我结婚你没给我钱，现在你借点钱给我用。'我说我也没钱。他说：'你抽屉里不是还有钱？'我说那是厂里的进货款，都是合伙人的钱，不是我一个人的钱。他却说：'我不管你，你把抽屉里的钱给我就可以了。'我知道他不是来跟我做生意的，他是个地痞流氓，我惹不起，就把剩下的2000元给他了。他临走时，很不乐意，还让我等着瞧！"

"周某敲诈了你多少次？"

"一次敲诈5000元，一次2000元，后来我让他写了借条，两次我都有借条。"

"他怎么肯写借条给你？被敲诈多次，你为什么不报警？"

"他反正觉得无所谓吧。因为我是浦城人，在外乡办厂，怕他和他的同伙报复我。听说他们同伙有20多人，所以我没选择报警。因为我是外地人，周某就会敲诈我，本地人他不太敢。"

从2004年7月9日到2005年4月6日，我一共会见了史武勋十次，写下了几十页的笔录，根据这些笔录，再进行细致的调查取证、验证，终于得出周某及连城县人民检察院指控史武勋参与谋划、指使、雇佣周某等人行凶杀人证据不足的结论，我拟定好了建议连城县人民检察院对史武勋不予起诉的材料，共有四五页，并上呈给连城县人民检察院及龙岩市人民检察院。

最终，连城县人民检察院结合该县公安机关的调查结果，采信了我的不起诉意见。因此，"雇凶杀人"一案，连城县人民检察院没有对史武勋进行起诉，但他之前非法购买、盗伐滥伐林木罪，仍旧依法执行。

其余4个被告人被判处十年有期徒刑至死刑不等。4个被告人全部不服判决，认为判刑过重，他们上诉至福建省高级人民法院要求改判。而周某上诉直接说他是受史武勋指使而杀人的。

2005年10月17日，福建省高级人民法院驳回了他们的上诉，维持原判。

2005年11月4日暮秋时节，寒风瑟瑟，落叶萧萧，一辆刑车从连城县看守所出发，向着刑场庄严而行。车上，周某、吴某被五花大绑，他们两人一路歇斯底里地喊着："我们死了不要紧，真正的凶手是史武勋，他是幕后指使者……"这喊声，直至行刑后才停止。

当有人把这消息告诉我时，我不禁陷入沉思。一般来说，临死之前拼命喊冤之人，大都有冤屈。"人之将死，其言也真。"他们除了为自己喊冤之外，又似乎在提醒人们。于是，某些似无若有的事，再度被人们议论。

在经办案件时，律师及司法人员都是法律的代言人，办案是要讲证据的。史武勋与周某之争，史武勋说那些钱是周某敲诈勒索去的，周某说是史武勋"雇凶杀人"的费用。最后，市人民检察院也认为前者说法是对的，加之周某劣迹斑斑，让人难以信任。于是，最后判定周某撒谎。

辩护成功，作为律师来说是值得欣慰的，但如果用一个普通人的身份来思考，我做得对不对这个问题，似乎成了一桩悬案。

45

入室投毒案辩护成功，真凶究竟是何人

俗话说："酒香不怕巷子深。"因为我在武平办理过投毒杀人相关的案件，在武平，凡涉及投毒杀人的重特大案件的当事人都会自然地想到我这个律师。

2000年时，村人去赶墟，已婚女人坐其他已婚男人的单车或摩托、未婚女孩坐男人的单车或摩托，便会被村人"嚼舌根"。在风言风语满天飞的情况下，有一些谣言不攻自破，有一些谣言却被莫名地插上翅膀，被人津津乐道地当作一个真实的事情传播出去，讲的人多了，谣言便成真了。

"我与她坐在一起，被人家看到了，人家就认为我与她有暧昧关系。后来有多事的人告诉了她的丈夫，她的丈夫就来我家找我吵架，只吵过一次。她的死因我不知道，她中毒的前一天，我出车了，我开龙马车去象洞村拉稻谷，我不在村子里，在玲羊煤矿上班。她死的那一天下午，派出所就来了人到我家找我。我下班是下午4点30分，洗完澡后我跟干警走了，他们找我谈话谈到晚上9点多，然后我就开车到小号煤洞，一直到第二天晚上9点。派出所的人找过我一次后，就一直没找我了。我不知怎么就莫名其妙地被卷入其中，

但是我是清白的,我的家人也是清白的。"

2004年11月25日下午,一个杀人嫌犯的儿子对我如是说。他叫小曾,来聘请我为他母亲罗某秀做辩护律师。

案件还得往前说起。2000年9月29日晚,武平县某村村民钟某香和她的小女儿曾某琴吃完晚饭后,突然出现中毒症状。当晚母女二人先经当地医生简单抢救后,被送到乡卫生院抢救。钟某香的小女儿曾某琴治愈出院,钟某香于9月30日医治无效死亡。武平县公安局对钟某香当晚吃剩的菜汤和其胃容物提起送检,均检出鼠药毒鼠强成分,经武平县公安局法医鉴定,认定被害人钟某香系毒鼠强中毒死亡。

那些年乡下办案条件差,村庄巷道之间也没有监控,给公安机关破案带来了极大的难度。此案被拖了几年,直至三年后的2003年11月3日,罗某秀因本案被武平县公安局刑事拘留,同年11月17日经武平县人民检察院批准,于18日由武平县公安局执行逮捕。公安机关认定的事实和依据是:2000年上半年,犯罪嫌疑人罗某秀听到有人说她儿子曾某平与钟某香有不正当的男女关系,对钟某香心生不满。当年六七月份,钟某香的丈夫与其母亲经常到犯罪嫌疑人家里进行吵闹,这让犯罪嫌疑人感到在村子里丢了面子,抬不起头来,于是,对钟某香产生了怨恨及报复的念头。罗某秀于2000年9月29日下午,带着三包毒鼠强到田地里,向稻田撒毒鼠药毒老鼠,把用剩的约1/3包的毒鼠强带回家。做好晚饭后,她想到儿子和钟某香的事,认为所有的不幸都是钟某香造成的,遂在产生用毒鼠强来毒害钟某香的念头后,携带剩余毒鼠强走路来到钟某香家附近,见四周无人注意,便将毒鼠强装到吃冰激凌的小调羹中,再倒入客厅饭桌上装青菜的瓷碗里,导致钟某香及其小女儿曾某琴食用了桌上的青菜后出现中毒症状。犯罪嫌疑人罗某秀故意杀人,犯罪情节特别恶劣,后果特别严重,可能会被判处无期徒刑以上的刑罚。

按照上述资料分析,罗某秀是觉得钟某香害得她家名声不好,因而对钟某香心生怨恨,到了"欲除之而后快"的地步。但除掉了钟某香,就一了百了了？就再也不会有人说七说八了？她的耳根就清静了？那些说过的谣言，并不会随着钟某香的逝去而消失，毒杀了钟某香，人们反而会更加好奇。

由似是而非的风言风语，牵扯出一场争吵，再至杀人解恨，一切看来都是顺理成章。但事实果真这样吗？究竟如何，还要看罗某秀和她的家人怎么说。

2004年11月19日，罗某秀委屈地对我说："公安机关仅凭几年前的一次争吵，就把我定义成了杀人嫌犯。"她一直重申，"我没有杀人，我只是吓人（争吵时骂人），不存在杀人，我没有投毒，没有杀人。"也许是因为激动，五十几岁的她有些语无伦次。

她说："去放老鼠药是真有这回事，但我只是把老鼠药放在田边，因为我家稻子还没收割，老鼠又多。放完老鼠药我就回家了，根本没有剩余的，说我去投毒是无中生有的事。"她还说，"我有肾炎，能不能申请出去看病？"

我从公安机关的笔录及起诉状里，没有看到完整的证据链条，所有的口供，都源于钟某香6岁的女儿曾某琴。而6岁的曾某琴也只是说她和母亲吃了晚饭后就中毒了，没有证据证明，是罗某秀到钟某香家客厅，把剩余的毒鼠强投进菜里，毒害钟某香及其女儿。要有事实依据来支撑，才能给一个嫌疑人定罪，否则，罪名就不能成立。至于相骂之事，有句话说："骂人无好口，打人无好手"。怒火攻心时必会越骂越凶，但大多是逗嘴皮子，农村的骂架几乎如此。

我以控诉犯罪嫌疑人的证据链不完整为辩点，提出"疑罪从无"的辩护意见。

2005年4月12日，武平县人民检察院将案件退回公安机关补充侦查；2005年7月1日，再次退回公安机关补充侦查。在两次退回公安机关补充侦查后，因罗某秀依法可能被判处无期徒刑甚至死刑，就移送龙岩市人民检察院审查起诉。在龙岩市人民检察院审查期间，经办检察官认真听取了我的意见，我也给出了"事实不清、证据不足，罗某秀不构成犯罪，不符合起诉条件，建议不起诉"的律师辩护意见。

2005年9月7日，龙岩市人民检察院采纳了我的辩护意见，出具了不起诉决定书。

一周后，我收到了罗某秀大儿子写来的感谢信。

我深深地感受到，专业知识于一个执业律师来说是多么重要。而我，牺牲了许多周末和下班后的轻松时间来学习，是值得的。有付出，就会有收获。这收获，不单单是明面上的胜诉，更多的是自己执业水平的不断提升。

后来，我代理罗某秀申请国家赔偿，武平县人民检察院很快就给予了赔偿，把赔偿款打入了罗某秀农业银行的账户中。罗某秀从死刑嫌犯到无罪释放，最后获得国家赔偿，案件由此结束。

虽然罗某秀无罪释放回家了，但钟某香究竟死于谁手？真凶逃逸，至今仍是个谜。谁又能为钟某香叫屈伸冤呢？虽然我也心存疑虑，但在客观事实和法律事实面前，我作为律师，理所当然地选择相信法律事实以及法律证据。

46

认真勘查现场，让无辜者无罪回家

做律师什么样的人都会遇到。有个叫张某恒的人涉嫌故意杀人抛尸被逮捕，我为他无罪辩护成功后，他竟然要我退还律师费给他，理由是他本身就是无罪的。我一听，要喷茶了，无罪？现在才是无罪。于是，我开玩笑地回答："如果你被法院判死刑了，我的律师费是不是就不用退了。能不能退律师费，你去问问你的妈妈和妹妹吧。"

那是 2004 年 11 月 17 日的一个下午，一位二十来岁的年轻女子找到我，她说："您就是黄律师吧？我要找您办案子。我哥哥被抓起来了，现在在永定县看守所里。"

"哦，是因为什么案子？"

"张某霞被人沉潭了，死了，公安人员怀疑是我哥哥杀的，就把他抓了。"

死者张某霞，四年前，嫁至永定县，生一儿，约三岁。前两年因为夫妻感情不和，一直闹离婚，之后在娘家居住。在娘家期间，与娘家人关系都不是很好，且晚上经常与人到下洋镇泡温泉，与多人有经济往来。2004 年春节之后，张某霞的奶奶建议她用自家闲置店面开设一家麻将馆，美其名曰"村民活动室"，张某霞住在活动室的二楼。出事当晚，也就是10月4日，不少村民在她开设的麻将馆打麻将。10月5日凌晨4点多，她儿子哭闹着沿店门前的大路找妈妈。10月8日，离她住所约一公里的永福桥往下200米处，在一条河里，村民发现一具被电线捆住的尸体（张某霞）。10月16日，张某恒被永定县公安机关逮捕归案。

张某恒是永定县大溪乡某村人，未婚，爱好下象棋，嗜烟，不喝酒。不善言谈，性格乖僻，做事不拘小节，为人比较胆小，连亲生父亲的遗体都不敢靠近，平时连鸡鸭都不敢杀。经多方证实，案发前的10月4日23时左右，张某恒与几位青年一起吃夜宵，至10月5日凌晨零点左右一起回到麻将馆。

10月9日，死者的哥哥向公安机关指控张某恒杀了他妹妹。他的依据是：张某恒未婚，在他家做木匠，熟知他家环境。出事那晚，张某恒又在他家打麻将，而且和他妹妹平时有经济往来。

我和陈律师三次会见张某恒，从他口中听到了与起诉书完全不一样的说辞。

我问："张某霞娘家离你家有多远？她是不是你勒死的？你要实事求是地告诉律师，不能说谎。"

张某恒说："大概七八十米远，她不是我勒死的。"

"你手上的伤从何而来？"

"是我做木工锯木板的时候留下的。我跟龙岩市人民检察院的人说，事情不是我做的，杀人的经过是我编出来的……"

"你有没有推过张某霞的房门？"

"没有推过。后来公安局的人让我辨认现场时，叫我用拳头去推过她的房门。"

回到律所后，我会把得到的信息与案件比对，从中找出某些疑点，再一一罗列出来，加以甄别。此案事实不清、证据不足。

为了不让当事人含冤，也为了让公安人员早日找到真凶，我执笔护案：10月8日，村民发现尸体后报警。同日，当地辅警王新某到现场后，认出死者是本村人，可死者的家人去了现场，却一再否认，直到公安机关做出DNA鉴定后，才承认尸体是张某霞。事发后，每天都有人从坟地经过，包括刑警，都没有人发现那只波鞋（据说是张某霞穿的），可是在悬赏启事发出几天后，有个放牛的人却在那里发现了一只波鞋，这很明显是人为放在草地上的。而且公安机关认定的作案路线约长一公里，犯罪嫌疑人需要带着尸体从邻居张某煌家的后门经过才能将尸体丢进河里，张某煌家里养了狗，为什么当晚没有人听到狗吠声？而且还要经过另一户养狗的人家，他家的狗在夜晚一听到风吹草动就会叫，为何村里也没有人听到狗叫声？再说途中养狗的人家很多，为何没有人发现异常？那条路既窄又曲折，田埂多且杂，即使在大白天要走完那条路，也并非容易的事，张某恒因为骨瘤动过大手术，右腓骨下段切除，取左脚骨移植，加右脚踝重建术（有永定县医院医师潘某某开具的疾病证书为证），留下了后遗症，双脚的承重力无法与正常人相比。这样一个人，如何能搬动一具100多斤重的尸体？何况尸体不能背，只能扛。10月14日，张某恒被提审放回家后，他也没设法逃走，还继续在家赶做木工活。根据与张某恒关押在一起的犯人所言，张某恒曾对他们说，他是冤枉的，他根本就没杀人。而他所供认的作案经过与现场迹象没有一个相符合。

张某恒写过一封信给我，内容如下：

"……上个月我在干木工活时，一根手指不小心被电刨刨到，骨头也刨掉一些，在医院缝了好几针。很长时间，我的手轻轻碰到一点什么都会痛得半死。在看守所，一个多月了，洗衣服、拧毛巾我都一直求人帮忙。我的脚动过手术，每逢天气变化，两只脚都会痛得满头大汗，经常整个晚上痛得睡不着。挑着不到100斤重的东西，走不了多远，两脚便会又痛又麻，站不起来。我能用什么力量，摸黑把一具死尸背到离村子一公里远的河边去？而且还是又小又难走的田埂路。

我们村里的人都知道我有比较严重的皮肤病，经常会反复发作，抓痒抓得疤痕累累、血迹斑斑。我两巴掌上去十多公分的疤痕，是我在锯板厂锯比较大的杉木时擦伤的，离她出事前20天左右就有。我脖子下面一点那个疤痕是到永定来之后，身上很痒抓烂的，在刑警队，他们给我检查身上疤痕时，还是有血迹的，伤口才一点点。如果是别人抓的伤口，会这么小吗？如果是张某霞出事时抓的，近半个多月来，伤口还会有血、还会这么新鲜吗？我从小到大看到人家打架吵架，都躲得远远的，就连自己亲人的遗体我都没有胆子靠近，难道我会有胆去杀人？不是我做的事，我不甘心啊！"

张某恒在信中告诉我，他也给龙岩市人民检察院寄了一封同样的信。也不知其中的真假成分各是多少，办案是要讲求证据的。

"我觉得张某恒作案的可能性不大。一个双脚动过手术的人，脚的承重能力肯定下降，还要在漆黑的夜里，躲避凶犬，悄无声息地把尸体背到河边，再绑上石块将尸体沉下去，我觉得是不大可能的。而且，村子里这么多狗都没吠，这就更奇怪了。既然我们认为不是张某恒作的案，就必须把这背尸之路重走一遍。"2005年1月18日，我与陈律师在办公室分析案情，并付诸行动。

现场勘察，救了张某恒一命。

2005年1月19日，我向龙岩市人民检察院递交了一份委托申请书。申请事项：对犯罪嫌疑人张某恒的双腿伤残程度及负重能力进行鉴定。申请理由：故意杀人案犯罪嫌疑人张某恒十多年前右腿腓骨下段骨患软骨瘤，1987年6月张某恒双脚动过大手术，但公安机关查明，张某恒背尸从杀人现场到抛尸现场的时间是××，经辩护人现场勘察，从杀人现场到抛尸现场的时间是××，这足以证明，公安机关查明的事实是不成立的。为查明事实真相，请求贵院委托有权机关对张某恒双腿伤残程度及负重能力进行鉴定。

2005年4月6日，龙岩市人民检察院给张某恒发出一封《延长审查期限告知书》，期限为半个月。

2005年4月22日，龙岩市人民检察院采纳了我的"张某恒背尸、运尸、抛尸时间无法成立"的辩护意见，将此案退回永定县公安局补充侦查。2005年5月26日永定县人民检察院又重新报龙岩市人民检察院审查起诉。

龙岩市人民检察院经审查后，因为侦查机关没有新的证据，而采纳了我的辩护意见，认为永定县公安局认定的犯罪事实不清，证据不足，不符合起诉条件。依照《中华人民共和国刑事诉讼法》规定，决定对张某恒不予起诉。2005年7月6日，龙岩市人民检察院决定对张某恒不起诉。

2005年7月11日张某恒被释放。同年，永定县人民检察院赔偿了张某恒被关押期间的全部损失。以我经办的多起成功案例来看，对于事实不清、证据不足的刑事案件，律师要认真调查、敢于发声质疑，只有这样，才能把握住法律的天平，让法律真正彰显公平和正义。

律师辩护的第一价值，就是让无辜者免受冤屈。如果当事人（犯罪嫌疑人、被告人）确实有冤情，就需要有一位尽职尽责的律师帮他们辩护，让他们避免受到刑事伤害。律师不能把黑的说成白的，只能把白的还原成白的。也有律师因为侦查机关的疏漏而帮助当事人减轻处罚，这是程序正义的基本要求，体现的是刑法的谦抑精神与实证精神。律师与办案机关其实是一对欢喜冤家，客观上，律师是在帮助办案机关不断提高专业素养，两者共同推动着法治进步。

有意思的是，当张某恒被判无罪后，第一时间就来到我办公室，要求退还律师费，他说："我交的律师费是公检法三个阶段的，现在我在检察院就没事了，无罪了，法院阶段的律师费你要退还给我。"我问："谁告诉你的？"他说："是某检察官说的。"真稀罕，他的话把我逗得哭笑不得！

2019年6月5日，我给永定区岐岭下村村委发函，询问此案真凶是否归案。然而，我至今未收到回复。

47

童养媳杀人，我没能挽救她的命

律师要主动请缨办理重大、敏感案件，体现自己的专业价值，就像医生那样，医过的人越多，医术才会越高明。

曾经，我国有不计其数的买卖婚姻及童养媳。后来，颁布了《中华人民共和国婚姻法》，禁止买卖婚姻及童养媳。但在20世纪80年代以前，童养媳在我国某些穷乡僻壤之地，屡禁不止。到了21世纪初，人们的婚恋观才有了进步，童养媳的风俗慢慢地就被世人摒弃了。

此案的童养媳朱桂华（化名）长大后，没有成为那家人的媳妇，她因爱生恨，因恨杀人，她杀了未与其结婚的"丈夫"的儿子，童养媳成了杀人魔鬼！

这是一部催人泪下的悲情剧。2004年4月初的某一天，在龙岩市新罗区某出租房内，一名女子和她的女儿及姘夫正在谋划一起绑架儿童案。后来，因为事情出现了变化，该次计划没有实施。4月下旬，几人又再次谋划，并付诸行动。

2004年4月26日下午，卢某在龙岩市新罗区某小学门口没有接到她的儿子小钟，起初她以为儿子是去同学家了。但直到天黑，她也没问到儿子的去向，便急忙打电话告诉了出差的丈夫钟某，钟某火速赶回龙岩。

钟某意识到事态不寻常：会不会是朱桂华作的案呢？他越想越觉得事态很严重，因为他知道，他夫妇二人与人无冤无仇，若说有的话，那就是朱桂华，因为朱桂华对他积怨颇深。他在孩子失踪当晚就报了警。

事情果然如钟某所料，他的儿子小钟真的是被人谋害了。警方于4月27日找到了小钟的尸体。而残害小钟的凶手就是朱桂华。朱桂华还拉拢了自己15岁的女儿黄某红及妍夫冉某兴一起作案。

2004年4月26日中午，朱桂华和其女黄某红、妍夫冉某兴把正在上学的小钟绑架到出租房，母女二人用自行车打气筒和砍骨刀刀背敲打小钟的头，并用手掐死小钟，朱桂华割下小钟的生殖器扔进了某厕所后，将小钟抛尸。

公安人员很快就将他们拘押，检察院随之对他们提起了公诉。

2004年9月3日，龙岩市法律援助中心指派我为朱桂华的法律援助律师。

2004年9月6日，在龙岩市看守所，我见到了这个杀了人的童养媳朱桂华，我问她："你为什么要绑架小钟，并把他残忍地杀害呢？"

她看着我，好像已知自己时日无多，便向我诉说了她遭遇的所有不幸。

1981年，年少的朱桂华由其母亲带到上杭县某村，给一钟姓人家做童养媳。从此，她离开了原生家庭，以童养媳的身份，住进了另一个家庭。

这个家庭本有兄妹五个，朱桂华是给这家的长子钟某长大后做媳妇的。钟某大她两岁，她到钟家那年，钟某16岁，她14岁。朱桂华在新家务农，每日起早摸黑地干农活、做家务，帮忙照顾弟弟妹妹们，还每周给在上杭县某中学读书的钟某送菜送米。钟某是个爱读书的孩子，学习成绩优异。

1984年，钟某考进上海一所医科大学。钟家父母经过权衡，觉得朱桂华是一个文盲，配不上自己优秀的儿子，于是，他们打消了让朱桂华做童养媳的念头，着急忙慌地把朱桂华嫁给了本县一个黄姓青年。

在外人看来，没做成童养媳妇不正好么？可朱桂华不这么认为，她深深爱着她的"丈夫"钟某，因为没做成钟某的媳妇，她觉得自己被"丈夫"一家无情地抛弃了，她虽心有不甘，却又无法摆脱被人安排的命运。她觉得自己很不幸，她原本以为，钟某考上了大学，毕业后有个好工作，她与他结了婚，就有好日子过了。她还倔强地认为，他本是她的"丈夫"，她是他的"妻子"。然而，她几年来的美好憧憬，却在快要实现之时，被钟某一家无情地击得粉碎！

试想，一个新时代的大学生，在婚姻自由的新时代，怎么可能和童养媳结为连理呢？即使朱桂华对钟某有着万般爱恋，在上海接受过高等医学教育的钟某，也不可能看上她。可朱桂华固执地认为，她之所以婚后不幸福，都是钟某一家的错！

朱桂华婚后，育有一子一女。丈夫黄某因为她不是处女，后来又知道了她是童养媳，便对她非常不好，轻则叫骂，重则拳打脚踢，还把她刚生下两天的女儿（黄某红）扔到水沟里，说："你母亲是坏女人，你长大了又能好到哪里去？"他认为妻子的"坏"基因会遗传给自己的女儿，以后女儿也会是一个坏女人。而他所认为的"坏"即结婚时不是处女……因为对妻子心有不满，他便让朱桂华去卖淫养家，而他自己好吃懒做，成了一个靠收妻子卖淫钱过日子的腌臜男人。

可怜的朱桂华，二十多年来，走着别人为她安排好的路，无力抗争。别人叫她往东，她不敢往西；别人叫她喝粥，她不敢吃菜。

听她讲到婚后的生活，我才知道，在20世纪的中国大地上，竟然还有女人过着被侮辱和蹂躏的悲惨生活。

后来，朱桂华卖淫事发，黄某因为组织卖淫罪，被判处有期徒刑6年。

朱桂华在丈夫入狱后，继续卖淫，因此结识了四川籍男子冉某兴。

黄某出狱后，与朱桂华办理了离婚手续，但与朱桂华一直有来往，并且也知道朱桂华的姘夫冉某兴。黄某还拼命促成冉某兴帮助朱桂华绑架杀人。

但凡她的丈夫对她多些柔情和尊重,她就不会这么痛恨钟某,也就不会有后续的杀人事件了。

朱桂华曾让黄某带着女儿去试探过钟某,让钟某帮她女儿找工作。她想看看,钟某对她是否还有那么一点点即使是兄妹的感情,哪怕只有一点,她也会觉得欣慰。可是,钟某对她丈夫及女儿的到来表现得很冷漠,还说找工作的事没办法。这让朱桂华怒火中烧,加剧了她对钟某的怨恨,甚至由怨恨上升到了仇恨。她把自己生活中所有的不顺,都算在钟某头上。

于是,恶毒的念头产生了:杀他?杀他全家?她在思考着用哪种方式报复钟某才解恨。后来,她认为,杀他全家比较难,风险太大。而绑架他的儿子,则容易许多,还可以索要赎金来花。

计划好的朱桂华,便教唆女儿和妍夫一起行动。

在公安人员做讯问笔录时,她对自己的犯罪事实供认不讳。

其实,我知道,任何辩护都无法让她脱罪了!

作为法律援助律师,明知这是无果的辩护,我也要履行一名律师的职责。

2004年9月15日,我聆听了法庭调查,对本案的事实和定性没有异议,请求法庭对被告人朱桂华的犯罪动机依法作出量刑适当的判决。理由在于:

本案的犯罪动机有着深刻的社会和家庭因素。辩护人无意规避本案情节特别恶劣、手段特别残忍、后果特别严重、社会影响特别巨大的事实。但回过头来看其犯罪动机,被告人朱桂华作为受害人父亲钟某的童养媳,梦想能过上幸福的生活,梦想没能成为现实,她从一个失望之地又被安排到另一个绝望之处。她的丈夫羞辱她、蹂躏她,还让她卖淫。她丈夫入狱后,她继续从事卖淫活动。在她堕落到地狱的边缘时,获悉受害人的父亲生活得非常好,她就只有一个小小的请求,那就是要求受害人父亲认她做回"妹妹",以亲戚关系来往,但受害人的父亲却表现得非常冷漠。朱桂华认为,自己也对受害人父亲就学提供了不少支持,若是没有自己的支持,也可能就没有受害人父亲的今天!然而她的付出被抹杀得一干二净,所以,她失去了理智,变成一个偏执狂，走向了不归路。这就是被告人朱桂华的作案动机。

被告人朱桂华从一个质朴的农家女走向堕落和犯罪，让人叹息。鉴于被告人朱桂华的犯罪动机具有深刻的家庭和社会原因，请法官依据其犯罪动机和根源作出量刑适当的判决。

在写此案的辩护词时，我曾感到非常纠结。法官按照法律条文判案，有法可依，她的罪行，必死无疑。只是，从心出发，看她的曾经，我难免心怀恻隐。我的辩护词于法律来说，也许苍白无力，但是，朱桂华听了，她或会死得瞑目。那么，就让她听听法律外的温情之声吧！此案，律师的价值已然呈现在人们面前。

2004年9月21日，龙岩市中级人民法院一审判决：被告人朱桂华犯故意杀人罪，判处死刑，剥夺政治权利终身；冉某兴被判处无期徒刑，缓期二年执行；黄某红被判处有期徒刑14年。

罪行终由法定，在法律面前，没有人能随意剥夺他人生命，即使你有天大的委屈也不能！

童养媳，这个旧社会遗留下来的陋习，其不堪，在此案中被放大到了极致。

我的辩护意见是无效的，我也知道这不过是"走走形式"，谁也挽救不了朱桂华的生命。2004年12月8日，一声枪响，她怀着满腔的怨恨，去了另一个世界。

48

拒绝为"淫魔皇帝"作无罪辩护

记得有一次我为王某滥伐林木一案作无罪辩护，庭审后，一位司法人员曾经讽刺我："你跟'死磕派'律师一样，什么都是为了钱，你会害死委托人的！"

我的执业理念是：作为一名刑辩律师，如果我的当事人被定罪，而我觉得证据存疑，那么，哪怕只有万分之一无罪的希望，我也要尽百分之百的努力去辩护。为了公平和正义，纵使会被人不解地嘲笑，我也绝不愿放弃一次为其作无罪辩护的机会。我要为当事人带去希望的曙光，我要辩出清白。

我当律师，自有作为一名律师的水准和素质，也自有律师的底线，并不是一名"得人钱财，与人消灾"的"唯钱是辩"的律师！

2004年，龙岩市永定县发生一起强奸案，我是犯罪嫌疑人陈帝（化名）的辩护律师。在经过几次阅卷、走访的忙碌后，我主动与其家属解除了委托关系，不再担任陈帝的辩护律师。这个案例，真实地回应了某司法人员对我的偏见。

2004年12月5日，我正在律师事务所加班，忽然，手机响了："你好，黄律师，你在办公室吗？在的话，我现在带几个人过来见你。"打电话的女孩是我的当事人——陈帝的女儿小陈。

"我在，你们过来吧。"我想，她们应该是来谈案件的。

不多会儿，上来6名女性，她们看起来年纪都不大。

我所料不差，小陈刚坐下，就迫不及待地说："黄律师，你看，我今天把这些姐妹们都找来作证了，她们都是自愿跟我爸好的，并不是公安机关指控的那样，我爸没有强奸她们。现在，有了她们作证，你要给我爸作无罪辩护才对啊。"她边说边目不转睛地盯着我，好像学生在急切地等待着老师宣布下课、放学。

"是啊！黄律师，我叫陈某，是陈帝的妻子。我们都是自愿跟陈帝师傅好的，他没有强奸我们。你们说是不是啊？"陈某说完，望向那4名女子，她们急忙态度坚定地点头。

我一听，霎时惊愕不已，这些女子，还为强奸自己的人作无罪辩护？

若说小陈出于私情，想为其父脱罪还说得过去，其余5名女子为一个强奸犯作证，怎能不让我大跌眼镜呢！这到底是怎么回事？不急，且听我说来。

2003年11月，龙岩市公安局国保支队接到厦门市公安局线索通报称：永定县瓦窑坪煤矿一个叫陈帝的工人，招揽多名女性为弟子，以传授"中功"为名，有强奸并控制妇女的犯罪嫌疑。

所谓"中功"，乃"中华养生益智功"。1987年8月，创始人是张宏堡，黑龙江哈尔滨市人。1999年，"中功"被公安机关取缔，张宏堡设立的"国际生命科学院"也被查封。然而，"中功"——这种歪门邪道的修炼方法还是被别有用心之人继续利用。

1995年，为了强身健体，陈帝经同事介绍，参与学习修炼"中功"。一段时间过后，他喜欢并痴迷上了"中功"。后来，他为了让自己更上一层楼，到四川成都青城山培训了一个月。回到单位后，以招徒弟"练功、养生"为名，先后招收了张某、陈某、谢某、赵某、邱某5名女性为徒，传授她们"中功"。他们平时打打坐、养养神，看《经书》，看《无量经》，还有一本《即刻开化之匙》，以及释清海（英籍华人，邪教"观音法门"创始人）的书。

陈帝曾经自豪地跟弟子说过："我们县有县班，市有市校，省有省院。我们哪里都有训练基地，是了不起的大机构。"

陈帝先后给5名女性洗脑，说她们与他是前几世的夫妻，在一起是因为要"了缘"。了缘亦是"中功"修炼的课程之一，是"随缘而遇、随遇而建"的课程。"了缘"有两种方式，一种是师徒心与心交流，互相密切联系和照应；还有一种是男女发生性关系。

在修炼"中功"的过程中，陈帝强调师徒之间一定要"了缘"，不然，女弟子会一生没有婚姻，生活漂泊不定，或亲人会活不过二三十岁……他问女弟子们："修炼要看你的诚心。如果我骂你、打你，你怕吗？"

女弟子们答："不怕，只要是修炼'中功'需要我们做的事，我们都不怕。"

他又问："我要爱你们，很爱很爱你们，你们怕吗？"

有些女弟子情愿，有些不情愿。他也不蛮干，只是用眼睛盯着不情愿的女弟子，说："打个比方，你来学习，却没有诚意。我对你这么好，教你'中功'，为了你，我什么东西都舍得给你……"在这样的温言软语下，不情愿的女弟子也渐渐沦陷了，觉得他是真心为自己好，爱自己的。那时，最小的女弟子张某，与陈帝发生性关系时，只有17岁。

更为奇葩的是，5名女弟子互相之间都知道其他人与陈帝的关系，却都能相处融洽，相安无事，她们完全被他掌控并玩弄着。他对女弟子们说："陈某是我第一世的老婆，那时，我是一位皇帝；后世，我是大将军，我又遇见了张某，她是我的妻子……我每一世都有老婆，有一些今世还没遇上，遇上了的话，都要'了缘'的。"

在我看来，这是多么无厘头的话，可是，陈帝就这么轻而易举地糊弄了5

名女性跟他上床，真是恬不知耻！

　　5名女性中，有两人初中学历，两人高中学历，一人大专学历。21世纪初期的高中生、大专生，是接受过十几年教育的，她们为什么会被陈帝任意摆布呢？我想，她们之所以这样，很大的一个原因在于，她们在陈帝教授"修炼、养生"的前提下，还被他冠以"家人的爱"之名蛊惑。当然，也与那个时代人们的愚昧无知有关。

　　她们去陈帝指定的画室上班，一人管账、三人教画、一人管吃喝拉撒，除去各方面开支，剩下的钱全用来"孝敬"陈帝。如此分工明确，俨然是一个没有血缘关系的"大家庭"，而陈帝，就是这个家庭的皇帝，享受着女人们虔诚的供养。他"教导"她们平时不要吃醋，凡事都有先来后到，将她们分为大老婆、二老婆、三老婆……他自己每日美滋滋地左拥右抱，乐此不疲！躺在温柔乡里的他，以为从此可以高枕无忧地做着他的"皇帝梦"。

　　若要人不知，除非己莫为。法治社会，岂容如此违背公序良俗之怪异事发生？那些年，虽然邪教盛行，但我国打击邪教的力度极大，于是，"陈帝们"在市县各级公安干警的雷霆行动下，一个个束手就擒。

　　2004年11月的一天，永定县检察院以涉嫌强奸罪依法批准逮捕了陈帝。不久，我就成了陈帝的代理律师，他小女儿数次找到我，要我为她父亲作无罪辩护。看着20出头涉世未深的女孩，听着她"非打赢官司不可"的话语，我根据永定县公安机关对陈帝及5名女性的调查笔录，给她分析了案情：新中国是法治社会，是不允许有邪教的，邪教是违法的，是会受到公安机关严厉打击的。你的父亲所犯的事，就是通过邪教精神胁迫女性，让她们听命于他、服从于他，并用"软硬兼施"的办法，与多名女性发生性关系，这些都是违法行为。

　　"黄律师，你说错了，她们都承认我父亲对她们很好，连说话都很温和，也没有打骂过她们。"小陈显然不满我对于她父亲的评价。

　　"你的父亲让张某卖掉自己1岁3个月的儿子，然后，让她跟其余女子去某县画室上班,并要求她们上交除去生活开支外的钱,单这两项行为都已违法了呀!更别说与她们之间的那个关系,怎么可能无罪呢?"

"我不管,我只要我的父亲被判无罪,我相信我父亲会无罪释放的!"

我摇了摇头。既然无法沟通,她又认死理,从法律的角度出发,我的辩护肯定不能达到她的要求,那么,我不如退出,让她去找别的律师代理吧。

我的专业和本心告诉我:黄家焱,你心中不是有杆秤吗?法律的天平在你的头顶高悬呢!你不想、也不能为一个违法犯罪分子作无罪辩护!

2004年12月8日,我解除了为陈帝作辩护的委托,让小陈去另请高明。

2004年12月22日,永定县人民法院一审判决陈帝犯强奸罪,判处有期徒刑10年。

陈帝不服判决,上诉到龙岩市中级人民法院。2005年4月20日,龙岩市中级人民法院终审驳回上诉,维持原判。

小陈一审、二审聘请的律师都给她父亲作了无罪辩护。但是,县、市两次开庭审理,两位律师的无罪辩护意见都没有被法院采纳。

案件结束后,有律师调侃我说:"黄律师,他是邪教徒,你就是如来佛。不然,你怎么有先见之明,把这桩案件的委托解除了呢?"

我呵呵一笑:"我本事再大,也无法堪比如来佛呀!我只是凭着本心在做一名律师而已。"

49

我"感动"了福建

2005年1月12日农历腊月初四,年终岁末,人们都在备着年货。上午10点,《海峡都市报》记者黄义伟给我打来电话:"黄律师,恭喜你,你评上了'感动福建'十大人物!明天晚上在福建电视台演播厅举办揭晓晚会,请你提前一天来福州。对你当选一事要暂时保密……"

"我可以带家属吗?"

"可以!作为现场观众。"

"那我夫妻和助理共4人开车来。"

2004年"感动福建"十大人物评选是由中央电视台、《海峡都市报》及东南电视台联动特别策划的。能获得这荣誉,我不禁热泪盈眶!当一个人的倾情付出得到肯定时,必定是既感动又感恩。我想,我只有更好地服务于社会和百姓,才能对得起这荣誉。

我一直觉得,荣誉,是对一个人付出的货真价实的回报,是对职业人最好的肯定。自2004年1月获得福建省"十佳律师"后,我一直用自己的行动去维护司法公正。我承办过一系列复杂疑难案件,被委托人政和县统计局退休干部李志文、连城县庙前镇江开贤等赠匾"硬骨头律师"。

2005年1月13日晚上,我和妻子以及助理黄鹏、同事兰子禄坐在福建电视台演播厅,参加2004年"感动福建"颁奖晚会。

主持人说:感动是年终岁末一段温暖的话题,也是新春伊始一股蓬勃的力量。中央电视台、《海峡都市报》、东南电视台经过一个多月的人物征集、评选……2004年度"感动福建"十大人物为:郑忠华、陈忠和、李威远、陈文斌、黄仲咸。施舟人、元春兰、维和医疗队、黄家焱、雪山登山队……他们来自各行各业,有着各自的感人故事,却共同彰显了"福建精神"……"感动福建"十大人物之一的黄家焱系福建金磊律师事务所主任,他被誉为"2004年福建省法治进程标杆人物"。2004年"感动福建"十大人物组委会给黄家焱律师的颁奖理由是,他是福建省律师界的一面旗帜,他以刚强公正的

我和妻子到福州参加"感动福建"颁奖晚会

律师品格，还无罪的死刑犯以自由之身。在他身上倾情流露的是一名律师的道德和良知，他的行为维护了法律的尊严和司法的公正。有了他这样的人，我们的生活多了一份安全感，多了一份希望。

感动别人，其实先要感动自己。我入选"感动福建"十大人物是公众提名入围的。我知道，当公正还没有体现的时候，只能是律师为它呼吁，自己作为律师，必须尽心尽责，迎难而上，而我的这种做法也被公众看到了，他们认可了我。律师也要有"三平精神"——"平凡之中的伟大追求，平静之中的满腔热情，平常之中的极强烈的责任感。"

50
与死缓只差一纸"谅解书"

事实告诉我，有时候一条生命是非常廉价的。或许只要 300 元，或许只要一纸"谅解书"，就可以挽救一条鲜活的生命。

"经审理查明，原判认定上诉人肖某花犯抢劫罪的事实清楚，证据确凿、充分，认定证据均经一审庭审质证属实，能相互印证，本院予以确认……"

2006 年 1 月 4 日，我收到了武平肖某花抢劫杀人一案的二审判决书，我迫不及待地看起来，以一目十行的速度浏览着。

"本院认为，上诉人肖某花以非法占有为目的，并致一人死亡，其行为已构成抢劫罪。情节恶劣，后果严重，应予严惩。"

我未曾眨一下眼，目光直接扫到了省高级人民法院裁定书后段。

"驳回上诉，维持原判。"

这结果，虽然在预料之中，但我还是觉得惋惜，一个正值青春年华的女大学生，不久后将走向生命的终点。这是终审裁定，她的命运已被一锤敲定，再无生的可能。她做错了事，就要受到法律的严惩，为此付出生命的代价。

过不了多久，她就会带着一颗悔过的心，到另一个世界去赎罪。

案发理由既愚蠢又简单：家贫，想搞点钱来过年。

2005年1月30日下午，家住武平县某大山里已84岁高龄的黄阿婆被人发现死在自己家中的地板上，屋内凌乱不堪，有打斗过的痕迹。在偏僻山村，此消息无疑是平地响起一声雷：是谁那么狠心杀死一个老人呢？是财杀还是仇杀？老人身居大山，每月靠儿女供养，根本不是有钱人。她平素与人无冤无仇，谁会那么穷凶极恶地去杀死一位孱弱的老人？一时间，人心惶惶。

老人的小儿子连忙报警。临近春节（农历2004年腊月二十一）发生命案，武平县十方派出所、武平县公安局、龙岩市公安局三级警员联动，为破案作细致侦查，缜密部署。

老人的尸检结果为：右胸受较大钝性外力作用，胸骨二处横断骨折，右肋骨多根骨折，腰部见青紫斑，头部颅骨骨折，颅内出血。结论是"口鼻被捂致机械性窒息而死亡"。

2005年2月18日，肖某花在云南丽江市被武平县公安局捉拿归案。

肖某花，19岁。案发时，是厦门市某大学大一学生。她在入校两个月后就返回武平县做工。贫穷的家境，让她觉得很难过，她是那么想要改变家境。一个名叫"我要飞"的网友告诉她，要想来快钱，就只能盗窃、抢劫、恐吓、勒索……于是，她头脑一热，在春节前回到老家后，犯下了人神共愤的罪行。她抢劫杀害的是她爷爷的亲嫂子、她的亲伯婆。她把伯婆的金耳环变卖了350元钱后，又返回厦门向人借钱潜逃至云南。

2005年10月19日，肖某花被龙岩市中级人民法院一审判处死刑。肖某花不服一审判决，其家人于2005年11月1日委托我为她作二审辩护。

肖某花生在一个大家庭，爷爷奶奶与她没有血缘关系，哥哥和姐姐都与她同母异父。她父亲入赘母亲家，家人从小都很疼爱她。读书后，她的成绩也名列前茅。肖某花的父母对她管教严厉，特别是她的父亲，她做什么事都拿她跟姐姐比，且父母从来没有表扬过她，但对她的姐姐似乎就不那么严格，因为她姐姐从小就是个品学兼优的孩子，学习也积极主动，不需要大人操心。她的父亲在工地上做工，母亲在饭店帮人洗碗，生活相当拮据。案发前，肖某花看到家里临过年了，还什么都没买，心里很不是滋味，就想出去弄点钱以贴补家用。她本来想抢劫一个女同学的，还买了摩托车绑带和一把铁锤，不巧同学刚结婚，家庭成员多，不好下手。她在同学家住了两天后回家。回家后看到伯婆，想着伯婆一人在家，比较好下手，便萌生了抢劫伯婆的念头。于是，她尾随伯婆上了二楼……

她是个被家人宠爱却没被爱护好的孩子。父母严苛的爱，令她感到窒息。姐姐那么优秀，她根本无法企及更别说超越了。后来高考失利，她想复读，可家庭条件不允许，父母也不同意。亲人对她表达"爱"的方式太过粗暴，让她无法与亲人心灵相通，想说的话说不出口，于是她选择在网上分享自己的喜怒哀乐，以获得在现实生活中得不到的精神安慰，但她年纪太小，交友不慎，被网友"我要飞"带偏了轨道。

一边是贫苦的家庭，一边是繁华的都市；一边是父母"紧箍咒"式的爱，一边是网友为她设下的陷阱……年轻的灵魂逐渐迷失了方向，她选择了铤而走险。

2005年11月2日，天阴沉沉的，雨淅淅沥沥地下，南方的冬雨总是不急不缓。我在武平县拘留所会见了肖某花，她知道自己一审被判死刑，觉得二审改判的希望不大。她流下了悔恨的泪水，大大的眼眸里充满了求生的渴望。泪水多于言辞的她，言语间尽是悔恨："我知道我犯下的是杀人大案，杀人就要偿命。我对不起我的伯婆，对不起爷爷奶奶，对不起父母和哥哥姐姐……"我没有诘问她。我想，这样的局面，她再怎么悔过，也无济于事了，只是作为她的委托人，我要尽一名律师的职责，了解她的作案经过，看能否找到一丝转机，就算找不到转机，也要听听她的心声。

我走访了肖某花的家人，还有那个小村庄里的百姓。她的父母说："我们对她关心不够，总以为她去读大学就可以让人放心了啊。早知道她在学校不爱学习，我们就把她带回家来种田。"我心想，肖某花犯案时是大学生了，你们还能把她带回家种田吗？

　　肖某花几近耄耋之年的爷爷说："她是自寻死路，法院该怎么判就怎么判吧！"老人对这个孙女失望至极，他的眼眶湿润了，沧桑的面容，满是悲愤和无奈。

　　村民觉得事发突然，肖某花的行为令他们难以置信，但也为她年纪轻轻就要告别尘世而感到惋惜……几十位善良、淳朴的村民"伸出援手"，联名出具请求书，请求福建省高级人民法院判肖某花死缓。但只有这个还不够，还需要被害人家属出具谅解书。然而，被害人家属在我多次上门调查、走访时，选择避而不见。他们也对肖某花父母上门悔罪毫不理会，阻断了肖某花家人上门"悔罪、赔偿、求情"的路，他们认为杀母之仇，不共戴天，怎么能原谅呢？

　　从已掌握的资料入手，我拟出了几点理由，希望法院能采纳一二：肖某花刚满19周岁，且无前科；在一审时，认罪态度好，具有悔罪表现；村民联名出具《对肖某花判死缓的请求书》，说明此案没有激起民愤。起草完辩词，我忽然觉得自己从未这样乏力过。如果，肖某花在犯案后能够自首；如果，被害人家属能够出具"谅解书"（我只是从办案的角度思考，当然，我是完全尊重被害人家属意见的），她也许还有被判死缓的可能。

　　在当事人的生与死之间，我的心也是煎熬的。

　　我的辩护只是一厢情愿。2006年年初的一天，肖某花被验明正身，执行了死刑。她带走了她的罪恶，却把悲痛留给了至亲的家人。

51

获评律师界第一个省劳动模范

2005年,中华全国律师协会决定评选"全国优秀律师"。福建省律师协会拿到三个名额,福建省司法厅推荐我和另外两名律师参评,为此,省司法厅还拍了宣传片进行广泛宣传,他们是这样推荐我的:"一个带给人们安全感、平等感的侠义律师……"

我认为自己有实绩傍身,获评是自然而然的事。然而,一桩小事让我失去了此项殊荣。"河田鸡"案有人投诉我,说我违规了,所以,龙岩市律师协会给了我一个训诫处分。

2005年,我与"全国优秀律师"失之交臂了。

2006年5月,龙岩市总工会、司法局首次设立"农民工法律援助志愿者办公室",并且聘请了一批农民工法律援助志愿者,而我就是其中之一。过去是自己带着团队在做,就是一个民间团体,好似找不到娘家人的"出嫁女"。现在有了"娘家人",其实就是有了个合法身份,做起法律援助工作来,心里更为踏实了。公益之路于我而言,是会一直走下去的。

"失之东隅，收之桑榆。"一个至高的荣誉，正悄然而至。

2008年2月22日那天晚上，龙岩市司法局和市律师协会举办春节团拜会。席间，市司法局局长陈粤闽跟我说："家焱，你不是在争取'全国优秀律师'嘛，你创先争优的精神很好，司法局很支持。今年有省劳动模范评选，这可是5年才评一次的，机会难得，我和局里的政治部主任说了，我们司法局有一个推荐的名额，春节前局里也开会研究过了，要推荐的话，就推荐你，因为你在我们龙岩律师界是佼佼者，是领头羊。你可要为我们司法行政系统争光……"

参评省劳模？我一惊，这是我做梦都不敢想的事儿！我马上说："那么高而遥远的荣誉，我可不敢想啊！"

陈粤闽局长夹了一口菜，送入嘴里后，慢条斯理地说："你谦虚是好事啊！这个荣誉也不是谁想要就要得到的。比如你做律师，首先，要爱党、爱国，在业界要有好的口碑，要有突出贡献。其次，你要有维护社会安定的思想意识，在保护国家、集体和人民生命财产安全方面取得了显著的成绩。最后，你在维护职工合法权益、扶贫解困、构建社会主义和谐社会方面也要取得显著的成绩……你才有参评的资格，才有被评上的可能。我们司法局只有推荐的权利，我觉得，竞评的人那么多，优秀的劳动人民也很多，要评上是有点难度的！能不能评上，就看你自己的造化了。"

要参评吗？能评上吗？说实话，在这万物复苏时节，我的心被局长说得蠢蠢欲动。如果能评上省劳模，于我来说，那是评委会对我工作的认可，而我也可以更好地带动业内人士为法治社会服务；于我的团队来说，荣誉也能激发团队所有人的工作热情。

第二天，我到市司法局政工科领表格。填表格时，有领导说："工作努力地做了，荣誉也要争取。荣誉可以对人起到一个鞭策作用嘛！"

既然领导都这么支持了，我还能放弃吗？我几下便填好了表格。

我把表格交到市总工会时，总工会的某领导说："黄律师，不错，新的一年新的气象，有干劲也有理想！不过呢，我也跟你说句实话，依我看，往年呢，都是公安人员当选劳模的多，因为他们冲在办案一线，还有检察院、法院的工作人员也比较有可能。律师当选的可能性就比较小了。但是，你这么多年来，为我们工会做了很多工作，你的成绩也有目共睹，所以，我们工会也是很支持你去参评的，我们也希望你能实现律师界零的突破。我们省迄今为止，还没有律师当选劳动模范，你若评上了，是整个律师界的幸事。"

"所以，我今天就来交表格，碰碰运气。"我知道评上的概率不大，毕竟，这不是我一申请就能得到的。优秀的人太多，却只有 8 个名额，我抱着"得之泰然，失之坦然"的心态，每天照旧受理案件、学习专业知识，偶尔还回老家看望老母亲，日子过得很充实。

转眼到了 2008 年 4 月底的一天，我去 T 县会见一个当事人。同行的蓝律师说："黄主任，昨夜我小儿子闹肚子，我一夜没睡好，现在要眯个眼，打个盹补觉。"

"没事，你睡吧。"我把手机调了静音，怕有电话来会吵醒他。

那天，司机抄小路去 T 县，有一个路段还不是水泥路，车在土路上颠簸前行。但蓝律师却睡得香，脑袋一会儿左一会儿右，一会儿又上下来回磕，那样子，让我想起自己年轻的时候……突然，我的手机振动了，一看，是市司法局领导打来的，他问："黄律师，你现在在哪里？要不要过来喝茶呢？"

我轻声地告诉他我在下县办案的路上。

领导说："哦，本来是想等你过来了再告诉你的，谁知你总是那么忙。我告诉你一个喜事，你肯定料不到的。"

"我能有啥喜事？天天路上来来去去的，思维不会打架就行了。"

"好吧，跟你说，你中奖了，中了个省劳模的奖。给律师界开了荒呀，不错嘛！"

哦！我竟然得了省劳模？在市司法局领导告诉我这个消息时，我仍然觉得荣誉来得有点突然。

"是要谢谢您,待我回来了,再抽空过去喝茶喽!"

蓝律师本来在鸡啄米似的脑袋,一下子往上抬了45度。他侧过头问:"要去哪里喝茶?我们不是去会见当事人吗?"

一直专注开车的司机陈华也笑了:"你不是打瞌睡了吗?要不要先停下车来,到哪里喝杯茶,让你提提神呢?"

"啊?这不要了吧?我能打起精神来工作的。"蓝律师急急地说。

陈华不想打趣他了,告诉蓝律师:"是黄主任评上了省劳模。"

"真的吗?我就跟江律师说过,就冲我们主任这办案水平和劲头,不当选都难。若是有评'超级劳模',说不定主任也能评上。"

"这下,精神抖擞了吧?"陈华又说了一句。

"是的。主任得了这么多荣誉,是我们的楷模。主任,您说,您这荣誉一

获评省劳动模范与省司法厅领导合影(作者为右一)

评就有，哪一年再加个全国优秀律师？羡慕哦！"

"不要羡慕别人，你要让别人羡慕你。"我意味深长地说了一句。

"主任，我知道您的意思，我会加油的。"蓝律师说完，举起右手，握了个拳。

"别把我的加油卡拿去加油了……"陈华贫嘴道。

"陈华，路不平，注意开车。"

"遵命。"

荣誉，它应该与一个人的德行相匹配。今天的一切，都来之不易。人生就像一棵果树，在风雨中慢慢成长，花朵在阳光下绽放。待繁花落尽，就是累累硕果。所有的辛劳铺就的是一条收获的路。

52

事业受阻仍执着于公益

在获得"感动福建"十大人物和省"十佳律师"后,一时间,我在龙岩市律师界风头无两,找我代理案件的人多不胜数。

工作忙归忙,公益事业不能忘,我觉得不仅要在《闽西日报》做义务普法宣传和回答群众的咨询,还要做好对弱势群体的法律援助工作。但是,在工作过程中,我的一个合伙律师对我说:"家焱,我说你呀,不要老是搞这个公益,这是没钱赚的。你看街上,那些只赚吆喝不赚钱的买卖,会有人做吗?傻子也不会去做。你这样做,我们是不同意的。我们还有青少年维权岗,为青少年做义务法律宣传,提供法律咨询、法律援助,已经很忙了,而且法律援助是不赚钱的。你看,有些律师从来不做公益,默默无闻的样子,可是他们是赚了很多钱的,赚了大钱的!我们做律师,压力这么大,工作又很辛苦,不就是想赚钱么?你要这样做,我们是没办法又花时间又贴钱的,说实话吧,这些时间我们实在是不愿意花……"

他说得自然也有理,周围一些只代理付费案件的律师眼看着都富裕了起来，而我们在法律援助的路上，不仅要花时间又费钱，有时还吃力不讨好……但是，法律援助是我从事律师工作以来一直坚持要做的一项事业，如同吃饭时会夹个菜、吃肉时会喝口汤，已经习惯成自然了，要我弃那些弱势群体于不顾，我怎么忍心呢？他们也应当是我国法治社会的受益人。

殊不知，在我与这名合伙律师交流无果的情况下，他不但自己离开了律师事务所，还带走了一半资质不错的律师，律师事务所一下痛失了几个骨干，这事，犹如给了我当头一棒。律师事务所遭受重创，我也只能接受他们的离去，俗话说："道不同，不相为谋。"同时，我也在想，我这样做，难道真的错了吗？也许，在许多人的观念里，会以金钱的多少论成功、论英雄，但每个人的追求不一样，价值观也不一样，我又何必强人所难呢？我有我的信念和坚持，他们有他们的行事方式。我只能说：黄家焱，坚守自己的本心，也祝他们一切顺遂吧！

记得那位合伙律师还说过："我们本来是体制内的律师，现在变成体制外的了，既然我们的仕途没有希望了，那就努力赚点钱吧！可是你看，我们努力了，还赚不到钱，搞得这么辛苦干嘛呢？家焱，你不要去搞那么多社会上的事啊，那些荣誉是虚名，也换不来钱，我们做律师的目的只有一个，那就是赚钱、赚钱！"

我说："我们律师事务所虽然不是以做公益为主，但一定是要做公益的，况且，做公益也不会给我们带来什么损害。"他们不知道，我做公益不是图名，而是本着"相帮"的态度。他们走后，我也有几个晚上都没睡好。我因为做公益被打击了，说心中不难过、不委屈，那肯定是假的。我在思考，同时也在适应，适应别人对我的不理解。我认为公益事业要继续做，不管谁也动摇不了我。

所里一位如我一般意志坚定的律师说："黄主任，有您带领，我们团队就能'凤凰涅槃，浴火重生'，我相信您，我是不会离开您。"

2004年，福建金磊律师事务所首次申报县区级文明单位，并光荣入选，被评为龙岩市文明单位，成为龙岩市唯一获评的律师事务所。在考核的时候，某领导说："文明单位包括精神文明、物质文明、执业文明……福建金磊律师事务所都达到了考核标准。"由领导此番话我联想到我的母亲。那时，她跟我们一起住在龙岩，却经常说不习惯，要回老家住。我们下班回去的时候，常常看到母亲坐在楼梯上等我们下班回家。后来我想，既然母亲不想住在龙岩，那就顺从她的意思吧。我与妻子商量，把老家的旧房子拆了，重建了一座两层半的小洋楼给母亲住。之后，母亲果然在老家住得怡然自得，日子过得舒适惬意。

2005年年初，我想扩大办公场所，便在新洲城同一楼层定了四套房子，作为办公地点。那时，司法局局长陈粤闽问我："黄律师，你买那么多房子干嘛？现在龙岩哪需要那么多律师呀？"我想想也是，因为当时全龙岩只有40名左右的律师，也为了减轻自己的经济压力，我就退掉了一套房子。同年，因为觉得中山路是单行道，出行不方便，就把那边的几套房子也卖掉了。

2006年8月，福建金磊律师事务所搬了家，成为龙岩市第一个有自己办公楼的律师事务所。

合伙人的离开没有影响我们律所的经济收益，做公益也没影响我们的收入，反而给我们带来了发展动力。这似乎应了"凡事都有两面性"这句话。2006年下半年，我把开了几年的小夏利车卖了一万多元，换成三十多万的大别克车。

现今想来，如果当时中山路的几套房子没卖掉，也不退掉新洲城的一套，那么，加上我现在的居所，我就是个千万富翁喽！哈哈，那不是成了大财主，真得美死人啦！偶尔跟人聊天，别人说起他卖房的事情时，我也"啧啧"两声，并说几句懊悔的话，他还以为我是在表示同情，反倒说："黄律师，其实这也没什么，一切都是最好的安排。这钱财、房产及其他东西，甚至人际关系也是如此，总会在该来的时候来，该去的时候去的，我是想开了的。"

讲真，我是真的有点后悔呀！本来到手了的一大笔财富，被自己当初脑袋一热，加上耳根子一软，送到别人手上了。不过，我早就不纠结房子一事了，而今，它也只是我茶余饭后的一个话题。我悠悠沏上一壶茶，慢慢饮下一口，细品其中的甘香。

2018年1月，在中国深圳第十届中国律师论坛上，我作主题发言："把公益做成律师的烫金名片"！

每个人的一生都有自己的目标。目标就像黑夜里永不熄灭的火炬，指引着人们朝着正确的方向勇往直前。我忽然想起一则青蛙的故事：一群青蛙比赛爬高塔，许多蜜蜂聚在周围观看，都不相信青蛙能爬到塔顶。于是反复叫喊："别费劲啦，塔顶太高太陡了，你们是不可能到达终点的！"听到这些，许多青蛙就退出了比赛，只剩下一只青蛙默默地向上爬。后来，放弃的青蛙也凑起热闹，取笑、辱骂那只执着的青蛙，可它依然坚持着，直到用尽全力登上塔顶。青蛙们觉得不可思议，都想知道成功的青蛙是如何坚持下来的，最后才发现，原来这只青蛙是"聋子"。"聋子"之所以能成功，最重要的一点就是，它不会因其他人的悲观情绪、指责嘲笑而放弃自己的梦想。

在聪明人笑一个人傻、骂一个人笨时，那个人装聋作哑、充耳不闻，却始终没有失去前进的勇气。现实生活中，没人愿意被别人说成傻瓜。而有时，律师在公益路上明知吃力不讨好，却仍在跋涉，或许，我们努力了仍然没有得到想要的，但为了心中那美好的梦，就算艰辛，也要一往无前。

53

"感动中国"之前情后叙

每逢年初,不少人会在电视机前期待一个节目——年度"感动中国"十大人物颁奖典礼。每当白岩松、敬一丹走上舞台,对感动中国人物进行采访时,台下和电视机前的观众都会凝神屏气。主持人的声音时而舒缓、时而沉重、时而哽咽,而获奖者也许是因为头一回上电视,显得有些局促,眼中却难掩爱的光芒。

2011年度感动中国人物揭晓,其中有我们早已熟知的爱心榜样,有让我们潸然泪下的感人事迹,还有默默无闻的公益人物。

感动是一种无穷的力量,人人都拥有这种力量。"感动中国"十大人物将他们的力量汇成一束巨大的光束,点燃了我们心中的火种。由此,美德便在我们心中生根发芽……

2005年,走过十年的《感动中国》将特别奖授予了以白芳礼老人为代表的长年热心公益事业而未能获得"感动中国"荣誉的所有爱心人士,并尊称他们为"白芳礼们"。我作为被公众推荐参选的2011年"感动中国"提名人物,也是"白芳礼们"中的一员。《感动中国》组委会给我的微点评是:农民工需要的尊重不是口头上的改名,而是切实的帮助。黄家焱用自己的专业知识做了一件力所能及的事,却展现了许多人不能及的美德。

那么,我作为一个执业律师,又是用什么去感动中国的呢?其实对我来说,就是四个字"平凡、持久",一个案例可以说明。

在一个万物生机勃勃,遍地花香四溢的春天,田某涛这个矽肺病晚期的农民工,和他的工友拿着一袋两三斤的油炸豆腐及一面锦旗来到我的办公室,"谢谢黄律师!我的案子终于结束了。你不仅救了我,还救了我一家……"4年内,我为一个矽肺病农民工提供了多次法律援助,如今,他终于露出了欣慰的笑容。

故事要从 2010 年 5 月 10 日上午说起。那天是福建省龙岩市领导接待日,我接到龙岩市总工会职工服务中心的电话,说市政府有农民工上访,叫我速去帮忙。我到那儿一看,是一个身穿黑色夹克的男子,他跪在门口。我把他扶了起来,发现他呼吸急促,形如枯槁。我扶他坐下,卸下他胸前的上访牌,听他叙述:他叫田某涛,湖北宜昌人,1975 年 11 月 13 日出生,住在某县的一个乡下。2010 年 1 月 15 日,经龙岩市疾病预防控制中心详细检查确诊,他患矽肺病三期。这病犹如死刑。

生病前,他是福建省某县某矿业公司的爆破施工员。多年的粉尘接触史,是其患上矽肺病的根本原因。1993 年至 2006 年,他在某矿业公司开采的矿区从事爆破施工长达 13 年之久。但是,作为用人单位的某矿业公司却从来都没有与他签订过劳动合同。而正是因为无法提供书面劳动合同,劳动行政主管部门称无法对其作出进行工伤认定的决定。

2010 年 2 月 3 日,他前往某县劳动争议仲裁委员会申请劳动仲裁,并请求确认其与用人单位某矿业公司之间存在事实劳动关系。然而,该委员会却以其仲裁申请超出申请时效为由,裁定不予受理。他无奈,将某矿业公司诉至某县法院,请求确认事实劳动关系。法院认为,他提供的证据无法直接证实他与某矿业公司存在事实劳动关系。为此，他败诉了。他说："我知道矽肺病三期意味着什么，我的时日不多了，我个人真的是没有一点办法，很绝望！但我真的很想在我活着的时候，得到一个公平的待遇，寻找到一个说理的地方！"他又说像他这样，因曾在矿山企业就职而长期接触大量粉尘身患矽肺病的，一个又一个因无钱医治而命丧黄泉。且他们的大部分人，均因无法提供书面劳动合同而无法申请工伤认定！

没有任何劳动合同又没有人为他出具职业病鉴定证明，且从参加工作到职业病大爆发已有16年之久了，从离开用人单位到申诉已近4年，这样的官司能赢吗？劳动仲裁他输了，一审他败诉了，田某涛能看到希望吗？官司无法赢，他觉得，摆在他面前的只有两条路：要么等死，要么上访！

我听着他的叙述，心里冰凉冰凉的。我是一名农民工法律援助志愿者，职业的使命感告诉我，一定要尽最大的努力为田某涛做点什么，要以法律援助的方式来告诉田某涛"人间自有正义在"！我坚定地对田某涛说："我为你提供免费法律援助，相信法律会维护你的合法权益！"我卸下他的上访牌，毅然接下这个特殊而重大的法律援助案，帮他提起上诉。

只要尽心，就有转机。

上诉后，我不断地提醒自己，一定要积极做好庭前准备工作，要更加全面地了解田某涛本人的职业经历，要努力通过证据来还原田某涛与某矿业公司存在事实劳动关系的真相。我重新收集并补充了新的证据，对证据材料进行分类整理。

我如期参加了龙岩市中级人民法院二审组织的庭审活动。在公开审理过程中，我据理以辩说服法官。龙岩市中级人民法院认为，"原审判决在认定上诉人与被上诉人之间的劳动关系及仲裁超过时效的问题上，事实不清，证据不足，上诉人的部分上诉理由成立。"并作出裁定：撤销一审判决，发回县法院重新审理。至此，案件获得了重大转机！

案件发回上杭县法院重审，我再次为田某涛提供无偿法律援助。对于重审，我没有因为在龙岩市中级人民法院的判决认定中看到了一点曙光而有丝毫的懈怠。经过更加细致的庭前准备，我先后两次前往县法院参加重审的开庭审理。然而，得来的却是"一盆冰水"。

2011年2月23日，县法院对此案作出判决：田某涛的诉请事实和法律依据不足，驳回原告田某涛的全部诉讼请求。好不容易在二审法院获得了一点转机，却又一次被原审法院的重审全部否定！

原审法院这一次的重审判决让田某涛近乎绝望了，他甚至萌生了极端念头。有人劝我："田某涛这个案件是不可能胜的！以前×县法律援助律师就援助过一次，你现在这第二次、第三次都输了，田某涛的官司是不会赢的，不要浪费法律援助资源。"可是，看到已近乎绝望的田某涛，我说不出放弃二字。我苦口婆心地对田某涛进行耐心劝导，并告诉他，法律一定能够给他一个公正！我的劝导给了田某涛勇气，他决定放弃那些绝望的想法，并再次上诉！

这次，又是在他走投无路的时候，我给了他活的希望。抱着不放弃的信念，我开始了对田某涛的第三次法律援助。为了进一步查明案件事实，我千

为田某涛（右一）提供法律援助

里迢迢从龙岩赶到他曾经为某矿业公司从事爆破施工的工地,去走访、去调查,以完善和核实所提交的证据。

功夫不负有心人,我的努力没有白费!终审判决:撤销法院一审判决,上诉人田某涛与被上诉人某矿业公司形成事实劳动关系。

法律终于给了田某涛应得的公平和正义!田某涛终于拿到了赔偿款,他露出了欣慰的笑容。4年里,他切实感受到也看到了我作为法律援助志愿者的真心与努力。他说:"仲裁和一审两次败诉判决已几乎让我绝望,在案件的反复审理过程中,我也一度有了轻生的想法,但幸亏有法律援助志愿者的帮助,他让我相信法律一定会给我一个公道,从而避免了悲剧的发生,让我有了活的希望!"

54

只有敢辩，才有生的希望

案件没有最终定案时，谁也不敢武断地认为这个被告人必死无疑。"摇一摇"的罪恶——当我第一次了解这个案件时，我也认为法院判他死刑一点也不为过！但是，随着案件的发展，我真的践行了一次"刀下留人"。

大凡有手机微信的人，都玩过微信"摇一摇"吧？摇一摇，可摇出音乐听一听，可摇出帅哥或美女的微信；未婚男女若发展得好，还可结成良缘，但这一功能也带来一些安全方面的隐患。

2015年，一名福建籍男子，通过手机"摇一摇"功能，加了个女子的微信，可仅半个月后，该女子就惨死在他手下。这起案件的罪魁祸首是他们自己，男女双方各怀鬼胎——男贪色，女图财，因此女的走上了不归路，命殒西天；男的银铛入狱，面临法律的严惩。那么，这起惨案到底是如何酿成的呢？

2015年9月1日，一对着装朴素的父子走进我的办公室，请我代理他们家男丁张东（化名）杀人案件。父子俩是犯罪嫌疑人张东（化名）的爷爷和父亲，他们神情凝重。

"黄律师，你看我孙子能活不？唉，他怎么就那么浑蛋呢！"做爷爷的心疼孙儿，孙儿犯下大错，生死未定。看得出来，老人嘴上骂着"浑蛋"，心里却非常担心孙儿。

做父亲的咬牙切齿，他双眼盯着地板，一副恨铁不成钢的样子："我早就说过了，让他不要出远门，他偏要去，我就知道他出门准干不出好事，这不，又来一遭。我打算让他在家找个事做，兴许还能学点好。出门去了又不找事做，整日闲逛，就他那个鬼样子，能做什么好事出来？我根本不想管他了！"说完一连串的狠话后，就彻底沉默了。

"又来一遭"？这话里有话呀！不过，张东父亲没说，我也没问。

做父亲的显然比做爷爷的要冲动。他说起话来，犹如被点着了的炮仗，震得人脑瓜嗡嗡响。他也许在怨己，也许在怨儿。摊上这么大的事，一时之间，这个一家之主也有些不知所措。

2015年9月14日，我和助手罗律师从龙岩出发，千里迢迢前往哈尔滨道里区看守所会见嫌疑人张东。

张东说，他于2015年6月初从福建前往哈尔滨市游玩，入住某公寓。

6月20日左右，百无聊赖的他通过手机微信"摇一摇"功能，将哈尔滨女孩吴某加为好友。之后，他们开始用微信频繁联系。

"你也要把后面的情况跟我们说，我们要分析案情。"我看他欲言又止，便提醒他。

"我和吴某只认识了半个月时间。6月21日早上8点多，我们在一公寓见了面，发生了关系。晚上，吴某又来了，还是在早上那个公寓，我们又发生了关系。到了7月2日，吴某给我打电话，向我借三万块钱，我说没有，7月4日上午9点多钟，她又给我打电话约见面。见了面，她一直跟我要钱。她说，现在有三个方案：一是我给她三万块钱；二是不给她钱，她就报警说我强奸她；三是想让她不报警，就弄死她吧。我被她激得火冒三丈……就用右手掐她脖子。不一会儿，她抓着头发的手就慢慢松开了，我看她的脚还动了一下。我走出房间到门口喘了口气。过了十多分钟，我看她不动了，也摸不到她的心跳了，我知道她已经死了，就把小床的床垫抬起来，把她的尸体放到小床垫子底下，然后把床垫子盖上，拿着她的东西下去退房。"

"都有什么东西？"

"有身份证和两张银行卡、白色苹果手机、现金400多元和其他女性用品。"

第一次到哈尔滨会见张东，我复印了公安人员的讯问笔录。让我吃惊的是，笔录第三行写着："前科。2008年因故意杀人罪，被厦门市湖里区法院判刑五年，2011年释放。"

张东的前案过程：2008年3月12日黄昏时分，张东到厦门湖里区某公寓其叔叔张某岳家串门，其叔叔的女朋友张某萍在家。当时，恰逢张某萍在跟其叔叔通话，张某萍说张东已到家了，让张某岳快回家。张东以为张某萍瞧不起自己，因此心生怨恨。趁张某萍不注意，用绳子勒她脖子，还用双手掐她的脖子。张某萍昏倒后，张东继续用螺丝刀、酒瓶敲打其头部，见其还有气，又用菜刀切其颈部直至流血。张某萍昏迷后，张东下楼买了挂锁，把房门锁上。走时，盗了一台电脑、现金若干、银行卡3张。

张某岳下班发现女朋友受伤后立即报警，张某萍幸得生还。但她右眼眶受伤，颈部留下一条8厘米长的创口，气管受损。

后来，张东被厦门市湖里区人民检察院起诉，因未满16周岁，他被判处有期徒刑五年，2011年9月14日刑满释放。

张东这次犯案，距离上一次刑满释放未满五年，乍一看，天啊！这不是累犯吗？

这是怎样的一个少年，一不满意就杀心顿起，并残忍地付诸行动。虽然，我对于一个犯罪分子不会有好感，甚至还会产生莫名的厌恶心理，但他是我的当事人，我只能履行一名律师的职责，至于如何感化他，我想，这要交给专业的教管员去做了。

初次会见时，他似乎已预见了自己行为的恶果，他说："当时，我知道我做的事会暴露，我觉得自己可能被判死刑，所以我就回家去见了爷爷奶奶，然后，去了厦门……"

2015年7月4日晚，吴某没有回家，她的老公和妹妹多次拨打她手机。开始，手机一响，张东如临大敌，自然不敢接听。几次过后，他就随它响着，置若罔闻。

7月5日，张东用吴某的手机回复了吴某妹妹吴星（化名）几条短信，还要求吴星汇6000元给他，吴星没有汇钱。此计未得逞，张东似乎豁出去了，他给吴星打电话，编了个讹钱的理由："我告诉你，你姐在我手上，抓紧给我汇两万元，不然你就等着收尸吧！"张东给对方发去了他的银行账号，哈尔滨市公安人员对发来的账号进行了调查，发现持卡人是福建省龙岩市的张东。至此，线索渐渐浮出水面。

2015年7月12日，吴某的尸体被人发现。哈尔滨警方依据银行卡号线索，顺藤摸瓜，终于锁定犯罪嫌疑人为张东。2015年7月13日，张东在厦门市被哈尔滨警方抓获归案。

这是一起涉嫌故意杀人及敲诈勒索的双重犯罪，案情已全然呈现。我要做的是，从公安机关的讯问笔录里，从我的会见笔录里抽丝剥茧，找到有利于张东的信息。当然，这"利"是有法可依的。

张东杀人的事实清楚明了，此事无可置辩，但是，被害人也有一定的过错，应该承担相应的责任。她通过微信结识了张东，从张东嘴里得知他是炒股的，或许认为张东是有钱人。两人交好后，以"我陪你睡觉，你要给我三万元，不然，就……"相要挟，在向张东要三万元未果的情况下，用言语激他，加剧了矛盾。而张东思想简单，没有意识到他与吴某发生性关系是双方自愿的，不属于强奸，只认为若吴某不死，自己要么给吴某三万元，要么就要被告强奸。一个年轻气盛又轻狂的青年，觉得与其受骗（给三万元）或受罚（被告强奸），不如让对方去死！于是，法律意识淡薄又心存侥幸的他，在没有准备任何作案工具的情况下，为了摆脱吴某的纠缠，临时起意，激情杀人。

其实，张某不属于累犯，因为他第一次犯罪时未满 18 周岁。这次他有坦白情节，归案后，他能如实供述自己的罪行。在我的主张下，张东家属愿意筹集 20 万元作为对被害人家属的赔偿。另外，张东敲诈未实行终了，系犯罪未遂。

死者为大。我在整理好辩护词时，为了表示对死者、死者家属的尊重，写了一段礼貌诚恳的开头：……辩护人对本案的发生深感痛心，辩护人的辩护不是为了替被告人开脱，而是希望通过公正的审判，让被告人更加深刻地认识自己的罪行，以法律惩罚被告人，这不仅是对逝者的告慰，更是对生命和法律的敬畏。死刑固然是对犯罪的最大威慑，但"一命抵一命"并不是法治社会所追求的。被告人应当为自己的行为负责，应当以自己的行动来赎罪，应当用自己的余生去忏悔，简单地"一死了之"，未必就是最好的选择，恳请法庭能够适当从轻量刑，给被告人张东一次忏悔、赎罪的机会。

2016 年 6 月 20 日，一审开庭的日子。黑龙江省哈尔滨市中级人民法院于 2016 年 3 月 18 日不公开开庭审理此案。审理期间，公诉机关申请延期审理一次。同年 6 月 20 日，哈尔滨市中级人民法院一审判决结果：张东犯故意杀人罪，判处无期徒刑，剥夺政治权利终身；犯敲诈勒索罪，判处有期徒刑一年，并处罚金 3000 元。两罪并罚，判处无期徒刑，剥夺政治权利终身，并处罚金 3000 元。

张东服从一审判决，没有上诉。他的家人筹集了 18 万元给受害人家属，本来说是 20 万元的，但他们确实已经无力借贷了。

年纪轻轻，却为满足一时的色欲，要在牢狱之中度过余生，可悲也！这起典型的"摇一摇"案件，还被拍成普法短剧《"摇"出的横祸》，于 2015 年 10 月 29 日，在 CCTV12"社会与法"栏目播出。

其实，"微友"不是不可交，但陌生男女之间，最好保持一定的距离。在人与人之间的信任还未建立起来之时，所有超出情理伦常和法律范围的贪念都必将得不偿失。

55

助纣为虐？

因为我为曾何文（化名）涉嫌制造毒品案无罪辩护成功，就有人问我："你敢说曾何文没有制毒吗？"我回答说："律师没有指控的义务，我的职责是看指控曾何文构成制造毒品罪的证据是否确凿充分。"

此案发生在龙岩市长汀县。长汀县素有"福建西大门"之称，它地处武夷山脉南麓，南与广东近邻，西与江西接壤，为闽粤赣三省的古道枢纽和边陲要冲，1994年被国务院公布为第三批国家历史文化名城。长汀县风景秀丽，山中有城，城中有水，水波潋滟。绕城而过的汀江被誉为客家人的"母亲河"。客家人以坚韧、开拓、革新的精神建设长汀，使长汀越来越繁荣。

毒品、制毒这两个令人避而远之、闻之色变的字眼，对大多数人来说都是陌生的，这些似乎离长汀县的人们很遥远。然而，从2013年始，长汀县有那么几个青年，却与"毒"沾上了边，走上了不归路。我的当事人曾何文就是其中之一。2013年10月8日，曾何文非法买卖制毒物品罪的刑期已到，被释放回家了。

2016年6月初,曾何文的妻子聘请我为曾何文制造毒品案作辩护。

在阅卷时,根据卷宗上现有的信息进行推理,我发现曾何文没有作案时间。可是,有两个犯罪嫌疑人却通过同监仓的人私下联系,互传纸条,串通口供,要求对方说些对己有利的话。因此,曾何文便被他们"写进"了看守所。

事情要从2015年7月,钟某强、刘某博等人东窗事发,被长汀县公安机关捉拿归案说起。

2015年8月,钟某强、刘某博在看守所串供,利用外派劳务或倒垃圾的时间递纸条,主要目的是串通指证曾何文参与制毒,通过检举揭发来立功,以达到为自己减轻刑罚的目的。

2016年2月23日凌晨,长汀县某派出所民警在居民房将犯罪嫌疑人曾何文抓获,到案后,曾何文拒不供述犯罪事实。

制毒,会流出又黑又臭的污水;吸食毒品,会对个体、家庭和社会造成种种危害。想到这些,人会产生憎恶心理。但办案归办案,要实事求是。曾何文究竟有无参与制毒呢?

2015年8月26日,钟某强在长汀县看守所供述:"2013年农历十月还是十一月,曾何文和钟某明跟我说龙岩有个姓张的老板要找个会做k粉的人,我就去问了刘星隆(化名),刘星隆就向我介绍了刘某博……"

2015年8月26日,刘某博在长汀看守所供述:"2013年9月,钟某强通过刘星隆打电话联系到我,邀我到长汀制作k粉。"

很明显,两人对作案时间的表述不一致,相关内容也存在矛盾点。刘某博称钟某强于2013年9月就已开始邀其制毒,而钟某强称,其是在被告曾何文提议后才找刘星隆,刘星隆再找刘某博。可当时被告人曾何文因犯非法买卖制毒物品罪正在服刑中,他是在2013年10月8日才释放的,怎么可能参与其中?这明显不符合事实。

钟某强和刘某博都说自己亲眼见过被告人曾何文的张姓老板,但一人说张老板开的是黑色路虎,另一人却说其开的是白色路虎,颜色相差这么大,怎么会弄错呢?另外,钟某强还称,张姓老板的车牌尾号是"363",可侦查机关未能提供可证实该情况的任何证据,在本县各个路口的监控中也未查到有此车牌的车进出。

钟某强供述,他在2013年12月的一天,曾经驾驶车牌为闽F6667A的小车,载曾何文、钟某明、刘某博到龙岩拿制毒工具和原料。可侦查机关通过福建省公安车辆卡口平台查询,在此期间,没有该车的车辆卡口信息。

钟某强还说,被告人曾何文与钟某明在2013年11月至12月因制毒一事有多次联系,可侦查机关并未调取到这期间二人的通话记录。相反的,同在长汀县看守所的林某翔在2016年8月30日的供述中称,他确有帮助钟某强和刘某博在看守所内互传纸条。

可见,钟某强和刘某博的供词漏洞百出,不可采信。

侦查机关分别在2016年2月25日、2016年4月11日,到曾何文家里检查,均未发现有违禁物品,且公安机关询问笔录上有曾何文的邻居证言,她并未看到有陌生人进出,也未闻到曾何文家有异常的气味,或者看到有玻璃器皿等物品。而且钟某强和刘某博二人提供的证据,均没有其他人和事实来佐证,所以也无法查证。

曾何文没有共同谋划的时间,也没有继续犯罪的主观意向。因此,钟某强和刘某博两人的口供是不能采信的。

2016年10月8日,我向龙岩市人民检察院递交了我的辩护意见书,认为证据不足,曾何文不构成制造毒品罪。

2016年12月16日,龙岩市人民检察院采纳了我的辩护意见,决定对曾何文不予起诉。

基于"不放过一个犯罪分子,也不冤枉一个好人"的刑事办案原则,我从事实出发,寻找各种矛盾处,还了曾何文清白。

律师,是把好犯罪嫌疑人是否犯罪的重要一关,因此,在相关证据的认定上，不能模棱两可、混淆黑白，更不能编造事实，使法制的天平倾斜。而对编造的事实，律师要以自己清醒的头脑、敏锐的思维、独特的视角去一一印证，让案件中的假证原形毕露。

对曾何文不予起诉的决定生效后，我代理他向长汀县人民检察院申请国家赔偿，但是让我感到吃惊的是，曾何文竟然撤回了赔偿申请。

有人说："他肯定也干了，不然的话，他怎么不要国家赔偿呢？"

更有人戏言："黄家焱律师是助纣为虐！"

我说："作为一个局外人，我内心真的无法确定他有没有参与制毒。但我作为律师，看重的是法律证据，只要证据不足，我就要进行无罪辩护。"这就是"疑罪从无"的原则，宁愿放过一个嫌疑人，也绝不冤枉一个好人！

56

获首届福建省律师优秀辩护词奖

2007年8月，我获得首届福建省律师优秀辩护词奖，其背后的艰辛，至今还历历在目。我曾经跟年轻律师说，当某种惩戒成为一种犯罪时，辩护律师面对的不应只是纯粹意义上的生命，更为重要的是，该案件所依附的一个法治权益。我为林某作无罪辩护，用事实证明了律师存在的意义。

2007年6月21日，福建省高级人民法院庄严宣判：林某无罪。无罪，对于一名年轻的狱警来说，意味着他的职业生涯能延续下去。

三年的坚持，同行朝我竖起了大拇指。罪与非罪，历经三审，控辩双方对4份法医鉴定书展开激烈的争辩，三审法官也对法医鉴定书存在不同的看法，因而该案成为2006年度福建省人民检察院抗诉第一案，该案的辩护词荣获2007年度福建省优秀辩护词。因为该辩护词科学、依法、客观、公正。

由于在诉讼过程中，检察院委托的两份鉴定书均给出了轻伤的结论，达到情节严重，构成犯罪，而一审、二审法院委托的两份鉴定书给出的结论均为轻微伤，未达到情节严重，不构成犯罪。由于是特殊监管人员犯罪，一审法院否认了自己委托的不构成犯罪的鉴定，采信检察机关委托的构成犯罪的鉴定。二审法院虽然采信了自己委托的鉴定结论，但经办法官在审理过程中收受当事人亲属的贿赂，使得控方有把柄质疑采信证据的客观性。到底应采信哪家所做的鉴定呢？法院处于风口浪尖，该案是省里首例虐待被监管人罪案件，控辩双方存在对鉴定人主体、鉴定程序、鉴定师、鉴定内容等的争议，且当时刑诉程序中对于损伤程度的鉴定存在法律缺失、定位不准、程序失当、鉴定欠公、各自"归利"等问题。在控方委托有利于自己的鉴定机构做鉴定，而法院对司法人员犯罪又处于无奈境地的情况下，案结之后，身处其中的各方，甚至关注此案的民众都有心中一块石头终于落地的感觉。法医鉴定机构、法医鉴定结论如何体现客观、公正？这是本案需要思考的。辩护律师如何办理复杂案件，让被告人的合法权益得到相应保障？这也是需要思考的。

2003年1月14日傍晚6点多，因罪犯邱某不服监规，年轻气盛的狱警林某在情绪激动之下，朝其嘴巴打了一下，致使罪犯邱某五颗牙齿脱落……林某这一拳，差点毁掉自己的职业生涯。

检察机关委托的鉴定机构作出结论，认为邱某的伤情为"轻伤，达到情节严重"，林某的行为构成犯罪。因此，此案成为省里虐待被监管人罪第一案，中国法院网等媒体对此案进行了报道。省首例警员虐待服刑犯罪案件，引起了有关部门和媒体的关注。

受林某哥哥的委托，我成了林某的辩护律师。在看守所里，林某一脸悔意，他告诉我："我不该一时冲动打人，还把人打成了轻伤。"

"你的案子，我翻阅过卷宗，当时的情况，你有什么要补充的？"

"事实部分我补充一下。我对他进行批评教育，他不听，想往监室走，他侧着身子走路，一手捧着饭盒，一手放在身后。因为他平时比较不服从管教，看他那样子，我以为他是想要袭警，我一生气，就先给了他一巴掌。当时他的牙齿没有掉下来，歪了一颗，其他牙齿没有松动。过后，他叫别人拔掉两颗。其实，他患有晚期牙周炎。"

"晚期牙周炎？你有材料证明吗？"

"有。2000年某月的一天，他跟中队打过报告，说要去治牙周炎，报告材料是叫别人写的，在张副大队长处。这件事之后，他牙齿跟进治疗的资料也在张副大队长那里。"

"你本人对邱某的牙齿鉴定结果(轻伤)有没有异议？"

"没有异议。"他回答得很诚恳。

可是，到牙科医院进行了走访后，我对法医鉴定为轻伤的结果产生了疑问。

一审时，我就对龙岩市法医鉴定中心所作的邱某牙齿损伤属轻伤的鉴定有异议，我提出申请，要求重新鉴定。2004年7月21日，经法院委托福建医科大学附属第一医院对邱某的伤情进行了重新鉴定，认定邱某的伤情程度为轻微伤(偏重)。

检察院获悉这一结果后，于2004年8月28日又委托中山大学法医鉴定中心对邱某的牙齿进行再次鉴定，认定邱某所受损伤达到轻伤标准。一审法院采信了检察机关重新委托的鉴定结果，作出一审判决：身为监管人员的林某对被监管人邱某实施殴打，造成轻伤，情节严重，其行为已构成虐待被监管人罪，判处免于刑事处罚。

我认为，一审法院依法委托福建医科大学附属第一医院鉴定的伤情属轻微伤，未达到情节严重，一审法院否认轻微伤鉴定，采信轻伤鉴定是错误的，林某的行为不构成犯罪，因而提出上诉。

由于本案涉及法医鉴定，二审决定公开开庭审理时，检察院委托鉴定的中山大学法医鉴定中心鉴定人也到庭作证，接受质证。我提出对邱某的伤情进行重新鉴定，二审法院又委托司法部中天司法鉴定中心对邱某的伤情进行重新鉴定，认定邱某的牙齿损伤属轻微伤，遂判决，撤销一审刑事判决，上诉人林某无罪。后省人民检察院向省高级人民法院提出抗诉。省高级人民法院公开开庭审理此案。针对抗诉意见，我作出如下辩护意见：

龙岩市法医鉴定中心不具有专门牙科，亦忽略了伤者本身患有晚期牙周炎的事实。中山大学法医鉴定中心不是医院，而是面向社会服务的司法鉴定机构，不属于省级人民政府指定的重新鉴定的医院。该鉴定病历是在2004年10月2日在泉州市第一医院门诊形成的，这说明，该鉴定人的牙齿现状已彻底改变，不能完整地反映案发时的客观事实。

依据刑法第一百二十条第二款"对人身伤害的医学鉴定有争议，需要重新鉴定的医学鉴定，由省级人民政府指定的医院进行……"因此，唯有一审法院委托的福建省医科大学附属第一医院，具有专门的牙科，系省级人民政府指定的鉴定医院，其程序合法，主体适格。该院指派口腔科两名主任医师、一名副主任医师组成三人鉴定小组，该鉴定结论有鉴定人签名，加盖了医院公章，符合《中华人民共和国刑事诉讼法》所规定的形式要件，检材完整，内容客观，分析透彻，结论公正。此鉴定结果认定邱某的伤情属轻微伤，原审被告人林某的行为不符合立案标准，不构成犯罪。应维持二审终审判决，即林某无罪。

庭审省高级人民法院采纳了我的辩护意见，作出再审刑事判决：维持二审林某的无罪刑事判决。

我对4份法医鉴定书进行调查，并根据调查结果提出辩护意见，最终，我的辩护意见被省高级人民法院采纳。此案历经一审、二审、再审，最终，以林某无罪落幕。于科学、于法治、于当事人来说，我尽心尽责了。

但是，这个案件也对我敲响了一个警钟：二审经办法官崔某被查处后，"供"出我向他行贿8000元。市林副检察长打电话给我，叫我过去说清楚，否则就采取措施拘留我。还好，我根本没有行贿，是他记错了。虽是虚惊一场，但现实告诉我，我绝不能行贿！否则我就做不了律师了，我得过的所有荣誉也会成为笑话。

57

遂母愿，建设自己的家乡

《养正遗规》之《童子礼》有言："夏月侍父母，常须挥扇于其侧，以清炎暑及驱逐蝇蚊。冬月，则审察衣被之厚薄，炉火之多寡，时为增益。并候视窗户罅隙，使不为风寒所侵，务期父母安乐方已。"而现实中正好相反，都是父母为孩子做的事。

我年幼时，母亲为我做过许多事。而今，我心中隐隐生出一种愧疚感，总觉得对身在老家的母亲不够孝顺。

那年的一个周末，我和妻子回老家看望母亲。乡村的夜，到了9点后，就无比寂静了，真是个入眠的好环境。

天色微明时，整个村庄还在安静的沉睡中。我醒得早，下了楼，见母亲端坐在厨房侧门边，手上捧着个瓷盆，盆里装了些谷子，门外，几只鸡一边啄食地上的谷粒，一边"咕咕"地叫得欢。母亲看看鸡们，又看看路旁盈盈吐绿的蒜苗，自得其乐地轻轻哼着自创的山歌。母亲那年已75岁，但看起来精神矍铄，好像只有60多岁的样子。

晨色朦胧，冷风飕飕地吹。昨夜的冬雨留下了足迹，屋旁，那湿漉漉的水泥地面便是证据。

乡下有句俗话，说"鸟哗（射）屎，人就起（床）"的，是很勤奋且能创造财富的人，意同"早起的鸟儿有虫吃"。

"我把饭煮下去了，还喂了鸡和鸭。"母亲说，她一辈子都是被鸟儿唤醒的，在她的时间规则里，"天微明、鸟始鸣"即起，是正确的。

"哦，那您进来屋里坐，外面风冷。"

"没事的，我不冷。你们是不是下午就要回龙岩呢？"母亲每次都会问我们返城的日子，似在等待，又似不舍。也许母亲问明白了，待我们回去时，她的心里就不会那么难舍。

"是的。下午就要回去，您一起到龙岩住吧！"我经常这样说。前些年，母亲去住了一段时间，后又执意要回老家。

"我哪也不去，就在这家里住。"

"阿妈，我知道您开始会不习惯，但住久了，慢慢就习惯了。您没看见，那么多乡下老人都可以随子女住城里。"

"我真住不习惯。"

沉默了一会儿，我正欲转身走开，母亲忽然说："儿子啊，你有出息了，在龙岩买了几个房子，安居乐业，你建设了别人的家乡，怎么不建设自己的家乡呢？"

冷不丁被母亲这么一问，我竟有点讶异："阿妈，这话什么意思呢？我们家不是有这座房子吗？您说的建设家乡，是让我调回乡下来工作吗？还是……"这座 2002 年修好的房子，用材昂贵且设计新潮，难道母亲不满意这样的房子？

母亲笑了笑，说："不是要让你调回来工作。你阿哥生前没看过你当律师的样子，你说，他会不会想知道你是怎么当律师，怎么给人打官司的？那以前，电视也没播过律师呢，我现在也不知道律师是怎样的。我就知道老师是

在老家为母亲建的新宅（作者为后排左一）

站在讲台上教书的，律师也是站在讲台上讲话的吗？"

说到父亲，我一直抱憾于"子欲养而亲不待"。我劝说母亲与我们同住，就是为了让自己有更多机会孝敬她。以前，父母干活都是早出晚归，晚上回来后要准备晚餐，餐后还要洗澡，来不及看《新闻联播》，待播放连续剧时，劳累了一天的他们，又昏昏欲睡了。常常电视播着精彩节目，他们鼾声大作。第二天醒来，他俩还会为谁后面睡着而不关电视争个面红耳赤。所以，父母没看过关于律师的剧目，也就不懂律师怎样在法庭上唇枪舌剑了。

我该怎么回答母亲的问话呢？我说："没错，律师也有讲台，但不叫'讲台'，法庭上，有'原告席'和'被告席'，律师坐在一张桌子旁，叫……"母亲愣怔了一会，她摇了摇头，还是不明白。我一下竟不知如何解释。

"建设自己的家乡"，母亲的一句话，让我有了新的思索。我和村子里众多的后生一样，离开了农村老家，在城里工作、赚钱、生活，然后，在老家盖个漂亮的房子，以此光宗耀祖，再把长辈接到城里，让老人离开辛苦一辈子的农村，过上富足安乐的生活。如此，周末我也不必来回奔波，可谓一举两得。闲暇时可逛逛公园、爬爬山、吃吃美食、唱唱歌，再让母亲去学跳舞……这样，我的孝行会安抚内心。

可是，尽管妻子也苦口婆心地劝过，母亲却总是坚持己见："我就在家里住。"

那天早饭后，我与妻子说起母亲说的话，我说："既然母亲不愿同行，也只能顺着她了。但是，母亲说了个事，说我不要光建设别人的家乡，也要建设自己的家乡。"

我似乎揣摩到了母亲的心思，忽然有了一个大胆的想法。我把想法跟妻子说了，妻子大吃一惊："家焱，不要吧？你不是说要在厦门或北京买房的吗？你要把那瓦房拆了重建？那不是才建好的房子吗？拆了多可惜呀！还不是浪费钱？而且，乡下的房子既没有商业价值也不会升值。"

我朝妻子摆摆手："只要母亲健康长寿，做什么事都不可惜，钱花没了，我们可以再挣回来的。"

妻子沉吟了一会儿，说："那好吧，既然你已决定，你做主就是了。"

于是，2004年冬，我请人把原来的房子拆了，再扩大了地基，开始动工修建"律师园"。当初下这个决心拆掉七大间房屋时，我心里也是五味杂陈的。"二十年重过南楼"，时间似乎是一个轮回。这20年，对别人来说，或许奋斗出了大成就，而对我来说，这之间跌宕起伏的人生经历，足以写出一部扣人心弦的长篇小说。不过，这20年中，也有值得我骄傲的事，我建了大房子，我当上了村医，我搞成了养殖，我考上了大学……

我建律师园，主要有两个目的，一是想完成母亲的心愿，二是鞭策自己成为"全国十佳律师"。律师园从设计到建成，共计花费了近十年时间，直到2015年才完工。十年间，我把大部分收入都投入其中。

盖园期间，母亲忙忙碌碌却乐此不疲，一天到晚都在监督师傅们做工，俨然成了个超级监工。有时候，她还给师傅们提出建议："你们有没有弄清楚，那个被告席和原告席的位置要相隔多远？太近不好，万一两方的人吵起来了。"弄得师傅们哭笑不得："阿婶，你莫担心，我们都是按照你儿子的交代做的啊！"当师傅们对我说这话的时候，我却心花怒放地笑了，多有意思的母亲，她把律师园当作自己一辈子最自豪的事来对待。

修建中的律师园

母亲听了师傅们的话，遂满意地说："那就好，那就好。"她觉得，他们按照我说的去做，就对了。

盖房期间，我和妻子无法常回家去看，倒是母亲花了不少工夫。母亲热情高涨，干劲十足，好像监工是她朝九晚五的工作，不迟到、不早退、不出错……她还会抽空做些点心，送给师傅们吃，让师傅们受宠若惊："阿婶，你这么大岁数了，别太劳累，我们不饿。万一被你的律师儿子知道了，会不会怪罪我们，找我们打官司呦！"

母亲两手在围裙上擦擦，说："我儿子可没那么小气，他心肠好着呢！他不会冤枉好人的。"

于是，大家便哈哈大笑，点头说："是啊，黄律师可是个大好人，是百姓的贴心律师……"

2005年中秋节，我和妻子回家祭祖。吃完午饭后，我没望见母亲身影，心想，她可能到律师园去了，可那天师傅们都没上工。我走到律师园，只见母亲在捡拾掉落地上的碎砖块，嘴里叨叨着："……你说，我们儿子孝不孝顺？他建一个房子，我心里高兴啊！老头子，你咋不慢点走，好好看看这房子，你不是不懂得那什么……"

"阿妈，你别干那活，我会请人收拾的。"我叫住母亲。

母亲停下手中的活，与我一同回到了家中。

母亲平时爱喝点酒，午饭时她也喝了两杯茅台。家里有亲戚来，大家还在喝着茶，谈天说地，十分热闹。忽然，有人提议，说想听母亲唱山歌，让母亲唱几首山歌来听。母亲也不推辞，也不害羞，扯开喉咙，在厅里大方地唱起来：

> 南阳村系涯家乡，
> 山清水秀风景靓。
> 朝晨站在大门旁，
> 看到日头照村庄，
> 听到喜鹊双双唱。
> 南阳系个好地方，
> 出了一个律师郎。
> 佢个大名黄家焱，
> 官司辩了一场场，
> 十佳律师美名扬。

母亲唱罢，转过头憨憨地看着我。之前，我获得省"十佳律师"的事，母亲不知怎么也知晓了，她逢人便说："我儿子出名了。"别人故意问她："出的什么名？"她开心地说："上了报纸，拿了奖牌，出的律师名。"别人便点着头说："老婆婆清楚着呢，不糊涂。"母亲没事就会哼哼唱唱，自得其乐。

我对母亲说："阿妈，前一段唱得还好听，后一段嘛，你就不要唱啦。"

母亲像个孩子似的呵呵笑着，说："我就在家里唱唱，在律师园也唱唱。我想唱的时候就唱，唱了我心里就高兴。"其实，母亲在许多时候也偷偷摸摸地唱，比如她躺下睡觉时、上厕所时……这些时候，她以为只有自己知道呢！我和妻子及后辈们都见怪不怪了。

看着母亲的高兴劲儿，我似有所悟。在家里，母亲可以无所顾忌地开口说笑、开口唱歌，可是，在楼房密密匝匝的城里，母亲觉得忌讳颇多，左邻右舍也不熟悉。我和妻子上班后，她虽然也会在小区走走逛逛，但没有亲切的面孔，都是陌生人，这让她觉得无所适从。

在那个叫"家乡"的地方，母亲以固定的形式生活，她舒适惬意地度过每一天。日出日落，寒来暑往，都是她熟悉的景象。在那里，她张口就能唱一首自创的客家山歌，然后自我陶醉，就连蝴蝶、蝉也成了她的听众。她在这般美好又静谧的岁月里，享受独处的时光。

在家里，她可以与邻居用家乡话说她听到的某些新鲜事；她可以看着地里的蔬菜、园里的果子、山上的树木——眼角眉梢尽显对大自然的眷恋；她可以端坐夕阳下，安然晨风里……这一切，都是她爱的景象，我为什么要改变她的生活方式呢？

在家里，她烹饪着我们记忆中的美食，地瓜、芋子、番薯叶、豆腐、鸡肉、鸭肉……屋内的神龛承载着她对儿女们平安、健康的期望，安放着她的心灵。

如此，她很满足，很幸福，于是她便健康，便长寿（如今母亲已是95岁高龄了）。与母亲的回忆是我一辈子最珍贵的财富，是无价之宝。有人对我说，如果当初我没在家建律师园，而在厦门或北京买房，我现在就成为千万富翁了。但对于钱财，我吝惜，也不吝惜。吝惜于不敢铺张浪费；不吝惜于，为了母亲——只要母亲喜欢，我就为她花费。

家乡，就是母亲心灵向往之地，是她温暖的港湾。母亲生于此，长于此，我若不尊重母亲的意愿，无视她的情感及精神生活需要，让她离开生活了一辈子的家乡，那么她的精神就无以寄托，她的世界就无法宁静……她便心情不悦、生活不顺。母亲需要的不是现代化的都市，不是富足的生活。能在一个熟悉的环境中生活，她就很幸福了。

明白这一点之后，我不再一厢情愿地让母亲跟我们同行了。我觉得，爱是理解、尊重和包容。我对母亲说："阿妈，您放心，只要您开心，老家和龙岩，都有您的家。您爱住哪就住哪！"母亲看着我，开心地笑了："没事时，我就往律师园去，在那里唱着走着，我心情就很好。如果没有这个律师园，也许我早就去了……"

我建的律师园，就是母亲口中的"家乡"吧！若真如此，那么，律师园——便是我今生献给母亲最好的礼物。

修建完的律师园

58

鲐背老母，自律又迷糊

某天晚上，有个在外地生活了十多年的同龄发小来家喝茶。谈笑间，很快拉近了我们之间的距离。他问我如今家有几口人，我说："三个家，六口人。"他不解，看了眼我妻子，问："三个家？家外有家还不避讳夫人？你过得这么滋润？"妻子笑而不语，我神秘地摇头。然后，他自以为是地说了一句："真有你的……"

一阵忍俊不禁后，我说："我有三个家，因为儿子一家三口在福州，我和妻子在龙岩，而我的老母亲在老家，如此，我不就有三个家吗？"发小恍然大悟："咱俩同龄，你还跟我卖关子！"大家开心一笑。

双休日，我和妻子有时去看看儿孙，有时加班，最多的是回老家看望母亲。若逢年过节，一家六口齐聚老家，四世同堂，其乐融融。

母亲一直倔强地要在乡下住，我和妻子也只好依从她。妻子每天都要给母亲打一个电话问安。哥哥退休后，在南阳镇买了房，吃住都在镇上，有时也会回村看望母亲。九十多岁的母亲，视力渐趋模糊，耳朵有点背，但行动尚可。看到我们回家，她就用客家话乐呵呵地问："满银又来看涯啦？"意即"谁又来看我了？"母亲总爱自问自答，像一个孩童看到出差的大人回来，欣喜之情，溢于言表。所谓"返老还童"大抵如此吧。其实，鲐背之母，心境早已如孩童了呦。

母亲欢笑之余，还会轻声哼唱起自编的山歌：

涯个曾孙系还乖，
看到涯就唤太太。
双手伸来嗳涯抱，
四代同堂乐开怀。

"太太"，是当地人对"曾祖母"的称呼。母亲会对着家人大方地哼唱，也会对着陌生人如腼腆的小女生那样羞涩地唱。

母亲年纪渐大，有时会生出令人诧异的言行。

有次我到武平县办案，下午回了趟老家。母亲正和邻居在门口晒太阳，忽然，她伤心地说："我弟弟都死掉了，现在兄弟姐妹只剩下我一个人了。"母亲的话，让我大吃一惊，舅舅去世怎么没人通知我呢？我说："阿妈，这怎么可能呢？舅舅还在世啊！"母亲抬起满布褶皱的手，擦了擦泪，继续哭着说："我侄子媳妇都杀了鸡给我吃了哦，我弟弟真的死了……"老家习俗，老人离去之后，后辈要送只鸡给和老人有血缘关系的亲戚，以示亲缘还在。

母亲的哭诉来得突兀，我急忙打电话给我哥核实，我哥表示对此茫然不知。我因为还要赶回龙岩上班，就提议让我哥明天带着母亲回娘家。

第二天，我哥发来视频，耄耋之年的舅舅尚在人世，我一颗悬着的心便放下了。心想，母亲真是越老越糊涂了。我当即打电话给儿子，要他元旦带妻儿回来，让母亲看看她的宝贝曾孙。

家门口的田里，干褐色的稻根一拃余长，几只鸡鸭穿梭其间。母亲正出神地望着那景，看见我们回来，赶忙进屋，又是一阵阵欢声笑语。我与她附耳："阿妈，舅舅身体很好呀。"

母亲突然黯然神伤，说："你舅舅真的死了，上次你哥很及时地带我去看了他，你舅舅刚要出殡送去火化，我见过了后，他就被人送去火化掉了。"我听了，心里"咯噔"一下，母亲又开始糊涂了！

我推掉了所有应酬，带着母亲回娘家去看舅舅。母亲一下车，就开始号啕大哭。我扶着母亲说："阿妈，你别哭，舅舅没事的呀。"母亲像个听话的孩子，渐渐止住了哭声。

舅舅因为腿脚不太灵便，躺在床上，但精神还可以。母亲与舅舅相拥而泣，两人老泪纵横。

听我哥说，上次他带母亲来，母亲也是一下车就大声地哭，惹得四邻都跑出来看。俗话说："老人成细仔。"人到了一定年纪，就和孩童一样了，需要人去教，去纠正，或哄着。

也许，母亲觉得无法随时去看望生病的舅舅，担心与舅舅相见的日子会越来越少，便悲从中来。

母亲跟我说过，在我还小的时候，每年种收时节，舅舅都会来帮忙干农活。姐弟两个，一生患难与共，感情很深。母亲与舅舅的血脉亲情，在母亲鲐背之年，越发深厚和难舍。

我们离开老家的时候，母亲倚着车库门，说："你们回去好好工作吧，不要担心我，我自己可以弄饭来吃。"儿子开车驶出大门，我坐在后座，回头看了一下母亲，发觉母亲在抹眼泪，我的心顿时隐隐作痛，我叫儿子停下车，提出让母亲跟我到龙岩生活，可她说什么也不肯。这些年，孙子邀她去福州小住几日，她也摆摆手拒绝。

记得在母亲90岁生日的第二天，她把自己的身份证和社会保障卡给了我，一再交代我，如果她得了病，除了急性的伤风感冒或肠胃病，其他的病就不要去医院治了,她要在家里"告老"。她说,人老了,就要叶落归根……我乍听此言,一时竟喉头发紧,无言以对。

母亲孤零零地坚守着故土,因为那里,有父亲生活过的痕迹,还有她熟悉的乡情乡味,有她认为的"家"的感觉。

有年重阳节,我和妻子因为要去福州儿子家过节,无法回老家陪母亲,我特地嘱咐母亲到我哥家过节,我哥也开车回村把母亲接到他镇上的家。原本讲得好好的,母亲住在他家,可是晚饭后,我哥忽然发觉母亲不在家,急得四处去找。原来,母亲自己走小路要回老家的宅子,但因为现在的路跟以前的路不一样了,母亲走着走着,便迷路了。我哥带着一家人开车去找,后来在一个岔路口找到了母亲,她对我哥说:"你弟一家都在外面,过节我要回去守着你弟的家。"我听后,眼泪滚了下来!

而母亲此举招致哥哥不满,他认为母亲偏心,与他不亲。

近20年来,无论我的姐姐和妹妹怎么邀请母亲去家里,她都不去。她说:"我年纪大了,万一路上晕车什么的,加上我吃饭慢(母亲的牙齿几十年前已掉光),也麻烦……"其实,母亲年纪较轻时,我的姐姐和妹妹以结婚、坐月子、孩子考上大学邀请她时,她都很乐意去。而今,尽管她很想去看外重孙们,也很想去看看自己孩子的新家,但她想到自己年老,出行有诸多不便,便只能作罢了,甚至,她连邻居家也不进去,她说:"我是老人家了,满脸皱纹的样子,小朋友们看到了,会不会吓着呢?我眼睛模糊,哪里有台阶,哪里要拐弯,我也看不太清……"但是,若有邻居或我的姐姐和妹妹去她那儿了,她会拿出好东西与他们分享,还高兴得合不拢嘴。

年迈的母亲虽然逢人会说"这腰痛哦!那腿酸呦!"但她常像个幼稚的孩子,时而开心地嘻哈大笑,时而也无来由地伤心抹眼泪,还常常自言自语、哼唱山歌。

对于母亲,虽说我也尽到了赡养义务,却总觉得有太多的亏欠。母亲故土难离,而我工作在外……庆幸的是,如今母亲在生活上还能够自理。母亲余生安康，便是我这辈子最大的福气！

　　母亲沐浴了近一个世纪的风雨，她的身上，拥有客家妇女所有的美德。今虽老态龙钟，却仍坚韧如斯。她理解后辈出门打拼的不易，从不愿给后辈们添麻烦；她在孤独寂寞中度日，守着一方故土，对后辈关爱有加。

　　母在，老家就在，我回家的路也就不会荒芜。

　　2022年1月26日了，又一年春节临近，"爱子心无尽，归家喜及辰"，母亲永远都在远方记挂着我。

59

8年四度参选全国杰出律师

福建金磊律师事务所自开业以来，就一直订阅《中国律师》杂志。《中国律师》创刊于1988年，是由全国律师协会主办的面向律师界的国家级刊物。该刊能够指导律师管理工作，提供律师业务信息，还能为各律师协会、广大律师及社会各界人士搭建沟通的桥梁，是一本既有理论深度、也有生活广度、更有政策厚度的刊物，其严谨、求实的文章，具有高度的专业性和时代感，因此，此刊深得我所律师们的喜爱。而我，也是《中国律师》忠诚的读者和受益者之一。

2006年12月，我在《中国律师》杂志上看到评选首届"全国维护职工权益杰出律师"（以下简称"全国杰出律师"）的活动，这是由全国总工会、司法部、全国律师协会联合开展的活动，两年一届，每届评选出10名杰出律师。

我能不能自荐参选呢？一连几天，我都在纠结。后来因为忙于处理手头的案件，又临近年终，要办的事情特别多，就把这事搁下了。

2008年10月，我向龙岩市的总工会、司法局和律师协会递交了我的参选资料，参加第二届全国杰出律师的评选。我想，这是作为一名律师的追求。有人问过我："你都有那么多荣誉了，为什么还在不停地参选呢？"我想，荣誉也能检验一个人这段时间工作有没有做好。如果我不能入围或入围了没成功入选，那么就说明我的工作做得还不够，还需要继续努力把工作做好；如果我被选上了，那我还要再接再厉，把工作做得更好。何况我还带领着一个律师团队呢，还带领着一个为农民工提供法律援助的100多人的志愿者队伍。

第二届的评选结果是——我没有入围，这如我所料。

这让我看到了自己的不足。我执业已有十七八年了，虽也获得了省、市及全国的某些荣誉，但我觉得自己还是一名刚退去稚气的"后生哥"。

有一天，市司法局领导打来电话，问起我参评全国杰出律师一事，我告诉他我没有入围，但我一点都不气馁。

"这届没有入围，没关系嘛，你还那么年轻，发展空间很大的。你是律师界的后起之秀，好好做你的刑辩律师，做农民工法律援助志愿者。刘某太案件后，你在全国律师界也算崭露头角了！"

领导的一席话鼓励着我。

我生于农村，长在农村，深知农民工维权的艰难。虽然我为许多农民工提供了无偿法律援助，但我觉得，我所做的，于庞大的弱势群体来说，还只是杯水车薪。

2008年6月，我个人出资10万元成立了龙岩市"农民工法律援助站"，成了139名法律援助志愿者的"领头羊"。我充满热情地为农民工提供法律援助服务。市总工会、司法局、律师协会领导对此表示赞许。时任市委统战部部长、总工会主席黄海英曾对人说过："那个黄律师，人人都说他是'硬骨头'律师，乍听起来，让人以为他是一个铁面无私的冷汉子，没想到他不但自己做好了法援工作，还带动一批律师加入助阵，给弱势群体带来了福祉！有律师朋友共同维护着社会的稳定，是我们国家的一大幸事。"

执业以来，我积极参加职工法律援助和社会公益活动。《闽西日报》开设的"农民工信箱",常年为广大群众义务提供法律及政策的咨询和指导,这些,都是我从始至终、一以贯之的行动。

2008年10月,我当选为第七次全国律师代表大会代表,同时获得中华全国律师协会"全国优秀律师"称号。

2010年10月,我再次通过自荐参评全国杰出律师,这一次,我以为我可以入围了,但评选结果出来,我仍然落选了。

当时,福建省总工会、司法厅、律师协会推荐了另一名律师参选,他入围了,但他最终也没评上。

凡评奖活动,有人参评,就有人得奖,也就有人落选。"胜败乃兵家常事",如我的工作一样,有胜诉,也有败诉的时候。参选的过程,没有殷切的期盼,也就没有强烈的失望,但落选也给我带来了一些反思。

2011年1月,我被中央文明办授予"中国好人"荣誉称号。

获评"中国好人"

2011年10月,中央文明办授予我"全国优秀志愿者"称号。同年12月,我获得中央电视台"感动中国"提名。

2012年10月,我继续参选全国杰出律师。很荣幸,我入围了。这一年,已是第四届了。涂崇禹律师榜上有名,而我又一次与这个荣誉失之交臂。

时间到了2015年12月的一天,在北京市。8年坚持,能不能给自己、给团队一个交代呢?

我已是"屡战屡败,屡败屡战"的一名战士,历经8年,终于得到老天垂怜!哦,不,是我的不懈追求感动了评委吗?我终于当选全国杰出律师!入选应该说是我坚持的结果。倘若我在四度申报之后就心灰意冷了,那么,第五届的全国杰出律师此生就与我无缘了。得奖后,我的视野当然更为宽阔了。我觉得,我代表的不仅是我自己,也不仅是一个团队了。

8年参选全国杰出律师,有些同行不理解。我回想起来,仍然觉得自己的坚持是值得的。如主持人说的:"向第五届全国维护职工权益杰出律师们表示祝贺,他们都是实至名归的,他们都是当之无愧的!"

好一个"实至名归"。而我,为此努力争取了8年。在颁奖之前,全国总工会、司法部、全国律师协会还专门组织人员到龙岩市对我进行考察复核。

十份亮红的获奖证书,似十朵火红的花,齐刷刷地开在十位律师胸前,其中一朵"花落我家"。

当一名为人民的权益、为祖国的安宁倾情付出的律师,是我此生的无悔选择。

60

为女副县长辩护

在一次律师同行的聚会空隙,一名资深刑事律师跟我说,处级以上的领导干部涉罪,他们有关系,还说:"我执业 20 多年,从未被涉嫌犯罪的处级以上的领导聘请担任过辩护律师。""反腐倡廉"是党一贯坚持的鲜明立场,如"把权力关进制度的笼子里,形成不敢腐的惩戒机制,不能腐的防范机制,不易腐的保障机制""纪律面前一律平等,党内不允许有不受纪律约束的特殊党员"等等,每一句,都通俗易懂,都能起到一种震慑作用,让手握公权力的人,不敢以权谋私,"使党员、干部真正懂得,党的纪律是全党必须遵守的行为准则,严格遵守和坚决维护纪律是做合格党员、干部的基本条件"。

在我经手办过的案子中,也有关于在职官员贪腐、受贿的案件,涉及金额有上亿元的,也有几十万元的。

2017 年 8 月 6 日,我接受了一位男性的委托,他让我为他的妻子张某(副县长)作二审上诉的辩护。张某一审被判处有期徒刑三年,并处罚金人民币 20 万元;没收其非法所得赃款人民币 43.63017 万元,上缴国库;扣押在案的黄金 300 克，上缴国库。

当日下午，我和助手董律师一起会见了当事人张某。这是一名约 50 岁的女性，从某大学毕业后一直在政府部门工作。她短发齐耳，眼神锐利，说话亦不拖泥带水，给人一种精明干练的感觉。如果不是因为受贿而被拘押在看守所，此时的她，应该意气风发地在某个办公室或视察点。

我问她："你是什么时候收到一审判决书的？"

"是 2017 年 7 月 3 日收到的。"

"你是在'两规'[①]期间主动交代犯罪事实的，还是在'两规'之前就已交代？"

"2014 年 12 月 18 日，省纪委把我带走配合调查别人的事情时，我主动交代的。"

"你要上诉，我建议你主要从自首、立功方面去争取减轻处罚。另外，交罚金应该可以减少一点量刑。检察部门只要不对滥用职权罪抗诉，那么对你影响不大。"

这是我在了解案情之后作出的判断。我之所以告诉张某我的判断，是因为我有法可依。

从张某的案件来看，虽说她受贿的数额不是特别巨大，但也踩到了红线，也是致罪的。

张某受贿现金合计 30.96098 万元，购物卡 10.4 万元，黄金 300 克，港币 20000 元，英镑 1000 元，共计折合人民币 54.45017 万元，属于受贿数额巨大，但张某对几起受贿定罪持有异议。

她在给我的信件中写道："我在十八大之前退还请托人所送的财物，远不止钟某一人。其中，吴某从 2008 年至 2009 年年底，前后 4 次送钱和物给我，他的证人证言中涉及他送的金条已归还的事实，在本判决中也有体现。吴某

[①] 又称"两规""两指"，是中共纪检机关和政府行政监察机关所采取的一种特殊调查手段，"要求有关人员在规定的时间、地点就案件所涉及的问题作出说明"。

于 2009 年委托股东陈某送我 20000 元港币也已归还的事实，我也多次向办案和侦查机关供述。何某除其中 10000 元在十八大刚召开的 2013 年 1 月归还之外，在 2009 年春节送的 10000 元，我在专程去她家归还遭拒绝的情况下，立即购买了一箱五粮液，又给他小孩一个 3000 元的红包，以何某能够接受的方式归还。从何某的口供中，也能得到印证，只是对我有利的事实，一审未予以认定。吴某与何某部分财物在十八大之后归还，也是在 2013 年 1 月之前，那时的反腐力度在福建省 H 市并未体现。事实证明，我任领导职务以来，一直不断地归还请托人的钱和物，在'双规'和侦查期间都有详细供述。"

"一审以十八大反腐力度加大，主动归还他人所送财物等，作为受贿定案的理由，我觉得没有法律依据。难道法律还鼓励大家顶风作案吗？2014 年中秋节后，陈某被调查后已回家，本人同样归还他人所送财物，事实证明，归还请托人所送财物是本人一贯的自省、自觉的行为。2013 年中秋、2014 年春节所收财物，在半年左右给予退还或上交一部分财物，应属及时吧？一审定性为受贿，我觉得证据不足……"

这是一起复杂的案件，一审刑事判决书共有 58 共 45000 多字，所列款项及事由清楚，数字明确。一审判决认定张某有两部分罪责，即受贿和滥用职权罪，共有 18 项受贿事件，金额在 5000~160000 元。滥用职权的定罪是从部分受贿案中引申出的。

张某受贿 30000 元及以上的有五项，其余十三项受贿金额在 30000 元以下。当时，有人劝张某及其家人不要上诉了，说法院已经很照顾她了，上诉是不可能改判的。

也有人对我说："你不要给她作二审辩护了，她堂堂一个副县长，认识的领导多，能找的关系也多，人家都是有头有脸的人物，她家人还不会去求情？人家求情后也这样判了，你一个当律师的，还想怎样？难不成你收了她的代理费，你就能给她改判无罪？"

我说："判无罪是不可能的，但是，根据法律，她的刑罚是可以减轻的。"

劝我的人摇摇头转身离开了。

是我一意孤行吗？我扪心自问。不，我是在为当事人依法维权。对一个有求于我的当事人，我都这么做了，难道这次，我听见人们质疑的声音后，就打退堂鼓？

"不！"我从心底发出了呐喊，喊出了我的坚持！莎士比亚说过：聆听他人之意见，但保留自己之判断。

我相信法律，相信自己的专业。我的直觉告诉我，张某案件很大程度上可以改判。我查找证人证言，查阅卷宗，逐一核对张某的受贿事项，哪一笔哪年哪月哪时收受的钱物，又哪年哪月哪时退还的，哪笔钱物不足30000元，哪笔钱物双方措辞不一、证据不足？我一笔一笔地细细核对……终于，功夫不负有心人！我查出了十几个与一审判决认定不符的事项。于是，我着手写我的辩护词。我列出了十七项张某收受钱物的数量和时间，以及她退还钱物的数量和时间，做成了一张表格。我的表格一经列出，连自己都惊讶不已！原来，张某的"受贿罪行"远没有一审认定得那么严重。

我拟定辩词的方向是：张某不构成滥用职权罪。关于她收受20000元港币及一些礼品的事项，原审判决认定事实不清，证据不足。因为张某在收受吴某的20000元的第二天，就把一个装有20000元信封的绿茶礼品盒放在吴某的车后备箱。她退还财物行为都发生在收受财物第二天至半年内。原审判决认定的"退还时间大多是在十八大之后，并主要集中在2014年3月至6月，是基于与其受贿有关联的人被查处，怕自己受贿事实败露和反腐形势更加严峻等原因才退还的"这一说法，我觉得失之偏颇。我认为，原审认定带有很强的有罪推定的主观推测倾向性，并未全面看待本案的客观事实，是片面的、不够客观的。个案有个案的具体情况，不宜一棍子打死，其行为没有达到必须用刑法进行处罚的程度，完全可以用党纪和行政处分来达到"惩前毖后，治病救人"的目的，不然，怕会造成某些当时不知情的"受贿人"事后不敢退、不能退的负面效应，反而起不到应有的反腐效果。而且，有三起收受财物的行为不应被认定为受贿,因为她当时就把钱和物交到单位,并由单位同事开具了收条。不能以"被告人此举发生于十八大后,有利于被告人……"为由而认定其受贿。张某有自首和立功表现,也愿意缴清罚金,在案发前后,及时主动退还违法违纪钱款,其主观恶性小,犯罪情节较轻,系初犯,犯案前一直遵纪守法,无违规违纪行为,又是让人尊敬的好领导,工作期间兢兢业业,表现出色。只是因为法律意识比较淡薄,思想松懈偶尔犯了错。张某有过沉重的忏悔,此案也给予了她深刻的警醒,请求二审法院本着宽严相济的政策及原则,酌情对其予以从轻处罚。

2017年11月7日,福建省高级人民法院依法组成合议庭,经讯问被告人及听取辩护人意见后,11月28日,采纳了我的部分辩护意见,改判张某有期徒刑二年六个月,处罚金10万元。对张某来说,此判决似乎是"实报实销",不用去监狱服刑了,罚金也减了一半,预交的罚款还可退还三四十万元。

判决结果出来后,张某家属给予了我赞赏:"在刑事辩护面前,'专业'永远胜于'关系'!"他们对此判决表示服从。这,是张某坚持上诉,也是我坚持为她辩护的结果。为张副县长辩护给了我启示:无论给谁做辩护律师,不讲关系,讲专业。

说说贪腐的危害。"为官一任,造福一方。"身在机关部门,为民办事本是应该的,不能"论礼而为,依礼而办",更应摒弃"礼好给理,礼厚就批"的腐败风气,那样只会让腐败之风无边蔓延。公职人员勤政为民,切莫以身试法,万不可"身居公明之高位,却无爱民之寸心"。

枉法者,无异于行走在钢丝绳上。贪婪引诱着他,一不小心就会坠入万丈深渊,摔得粉身碎骨。

61

我为七旬老太辩护

受理陈某玉故意杀人案，对我来说纯属巧合。

一名七旬老妇被控投毒杀害丈夫和儿媳，她在侦查和审查起诉阶段认罪后，面临死刑的判决。

我作为陈某玉的法律援助律师，介入此案后，从细节入手，发现端倪，然后竭力依法为她辩护，历时两年多，两次开庭，最终，检察院撤诉，陈某玉被无罪释放。她被关押将近三年，我为她向检察院申请国家赔偿。她于2021年12月，获国家赔偿，检察院为陈某玉消除影响，恢复名誉。这是我的又一个无罪辩护成功的案例。

2019年10月8日，那是一个再普通不过的下午，我所收到龙岩市法律援助中心"援指字（2019）第142号"通知书，指派福建金磊律师事务所承办陈某玉故意杀人案，原因是陈某玉不懂普通话，要求指派懂得客家话的律师为指定辩护人。而我恰恰就是客家人，主要业务又是刑事辩护，于是就安排我担任该案的辩护人。

2019年9月2日，龙岩市人民检察院向法院提起公诉：被害人王某锦（男，殁年80岁）与被告人陈某玉系夫妻关系。2018年始，被害人王某锦时常殴打、辱骂被告人陈某玉，陈某玉因此心生不满。2019年2月25日（农历2019年正月21日）下午，陈某玉在家中厨房煮晚餐时，被害人王某锦无故用拳头殴打陈某玉，使陈某玉产生给王某锦下毒以摆脱其虐待的想法，遂将放置于一楼楼梯水桶内的老鼠药取出，倒入煮好的肉丸汤、花菜以及猪油里。王某锦、李某玉（陈某玉的儿媳）食用肉丸汤、花菜后，先后产生呕吐、抽搐等症状，被送往上杭县医院救治。王某锦、李某玉分别于2019年3月26日和2019年4月23日死亡。经鉴定，王某锦、李某玉均因毒鼠强中毒而死亡。被告人陈某玉因家庭矛盾在食物中投入老鼠药给家人食用，致丈夫和儿媳二人死亡。陈某玉犯罪事实清楚，证据确实、充分，应当以故意杀人罪追究其刑事责任。被捕后，陈某玉对自己的犯罪事实供认不讳。而且，在公安机关侦查起诉和检察院审查起诉的两个阶段，龙岩市法律援助中心均给她指派了上杭县和龙岩市不同的律师，为她提供法律援助。在两位律师面前，陈某玉也表示认罪伏法。

我看完起诉书，认为这个经过公安机关侦查、县人民检察院审查起诉、市人民检察院移送起诉，且在这三个阶段陈某玉均如实供述并自愿认罪的案件，应该会很快结案，就像那些事实清楚、被告人认罪的重大案件一样，法律援助律师不需要特别为其做积极辩护，把流程走完，去法院阅卷、看守所会见、写一份辩护词、开个庭审就基本可结案了。若是能给她争取个死刑缓期二年执行，保条命，便算大功告成。

2019年10月19日我与陈某玉的儿子王秋某、女儿王冬某进行交流沟通。陈某玉在上杭县公安局侦查阶段、上杭县人民检察院移送审查起诉阶段和龙岩市人民检察院审查起诉阶段如实供述，自愿认罪。因为陈某玉认罪了，被害人的亲属为陈某玉出具了谅解书。这个案件似乎已经是板上钉钉的事。

2019年10月23日，我预约第二天到龙岩市看守所会见陈某玉。当天晚上，我在准备会见时要问的问题时，想起其女儿王冬某和儿子王秋某的证言，忽然心生疑惑。她女儿王冬某在2019年2月26日的询问笔录中说："案发当天晚上5点多的时候，我去看望父母，我过去的时候母亲已经煮好了晚餐。当时我母亲煮了一锅肉丸，把中午吃剩的花菜炒肉重新热了一下，母亲留我吃饭，我就跟父亲王某锦、嫂嫂李某玉一起吃晚饭，吃饭的时候，我只吃了大半碗的丸子汤及四五个丸子，花菜、米饭我都没有吃，父亲、嫂嫂也吃了丸子汤及丸子。不久，父亲晕倒在地，双眼紧闭，没有意识了。这时，母亲说在客厅的嫂嫂抽搐起来，我就叫母亲看住父亲，我出去照顾嫂嫂。我出去看到嫂嫂坐在藤椅上全身抽搐，嘴角还流出白色黏稠的胶状口水……不久，救护车来了，他们二人后来都死了。当时，我在去医院的路上也感到头晕并呕吐了三、四次，到县医院时整个人浑身无力，意识也模糊，又吐了三、四次，因此也住院治疗。我们几个人的共同症状是都出现意识不清的情况，我还呕吐……"而陈某玉的儿子王秋某则在2019年3月8日的询问笔录中说："我同父异母的大哥王珍某一个人吃住。2018年因为分财产的事情与我父亲发生过争吵……"

从起诉书来看，陈某玉的犯罪动机是"被害人（丈夫）王某锦无故用拳头殴打自己，于是选择给王某锦下毒，以摆脱被其虐待"，因家庭矛盾致丈夫王某锦、儿媳李某玉死亡。

看陈某玉儿女的证言，我依据自己长期办理刑事案件的经验推断出结论：这个案件有问题！从我们的生活认知来看，陈某玉因为对丈夫不满毒死丈夫，这有可能，在毒死丈夫的过程中顺便毒死儿媳也有可能。但是，她在没有犯罪动机的情况下，要"留下女儿吃饭"毒死女儿，没有这种可能。这两份证词给了我一个意外收获，成了我为本案当事人进行无罪辩护的一个突破口！

2019年10月24日，我起了个大早，到龙岩市看守所排队会见陈某玉，只见她佝偻的身躯是那么脆弱不堪。我最初并没有问她具体案情，只是问她的家庭情况和成长经历，接着问她在公安机关和检察院的认罪情况，以及在侦查阶段和审查起诉阶段在两位律师面前的认罪情况。她的说法与之前都一样。当我提出一个问题："你看上去挺善良，但实际上心怎么这么坏，明知道肉丸汤里有老鼠药，你女儿回去了，你还要留下你女儿吃了饭再回去？虎毒不食子，你这是要毒死你女儿给她父亲陪葬？不然的话你为什么又要毒死回娘家看你的女儿？"瞬间，陈某玉脸色变得苍白，似乎有什么东西冲击着她的心灵，她大哭起来："我没有要毒死我女儿！我没有投毒啊……我没有投毒！我是被关押后不知道家里情况，以为家里面的人不管我了。我两个孙子都近30岁了还没有成家，那天又没有外人在我家，既然有人投毒，就是我家的几个人。我想着如果儿子被抓的话，家就都散了。我愿意替儿子去死！因此，我就承认是我投的毒，反正我已经73岁了，死也无所谓了，但是儿子不能出事。因此在之前公安机关侦查和检察院审查起诉阶段还有两位律师面前，我都说是我投的毒，自愿认罪。"

果然不出我所料。我的无罪辩护有了开端：一是陈某玉的作案动机存疑；二是她的老鼠药来源不详。

因为本案发生了重大变化，为了避免使公安和检察机关怀疑我帮助或者唆使陈某玉翻供，让我掉入刑辩陷阱，在会见结束后的第二天（即2021年10月25日），我根据会见和阅卷情况，又听取了陈某玉近亲属与被害人王某锦、李某玉近亲属的意见，向龙岩市司法局、法律援助中心、律师协会递交了《律师事务所受理重大案件呈报表》和《重大案件汇报书》，说明辩护人在会见了陈某玉后，陈某玉否认自己投毒杀害王某锦、李某玉的事实。辩护人认为陈某玉不具有作案动机，且作案工具毒药的来源不明，案件事实明显不清楚，陈某玉的供述违背常理。本案事实不清、证据不足、适用法律错误，陈某玉依法不构成故意杀人罪，应当宣告陈某玉无罪。

2019年12月5日，我观看了陈某玉第一次供认不讳的全程同步录音录像，对陈某玉所作的"如实供述"及自愿认罪的有罪供述存疑，认为其不能作为定罪依据。

同时，经过我的社会调查，陈某玉人很善良，也通情达理，是村里人和政府认可的"好婆婆"，因此，其犯罪动机存疑。我认为本案的辩护要点在于：在案发的前几日，也就是从2019年2月20日起，陈某玉全家人就已经出现呕吐、头晕等类似于中毒的症状，不能排除在案发前他们家就已经被人投毒的可能。另外，陈某玉被指控的投毒行为不符合常理，在当地村民的眼中，陈某玉一直是与家人和睦相处、互敬互爱的贤妻良母典范，照顾瘫痪在床的儿媳李某玉近十年，被上杭县才溪镇人民政府授予"好婆婆"的称号。如果她要杀儿媳，只要不管儿媳、放弃护理即可，没有必要再去特意投毒。陈某玉的女儿王冬某也对母亲敬爱有加，如果说陈某玉无法忍受丈夫对她的辱骂和殴打，尚在情理之中，但她留下女儿吃饭、要毒死自己的女儿明显不符合常理。她的继子王珍某是其丈夫与前妻所生的大儿子，一生未婚，其时患有直肠癌，曾被判刑十几年，案发前因治病和赡养王某锦、陈某玉以及卖地纠纷等与王秋某、王某锦发生过争执，并扬言要弄死王某锦。据陈某玉的女儿王冬某所述，她在案发当天曾在村里看到过王珍某，但是公安机关调查时，王珍某说他当天不在现场。

2020年11月13日，本案公开开庭审理，并进行了网络直播。针对公诉机关的指控，我提出了10个疑问。除被告人陈某玉的有罪供述，公安机关提取的肉丸、花菜检出毒鼠强成分，确认被害人死于毒鼠强中毒这几个证据外，其他证据尚不能证实被告人陈某玉有投毒的主观故意。其犯罪目的不明，投毒行为只有她的口供，没有物证。因此，指控被告人陈某玉犯故意杀人罪，属于证据不足，不能定罪。

2021年2月10日，我向龙岩市司法局递交了《关于陈某玉故意杀人案辩护重大案件汇报》，阐述了我决定为陈某玉作无罪辩护的理由。

第一次庭审结束后，陈某玉的儿子王秋某告诉我："有人跟我说，你妈自己都承认是她投毒的，又自愿认罪了，这案件怎么可能判无罪？再敬业的法律援助律师也没用！"

2021年7月19日第二次公开开庭审理，庭审现场进行了网络直播。当天，检察院除了原来的检察官，还增加了四名检察官，一共五名检察官坐在了公诉席上。同时旁听席上还有其他检察官和实习生。这强大的阵容让我感到压力颇大，检察机关对此案的重视程度可见一斑，当然这也激发了我作无罪辩护的动力。这次庭审，公诉人出示了多份证人证言，以说明陈某玉投毒的犯罪动机。同时，办理此案的两名侦查人员和原侦查阶段的法援律师出庭作证，证明陈某玉的"如实供述并自愿认罪"是真实、合法、有效的，应当作为本案的定案依据。

我发表了充分的补充辩护意见："本案指控被告人陈某玉故意杀人的动机不明，犯罪证据不足，不能认定被告人陈某玉有罪，应当宣告被告人陈某玉无罪。"

第二次公开开庭审理后，我提出的辩护意见被法院采纳了。2021年8月27日，龙岩市人民检察院以"证据发生变化"为由，要求撤回对被告人陈某玉的起诉。

2021年8月31日，龙岩市中级人民法院作出"准许龙岩市人民检察院撤回对陈某玉起诉的裁定"；9月7日，陈某玉获得释放，回到了久违的家。

2021年9月30日傍晚19点，时值秋季，天已漆黑，一辆警车悄然停在上杭县才溪镇中兴村陈某玉家，车上下来龙岩市人民检察院的几位检察官，他们向陈某玉送达"不起诉决定书"和"解除取保候审决定书"。

秋天是收获的季节！这两份决定书是2021年国庆节我收到的最美礼物！

陈某玉（右二）无罪释放

2021年11月19日，上杭县人民检察院国家赔偿工作办公室决定立案审查。2022年1月12日，上杭县人民检察院作出《刑事国家赔偿决定书》，为陈某玉消除影响，赔礼道歉，恢复名誉，并进行赔偿。

我揭开了陈某玉"认罪"的真相，坚定地给她作无罪辩护，此案才有了转机，没有造成冤假错案。我作为法律援助律师，将一个有可能判处死刑的案件辩成了无罪，并尽责到底，帮助她获得国家赔偿，使她恢复了名誉，获得了新生，我觉得很欣慰。这是我作为一名律师的良心和职责所在。

法律援助律师只有具备较高的业务能力和执着的精神，才能真正在个案中彰显公平和正义！近年来，法律援助律师常常蒙受污名，被称为"占坑律师"。而此案无罪辩护的成功，使我得以又一次为法律援助律师正了名。

我觉得，为弱势群体提供法律援助，是一项与苍生为伴、与善良同行的事业，律师同行可投身其中，作出自己力所能及的贡献。

该案例以"求真求善捍卫法治精神，法援律师坚持'疑罪从无，终获撤诉'"光荣入选第二届中国律师公益（社会责任）典型案例。

62

三人成虎，深潭沉冤

  为什么要有法定程序？为什么要有律师？就是怕只要有三五个证人说某某是坏人，那么，即使某某不是坏人也会被说成坏人，造成一起起"说出来"的冤假错案。

  2022年元宵节前，发小黄仁太来电告诉我，经村理事会建议，因新冠疫情已经停止两年的"扛菩萨、迎花灯"活动今年照常举办。为此，我正月十三就回到老家，直到十六下午才返城。在这近四天的时间里，我与亲朋们举杯畅饮、说古道今。不知不觉又说到我幼年时亲历的一个冤案。

  这是一个凄婉的故事。1974年，我10岁。正值夏收夏种时节，我所在生产队的谷子晒干后，再上磅称重，发觉比往年少了三千多斤。队员们个个人心惶惶，少了那么多谷子，这究竟是怎么一回事呢？南坑大队有九个生产队，其他八个生产队也收割了稻谷，他们十万斤湿谷子能晒出七万二千斤左右的干谷，而我们生产队只晒出六万九千斤干谷，这样的数字差，怎能不让人绷紧神经呢？少的是全队人的粮食啊！湿谷挑回来，先称重登记，再交给晒谷子的队员晒干，用手摇风车摇掉瘪谷（俗称"车谷子"）后进行称重，最后入仓保管。

大人在把稻谷倒进风车斗里时，会洒出些谷子来。于是，大人车谷子，小孩捡谷子。捡的谷子，可以拿去换甜甜的麦芽糖或者喂鸡鸭。我常比同伴捡得多，换的麦芽糖也多几颗，人称我"小精灵"。儿时的收获季就是我的甜蜜季。

收获的谷子，白天有专人负责晾晒，晚上"车好"进仓锁上大门，每家几天轮值守夜。为了挣那每晚守夜的两个工分，我还陪父亲去守过夜。

那年，晒干的谷子交给会计角生佬和专管粮仓的人管理，今年比往年少了三千多斤，那还得了？队长怀疑是会计监守自盗。我跟父亲一道守过粮仓，都没看到谁偷谷子！可是，有三五个队员却信誓旦旦地坚称，看到会计在天黑之后，提着鼓囊囊的布袋回家，那里头装的不是谷子还能是啥？

因此，生产队队长和一些社员都据此确认就是会计偷了谷子，会计犯了盗窃罪！在只有人证没有物证的情况下，人们就武断地把会计抓来游村示众和批斗。会计开始极力为自己申辩，大呼冤枉，还说自己的布袋装的是从其他生产队队员那借的米。可是，没人愿意相信他的话，而他至死也没有说出是从谁家借的米。那些年，有米外借的人家也不敢声张，怕被断炊的人一拥而上来借米，造成借还是不借的尴尬。其实，有米借给别人的，也不一定就真的米多，而是看不过去他人的惨状，宁愿自家少吃些，以帮扶几餐而已。

第二天晚上，队长还要找会计来批斗的时候，却不见其人影。会计的家人慌了，队员们慌了！村民们敲铜锣四处去找，会计怎么就失踪了呢？他们穿山脚过曲坳，走山脊扒草丛，越沟渠钻荆棘，又去东田头西地角……就差没有挖地三尺了，然而，哪里都没有会计的影子。那"咣、咣"的铜锣声吓得我紧紧抱住三姐不肯松手。到晚上十点多钟，有人在水角塘溪坝（人称"深潭"）看到一具男性尸体，经辨认，死者就是会计。原来，角生佬跳潭身亡了！因此，他也坐实了"监守自盗、畏罪自杀"的罪名！他的父母妻儿肝肠寸断，哭得山崩地裂，也没人同情。他的子女成了"四类分子"，都辍学回家了。

贪污公财肥自家之事，必然引起强烈的公愤，会计成了公敌，队员们对他恨之入骨。在批斗会计时，有人曾用滚烫的开水泼向会计。会计有口难辩！赔，本就没拿粮食，又怎赔得出呢？不赔，众怒难消，不仅是唾沫星子的事，今日未被批斗折磨成残废，明日也许就会被人折磨死！一场无妄之灾，让会计毫无招架之力！人间再无他的立足之地，他带着满腹冤屈，移步深潭，以死相抗。无人知晓，酷热难耐、蚊虫肆虐的夏夜，会计在经历了怎样的踟蹰后，才选择离开凄风苦雨的世间，魂归深潭。

直到四十多年后，事件才有了反转，黄炳章叔叔站出来为会计申冤，他说是经过科学推论后，才得出论断：角生佬死得冤啊！一声声哨响，害死了会计呀！此话怎讲呢？原来，那年的夏收夏种，队长规划要在一个月内把稻子割完、把秧插完。然而雨天无法割稻子，天晴之日，队长6点吹哨，队员们集合出工。夏时，田间常常晨雾弥漫，植物都滴着水，湿漉漉的，有时夜间还会下雨。但队长的命令不可违啊，湿就湿吧，大家照割不误。而别的生产队在8点才出工，晨露被阳光晒干了，因此，其他队收割的谷子就不会湿漉漉地压秤。滴水的湿谷重，晒干后再称重，重量差距自然大了。这就是别的生产队十万斤谷子能晒七万二千斤干谷，而我们队十万斤谷子只能晒出六万九千斤干谷的原因。

在律师这个行业还未出现之时，"三人成虎""指鹿为马"之囫囵定论，常把事件引至迷途。而生产队队长当时是一个生产队的"王法"，不仅管理队员的劳作、计算工分、按工分分发粮食等，还有处罚队员的权力，这权力，与"生杀大权"仅一步之遥。不知有多少人的生命因假的证人证言而陨落。

潭水深深冤几许？在那样一个年代，有媳妇顶不住恶婆婆的虐待跳潭的；有女人顶不住男人的无情打骂跳潭的；也有邻里口角斗殴不堪欺凌跳潭的；还有难忍病痛折磨又无钱治病跳潭的；更有被饿得没了生存下去的希望而跳潭的……总之，那潭水吞吃了不少村民的生命。不过，跳潭的大都为女人，男的少见。

苦难的生活，常年捶打着人们的身心，本就难熬的日子，再加上被冤枉却有苦说不出，悲苦无望的人，便如弘一法师"一夜西风蓦地寒，吹将黄叶上栏干"里的黄叶，无声而落。

深潭之冤冤几许？在没有律师的时代，真相，都沉在了深潭里。

所幸，社会永远是进步的，新时代的中国人，人人都有可维权的地方，所以，老家深潭里的噩梦也就不会再现人间了。

63

摘得"最美律师"桂冠

我的刑辩之路越走越宽。因我对刑事辩护有执着追求,对法律援助热爱且坚持,经媒体推荐,被最高人民检察院正义网评为"2017年度中国正义人物"。

2017年6月20日,中华全国律师协会发布《关于推荐"最美律师"》的通告。

司法部于2017年6月16日下发《关于开展"砥砺奋进的五年·司法行政故事"主题宣传活动》的通知。根据当年司法部部长张军关于"加强公共法律服务体系建设,讲好司法行政故事"的指示,司法部联合新华网举办"砥砺奋进的五年·司法行政故事"主题宣传活动,并依托新华网、司法部官网、法制网等平台,以网络评选和评委评选相结合的形式,评选出司法行政系统9类"新时代最美",如新时代最美律师、新时代最美普法人等,各十位。

2017年9月18日,"砥砺奋进的五年·司法行政故事——最美法律服务人"主题宣传活动正式启动。司法部领导在启动仪式上说:"这项活动旨在通过推选、展播司法行政系统最美法律服务人的故事,充分展示司法行政系统涌现的典型人物。各级司法行政机关要高度重视,积极参与,让社会公众对司法行政服务经济社会发展、服务人民群众的实践有更为深入的了解，也让社会公众更好地监督我们，以此推动司法行政改革的发展。"

新华网陆续推出9类"新时代最美"候选人的投票页面，公众可通过网络进行投票。网络投票占最终评分的60%，评委打分占40%，评选出各类"新时代最美"。届时，司法部将统一揭晓评选结果，并对他们的先进事迹进行宣传展播。

司法厅向龙岩市司法局提议推荐我去参选"新时代最美普法人"。在一次市司法局会议上，局长说："黄律师虽不是体制内的在编制律师，但他的普法成绩却是有目共睹的。我们局里根据省司法厅的提议，同意他去参选'新时代最美普法人'，他是有资格参选的。"

如此，我本应参选"新时代最美普法人"的，但阴差阳错，我又参选了"新时代最美律师"。当时，省律师协会推荐了两名"新时代最美律师"候选人。后来，听说其中一名候选人没准备好材料，而时间又比较仓促，因而推荐了我。省司法厅再次提议："黄家焱乃律师本职人员，且名传全国司法界，不如推荐他去参选'新时代最美律师'。"

而我觉得，作为一名律师，参选"新时代最美律师"才是我的心愿，普法是在做好本职工作外的公益之举。

我先递交了参选"新时代最美普法人"的材料，省里也出了公告。不几日，又递交了参选"新时代最美律师"的材料。这样一来，连我自己也疑惑：黄家焱，你要成"双料候选"人？不可能。司法界优秀者众多，我一人岂可两者兼得！司法部在收到所有参选人资料后，打电话问我，是参选"新时代最美普法人"，还是参选"新时代最美律师"？我想，我当然愿意参选"新时代最美律师"，因为"律师"是我的本职工作，"普法"是兼而行之的公益事业。在略微思索后，我脱口而出："我要参选'新时代最美律师'。"

能参选"新时代最美律师"，我觉得自己是律师界的幸运儿。对于参选结果，有则不骄，无则加勉。能够"参选"已是很幸运了，说明我的工作已经得到了认可。

我执业以来承办了几千起案件，承办的一些重特大刑事案件刊登在《人权》《福建律师》《福建日报》《法治日报》《中国律师》《工人日报》等报刊，新华网、人民网等主流媒体以及《新闻联播》也进行过报道。我还有幸荣登2016年第1期《福建律师》封面和2016第10期《中国律师》人物榜。

古人云："万物静中得。"所谓"静"，就是静下心来做好一件事。曾经有人建议我投资办幼儿园、投资理财、投资建筑行业、兼职讲师……但我都没有听从，始终心无杂念地只做一名刑辩律师。

试想，溪流分支多了，溪水就会越流越浅。集中精力做好一件事，才是"术业有专攻"的最好体现，这是不可否认的真理。倘若一个人自诩为"舞蹈家、哲学家、建筑学家"，那么，也许这个人只是流于表面的"杂家"罢了。

现代行业越来越细化，"杂家"这称号，说的就是此人没有精攻的领域，什么都知道一点，却不一定都精通。

我虽被诋毁、恐吓和诬告过，但仍一心做好本职工作。他们的冷言冷语，无法撼动我内心半分。

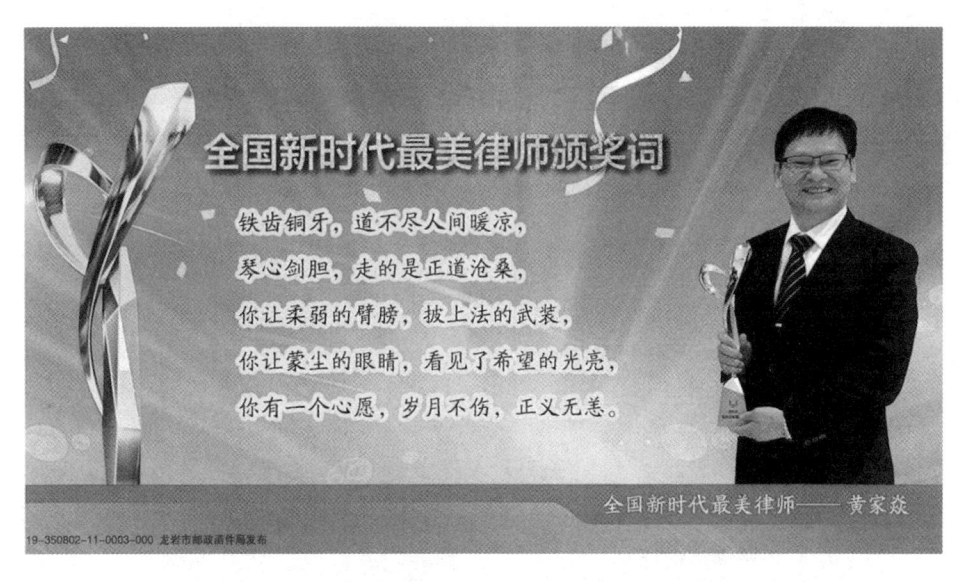

龙岩市邮政管理局"新时代最美律师"主题明信片

2018年1月22日晚,"守望初心——新时代最美法律服务人"评选结果揭晓,而我榜上有名!站在领奖台上的我,为他人感动,也为自己感动。我的专一、我的执着、我的热爱,又一次开花结果了。我得到了来自全国各地领导及观众的掌声,也听到了许多业内的故事,视野顿时更为开阔,格局也打开了。我说着感谢的话,我深知,幸得恩师教诲,承蒙省市领导的关心和提携,是团队的协作、当事人的信任、家人的关爱成就了我。

绵绵细雨,夹着浓浓年味。写此小节时,是2022年大年初一下午,老家气温接近0摄氏度。我们一家六口共度新春。虽天寒地冻,但其乐融融。母亲坐在沙发上,怀里搂着她的曾孙,她用皱皱的双手,握住她曾孙稚嫩的两只小手,一老一小两双手轻轻拍着,母亲嘴里哼唱着自编的山歌:

"虎年到,虎年到,
小朋友们收红包,
家家门前放鞭炮。
涯来唱个小歌谣。
——唱个小歌谣!
过年好,过年好,
家家户户蒸米糕。
门外狗儿跑又跳,
屋内人人乐陶陶。
——乐呀陶陶!
涯今年已九十三,
后代全都很贤孝,
逢年过节我喜欢,
全家相聚真热闹。
——真呀真热闹!"

我的孙儿忽然说:"你唱的歌太长了,我记不住那么多,我妈妈教我唱的歌没有那么长。"

母亲耳背,她低下头,脸贴着曾孙的脸,问:"宝贝,你说的啥呀?"

"家有一老,如有一宝",鲐背之年的母亲和她的山歌,是我们六口之家的宝贵财富。看着这温馨的一幕,我甚感欣慰。我虽没给母亲提供锦衣玉食,但她认为我给了她想要的生活,这足以让她的晚年安然幸福。

时光飞逝,如今已与获得"新时代最美律师"称号相隔近四年,故事写到这,似乎该画上句号了。

作为一名律师,我所得的荣誉,是经得起考验的。荣誉,能够鞭策自己,不忘初心,也可用以鼓励他人勇敢追逐梦想。

心怀有梦的人们,就大胆地去逐梦吧!

获评"新时代最美律师"

尾声

律师的工作没有停止键。

人要想持续地进步，就得活到老、学到老。我从未停止学习，因为人生的道路还很漫长，谁也没有把握下一场战役必胜，唯有做好准备，方能立于不败之地。

百忙之中，我的《最美律师成长记》终于写完了，书里所写的都是我自己亲身经历的真实事件，所以回忆起来毫不费力。不过，在这些故事里，有些真实的细节不能写，因为有的人会对号入座，写得太详细了难免会得罪人。

这些年，我负责的案件太多太多，这一次不可能把所有的都写进去，所以我准备把这些素材留下来，日后专门写一本《黄家焱律师办案手记》或者《最美律师业务档案》。

在这本书第一稿完稿之际，有一次，我在福州站候车时，在手机上看到一篇名叫《候车厅里的老人：奔向远方的92岁老人》的文章。文章中的这位老人叫沙兴乾，是云南治国律师事务所的律师，92岁高龄依然出庭进行辩护，这种执业精神让我敬佩。我还不到60岁，更不能懈怠！当即在微信朋友圈转发了这篇文章，发自内心地要向老前辈学习！

我还有梦想，那就是评上全国劳动模范、享受国务院政府特殊津贴专家以及一级律师。作为一名律师，我的职责是维护法治社会的公平和正义，承担一名律师该承担的责任。能够获得国家级奖项，是一件无比光荣的事，除了能证明自己的努力得到业界的认可，于职业人来说，还能开阔视野，看到更宽广的世界。

2015年我被推荐为全国劳动模范候选人。3月，我单位工会组织员工出游云南，妻子与我同行。我因远在云南，未能准备好完整的资料去参评而心生遗憾。

2020年，我又被推荐为全国劳动模范候选人。正值春节，新冠疫情蔓延，公安和医护人员是前锋战士，这荣誉自然要先颁发给他们，没有他们挺身而出守护在一线，就没有我们安稳的生活。

2016年4月，我首次申报每两年一次的享受国务院政府特殊津贴专家，尽管律师行业鲜有人申报。我为别人辩护时一直坚持"只要有万分之一的无罪希望，就要百分百地去努力"的信念，在这件事上，我也如此，只要有希望就不放弃。

幸好，中共龙岩市委统一战线工作部和中共龙岩市委政法委的领导是开明的，他们认为，是骡子是马都要拉出来遛遛，所以他们推荐了我，给我递交的资料盖了章。即便最后以8票之差落选，我也激动了多日，毕竟曙光隐现。后来，我在2018年、2020年都有继续申报，但均以几票之差落选了。

参评一级律师的经历较为坎坷，2017年、2021年、2022年的三次申报，都因送审的论文不合格被"一票否决"，因而没有评上。许多人都劝我放弃，让我不要再折腾了，他们觉得虚名乃身外之物，是无益的东西，而我一个快60岁的人了，不应在乎这些虚名……但我认为荣誉其实也是实力的象征。92岁的沙律师说，"既然选择了这份职业，就应该无怨无悔！"我也是这样想的，也许到退休时，我不一定能够申报成功，但我在乎的是这个过程，人生总该有所追求，才能鞭策自己、激励自己不断向前。

想那赤壁之战，曹操在大败逃跑的路上说："胜败乃兵家常事。"失败并不可怕，可怕的是心气儿没了。失败是平常事，也是好事。一项荣誉，如果轻而易举地被得到，那奋斗就失去了意义。何况，我追求的这三个荣誉，是国家相关机构对职业人的最高赞许。追求的路上，我能看到自己的不足，就如学生经过考试才知自己不足之处那样。考试，是一个评析与检验自己的过程，失败了就该总结经验，思考如何去进步和争取。当然，一个人要想成事，就得拿得起、放得下。即使失败了，也不要气馁，不要去恨对手。与其恨对手，不如学习对手之智慧。

曹操逃回去后，对残兵败将说："将者如同医者。"医者，医过的人越多，医术越高明，凡事亦大抵如此。这个世上从来就没有百战百胜的人，只有败而不怠、败而益勇并最终获得胜利的人。

"谋事在人，成事在天。"若这些荣誉果真与我无缘，我又怎会怨呢？即便我评不上，也会坚持把律师工作一直做下去，我的律师工作没有停止键。我要以沙兴乾律师为榜样，做一名有风骨的律师，做一名"老战士"！

63 尾声

荣誉证书

黄家焱同志：

您荣获"感动福建"2004年度十大人物奖。

中央电视台　海峡都市报社　东南电视台
2005年元月13日

荣获"感动福建"2004年度十大人物奖

荣誉证书

授予 黄家焱同志

福建省"最美身边普法人"称号

颁奖词：农民工法律援助自愿者律师——挚爱永恒

带着乡间的风，带着乡间的泥巴，他来到了城里，成为一名法律工作者。因为来自农村，他对在异地他乡艰难谋生的农民工遭遇不公时的无力和无助有着更真切的感受。作为一名律师，他坚守着对法律的崇敬与信念。800多个法律援助案件，6000多名农民工受助，他以一片挚爱之心让无数农民工感受到法律的公正比阳光还要温暖。

福 建 省 司 法 厅
福建省依法治省领导小组办公室
二〇一五年十二月

获省"最美身边普法人"称号

荣誉证书

黄家焱同志：

　　荣获第二届福建省助人为乐道德模范称号。

特发此证，以资鼓励。

福建省精神文明建设指导委员会
二○一一年九月九日

荣获第二届省助人为乐道德模范称号

荣誉证书

黄家焱律师：

　　为了表彰你在刑事辩护个案中的出色表现，经研究决定，给予通令嘉奖，特发此证，以资鼓励！

福建省律师协会
二○○三年九月二十八日

被省律师协会表彰

63 尾声

获第五届"全国维护职工权益杰出律师"称号

获"民建全国优秀会员"称号

荣誉证书

黄家焱 同志

经广大群众推荐、评议和投票，您在"我推荐、我评议身边好人"活动中，入选"中国好人榜"。

特发此证，予以表彰。

中央文明办秘书组
中国文明网
二〇一〇年十二月

入选"中国好人榜"

荣誉证书

黄家焱 同志：

在全国优秀志愿者和优秀志愿服务组织网上推荐活动中，您被推荐为全国优秀志愿者。特颁此证。

中央文明办
办公室
2011年12月

被评为"全国优秀志愿者"

63 尾声

荣誉证书

黄家焱 同志：

你提交的作品《被告人林一兵被指控虐待被监管犯人一案》荣获2007年福建省优秀辩护词。

特发此证，以资鼓励

福建省律师协会
二○○七年八月

荣获"2007年福建省优秀辩护词"称号

荣誉证书

黄家焱 同志：

在全省司法行政系统开展"诚信文明服务"活动中表现突出，成绩显著，被评为十佳律师。特发此证，以资鼓励。

福建省司法厅
二○○四年一月

被评为"十佳律师"称号

被评为"2006—2010年全省法制宣传教育先进工作者"

荣获"2005—2007年度全国优秀律师"称号

63 尾声

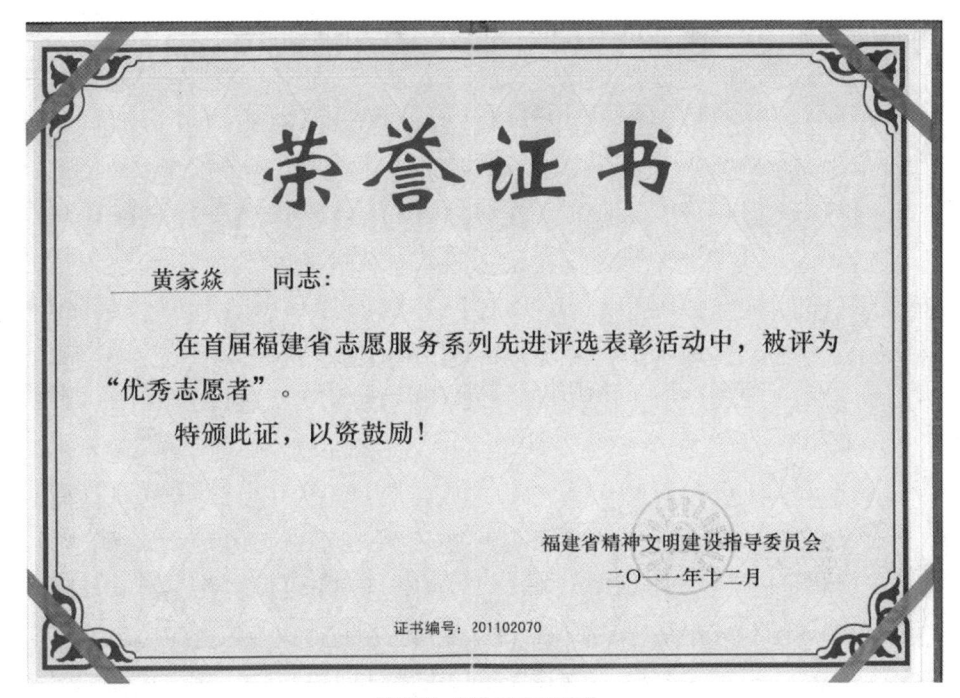

被评为"优秀志愿者"

被民建会福建省委员会评为"优秀会员"

被评为先进工作者

荣获五一劳动奖章

证 书

黄家焱同志：

被评为福建省第五届（2006-2008年度）创建文明行业工作先进个人。特发此证，予以表彰。

中共福建省委
福建省人民政府
二〇〇九年八月

被评为福建省第五届（2006—2008年度）创建文明行业工作先进个人

证 书

授予：黄家焱同志

福建省劳动模范称号

中共福建省委　　　福建省人民政府

2008年4月

奖章号：3306

被评为省劳动模范

1982年跟"游医"学医时遇到的好友陈华（右一）

1992年担任上杭县太拔乡政府司法办主任

1993年3月参加福建省委委员会秘书班培训

1993年在太拔乡院田村驻村工作队

安徽省第四律师事务所

黄家焱同学：

你五月初的来信，我于九月底才收到，因为近一年来我基本上不在合肥，十月以前在深圳求养并帮助养院处理一些法律事务，九月底返肥后便忙于写论文准备十月初赴四川省乐山市参加全国刑法学研究会年会。在乐山会议上，我了解了刑法学研究生的招生情况。据悉，北京地区那几位有名气的导师对招生要求颇高，报考他们的学生也很多，竞争激烈。地方大学招生一些，但不少学校不收刑法学的研究生。我和四川大学法学院院长赵炳寿教授联系一下，我说打算推荐你去报考他的研究生，赵教授当即表示欢迎，并许诺在可能的条件下定当以照顾。今附上推荐函一封，如果你愿意上川大，可持此函与赵教授面谈，也可写信与他联系，他的通讯地址：四川省成都市四川大学法学院，寄信时附上我写给他的推荐函。

祝

工作顺利

韩美秀
96.12.11

地址：合肥市龙河路三号安徽大学院内　　电话：5112632 5111480转2728

1996年安徽大学刑法教授韩美秀推荐我报考四川大学刑法学研究生

63 尾声

摄于 2008 年参加全国民建代表大会

2011 年参加全国高级律师培训班

2011年荣获第二届福建省助人为乐道德模范称号

2012年我和妻子送儿子上警校

63 尾声

2012 年参加民建省委委员遴选竞争性演讲

2013 年去四川看望我所"1+1 法律援助"志愿者律师林天文（左一）

2015年荣获"全国维护职工权益杰出律师"称号

2017年6月再次当选民建福建省委委员

63 尾声

2017 年荣获"全国五一劳动奖章"

2023 年 6 月黄家焱律师法律援助陈某无罪案获评第二届中国律师公益（社会责任）典型案例

2018年7月19日，庆祝江西"毒糖杀人"案的李锦莲（右一）无罪释放

2019年8月参加劳动模范北戴河疗养

63 尾声

2021 年 8 月我的母亲跟我长孙在一起

我的大孙子和二孙子（摄于 2022 年 10 月）

2023年春节我的一家子

2023年5月我母亲和我第二个孙子在一起

"尊法守法、携手筑梦"公益普法宣传活动(1)

"尊法守法、携手筑梦"公益普法宣传活动(2)

"尊法守法、携手筑梦"公益普法宣传活动（3）

"尊法守法、携手筑梦"公益普法宣传活动（4）

63 尾声

"尊法守法、携手筑梦"公益普法宣传活动（5）

参与"12·4"国家宪法宣传日活动

普法宣传进校园

普法进矿山

63 尾声

农民工送锦旗表达感谢